産業の変革をリードする

# プライベート・エクイティ

ポラリス・キャピタル・グループ株式会社
代表取締役社長 **木村雄治** 編著

*Private equity leading industrial transformation*

株式会社イノベーション・インテリジェンス研究所

はじめに

木村雄治

　筆者が2004年に創業し、現在代表取締役社長を務めるポラリス・キャピタル・グループ株式会社（ポラリス）は、今年9月13日に創業20周年を迎える。本書は、この機会に、我々ポラリスが創立以来バイアウトファンドとして歩んできた20年の軌跡を振り返りながら、日本におけるプライベート・エクイティ（PE）ビジネスの歴史と現状、そして未来について概観することを目的として出版するものである。

　DX・生成AIあるいはESGといった新しいテーマが次々に生まれ、日本の産業構造が大きく変化しつつある現状を踏まえ、これからの産業の在り方とその永続的発展に向けた課題について考察していく。そして、PE会社が日本企業に寄り添うパートナー、ひいては産業変革をリードする羅針盤となりたいという想いを、読者の皆様にお伝えしたい所存である。

　プライベート・エクイティとは、広義の意味では、未上場株式への投資のことを指し、スタートアップ企業にマイノリティ投資をするベンチャーキャピタルや既に一定の事業規模を有する成熟企業にマジョリティ投資をするバイアウトファンド、あるいは債務超過に陥った企業の再生を図る事業再生ファンドなどを含む。本書は、その中でも特にポラリスが手掛けるバイアウトファンドを中心に整理する。

　日本においてバイアウトファンドのビジネスが稼働し始めたのは1990年代後半と、1972年にスタートしたベンチャーキャピタルと比べるとその歴史は短い。しかも、今日に至るまでのその歴史は、「失われた30年」と言われる日本経済の低成長時代と奇しくも重なっている。日本の産業金融は、戦後長らく、銀行、特に長期信用銀行による融資という間接金

i

融の形態が中軸となっていた。1990年代初めのバブル崩壊後、日本興業銀行、日本長期信用銀行、日本債券信用銀行らの長期信用銀行が消滅する中で、融資ではなくエクイティ投資というかたちでリスクマネーを供給するバイアウトファンドが勃興してきたのである。

　バイアウトファンドのビジネスモデルは、機関投資家からの資金を使って投資先企業の議決権の過半数以上を取得し、積極的に経営関与して数年かけて企業価値を向上させ、最終的にその企業を上場させたり、事業会社に株式を売却したりして、そこで得たキャピタルゲインを機関投資家に還元するとともに自らの収益とする、というものである。従来の間接金融とは異なる直接金融という新たな金融の在り方を訴求するとともに、停滞した日本企業を再び成長軌道に乗せるべくハンズオン支援を行う役割を担っている。金融事業の一種ではあるものの、事業経営そのものに携わることになるため、そこで働く人間には金融はもとよりガバナンスや事業戦略等の幅広い専門知識と経験が求められ、かつ企業価値向上とその結果としての収益追求という目的に向けて機関投資家や投資先企業など組織の壁を越えた様々な関係者を束ねる高度なリーダーシップを発揮する必要がある。終身雇用を前提に一つの組織内でジェネラリストとしてキャリアを積んでいく伝統的な日本企業とは、人的資本に関する考え方が異なるのである。つまり、バイアウトファンドは、金融面でも事業面でも、そして人財面でも、日本における構造問題を解決し、変革の旗振り役としての役割を果たし得る存在である。

　ここ数年は、バイアウトファンドが従来から推進してきたオーナー企業の事業承継案件に加え、日本を代表する大企業が、事業の選択と集中のために非コア事業を売却したり、異次元の成長戦略断行のためにファンドの資金を活用して非上場化の道を選ぶなど、バイアウトファンドを積極活用する案件が急増している。バイアウトファンドが、昔の長期信用銀行に代わる重要なパートナーとして、ようやく認知されるように

なってきたのである。ポラリス創設当初は、日本社会はもちろん経済界にまだ馴染みのなかった「ファンド」という概念への理解の欠如から、様々な辛酸をなめてきたことを思い出すにつけ、隔世の感がある。同時に、日本の産業金融の新たな担い手として、その発展にさらに貢献するとともに、バイアウトを中軸としてPE業界全体をより堅固なものにしていくべく、新たな挑戦の時代に入りつつあることを実感している。日本のバイアウト市場において、米系ファンドと伍するような存在となり、金融・経済界における地位も益々上がっていくと確信している。

　本書は、以下のような構成により、上述の内容を順次紐解いていく。

・　序章：産業の変革をリードするプライベート・エクイティ
　　序章では、現在の日本社会・経済が置かれているマクロ状況を概観した上で、バイアウトを含むPEファンドによるリスクマネー供給の役割や現状について述べ、今後の課題を頭出しする。

・　パートⅠ：プライベート・エクイティの歴史と発展　〜バイアウトの歴史を辿る〜
　　本パートは3つの章で構成される。「第1章　日本のバイアウトの歴史を振り返る」では、バイアウト発祥の地である米国を中心にグローバルPE市場の歴史について述べ、それを踏まえて日本のバイアウトの歴史を紹介し、バイアウト市場の構造的変化について分析を行う。「第2章　PE投資の多様性：スモールキャップ・バイアウト投資、ベンチャー投資、グロース投資」では、バイアウト以外のPE投資について概観するとともに、夫々の投資形態や日本の株式市場にまつわる課題に触れる。「第3章　ポラリス・キャピタル・グループの20年にわたる取り組みから振り返る」では、ポラリスの20

iii

年間の取り組みを順次紹介しながら、日本におけるバイアウトビジネスがどのように発展していったのか、そうした歴史の積み重ねの結果、現在はどのような課題があるのかを述べる。

- パートⅡ：PE ファンド運営会社の"経営"とは
  本パートは 3 つの章で構成される。「第 4 章　PE 会社の基本的なビジネスモデル」では、バイアウトファンドの一般的な仕組みや PE 会社の資本構成・収益構造、ファンドに資金提供する投資家のプロファイルについて説明していく。「第 5 章　PE 会社の『顧客』と競争力の源泉」では、PE 会社にとってビジネス上の重要なパートナーは誰なのか、そしてそれらの「顧客」に選ばれるための競争力の源泉はどこにあるのかについて考えていく。「第 6 章　PE 会社の経営の特徴と課題」では、金融会社と事業会社という 2 つの側面を持つ PE 会社が、一般の事業会社と比べてどのような特徴を持つのかを説明し、そうした特殊性を踏まえた上で、今後 PE 会社として発展していく際の課題にも触れる。

- 座談会
  「PE ビジネスの将来像と課題〜日本のリスクマネー供給の将来を語る〜」では、PE ビジネスに携わる 5 人の有識者のディスカッションを通じて、日本におけるリスクマネー供給の現状や課題、その中での PE ファンドの役割やその役割を担う人材像、そして官民ファンドの役割について考えていく。

- パートⅢ：プライベート・エクイティの現在と未来

  本パートは、3つの章で構成される。「第7章　PEを取り巻く環境変化とバイアウトファンドの変容」では、日本のPEを取り巻くマクロ環境の変化について最新の状況を見ていくとともに、ミクロ状況としてPEファンドの個別の動向、及びPE業界団体の活動の進展についても紹介する。「第8章　PEとESGの視点」では、エクイティ投資はもちろん企業経営の観点でも昨今益々重要性を増しているESGに関して、ESG投資の背景、PEにおけるESGへの取り組み状況、さらにESGの中でも特に大きな課題である脱炭素・トランジッションについても紹介する。「第9章　ファンド運営会社の社会的責務・永続的発展と将来に向けた展望」では、本書の総括として、日本の将来を見据えながらPE業界全体の発展に向けたいくつかの視点を検討していく。

この書籍の発刊にあたり、本書の出版元である株式会社イノベーション・インテリジェンス研究所代表取締役社長であり、本書の企画に深く関与していただき、また序章などを執筆していただいた幸田博人氏に、深く御礼申し上げたい。第1章以降の執筆にあたっては、MCPアセット・マネジメント株式会社マネージング・ディレクターの小林和成氏（第1・5・7・8章）、日本協創投資株式会社取締役会長・パートナーの櫻田浩一氏（第2章）、アント・キャピタル・パートナーズ株式会社代表取締役社長の飯沼良介氏（第4・6・7章）にご協力をいただいた。ここに深い感謝の意を表明させていただく。また、座談会の開催にあたっては、明治大学大学院グローバル・ビジネス研究科専任教授の岡俊子氏、パナソニック コネクト株式会社代表取締役執行役員プレジデントの樋口泰行氏、株式会社産業革新投資機構の代表取締役社長CEOの横尾敬介氏および飯沼氏、そしてコーディネータの幸田氏に、お忙しい時間を

縫ってご登壇いただいたことを、心から感謝申し上げたい。最後に、本書執筆を手伝ってくれたポラリス役職員にも感謝したい。

　本書は、ポラリス・キャピタル・グループの創業20周年を記念する書籍という位置づけであるが、PE に直接・間接に関わっているビジネスパーソンはもちろん、これまで PE とは縁のなかった社会人やこれから実業界で働くことになる学生などの一般読者の PE に対する「学び」にも役に立つことを心がけた。3 つのパートと座談会に分けたことにより、読者の皆様には、PE ビジネスに関する知見や経験、興味に応じて、どのパートからでも自由に読み始めていただければと考えている。

　筆者は、本書が PE の教則本となり、かつ日本における PE の歴史と未来を概観し、これからの産業変革の方向性や PE の社会的責務について論じることで、日本の産業界に一石を投ずるものとなることを、切に願う。

　一人でも多くの人々に本書をお読みいただき、PE への理解と関心を深め、日本における PE の永続的発展、そして日本の経済社会のさらなる成長に貢献する気概を高めていくきっかけとしていただければ幸いである。

（2024年 6 月26日　記）

はじめに

序章（幸田博人）

 1．現在の日本社会・経済が置かれている状況 ……………………… 1

 2．ＰＥファンドを通じたリスクマネー供給 ………………… 13

 3．今後の課題と展望 ……………………………………………… 22

---

## パートⅠ

第1章　日本のバイアウトの歴史を振り返る（小林和成）

 はじめに ……………………………………………………………… 29

 1．グローバルＰＥ市場の歴史 ………………………………… 31

 2．日本のバイアウトの歴史の概要 ………………………… 37

 3．市場構造の発展の歴史の考察 …………………………… 45

 おわりに ……………………………………………………………… 55

第2章　ＰＥ投資の多様性：スモールキャップ・バイアウト投資、

    ベンチャー投資、グロース投資（櫻田浩一、幸田博人）

 はじめに ……………………………………………………………… 57

 1．スモールキャップ・バイアウト投資 …………………… 58

 2．ベンチャー投資、グロース投資 ………………………… 75

第3章　ポラリス・キャピタル・グループの20年にわたる取り組みから

    振り返る（木村雄治）

 はじめに ……………………………………………………………… 89

 1．バイアウト第Ⅰ期（1997～2003年）…………………… 90

 2．バイアウト第Ⅱ期（2004～2008年）…………………… 96

 3．バイアウト第Ⅲ期（2009～2015年）…………………… 105

４．バイアウト第Ⅳ期（2016 〜 2021年） ..................... 112

５．バイアウト第Ⅴ期（2022年〜） ........................... 122


## パートⅡ

### 第4章　ＰＥ会社の基本的なビジネスモデル（飯沼良介、木村雄治）

はじめに .................................................................... 130

１．バイアウトファンドの一般的な仕組み ..................... 130

２．ＰＥ会社の資本構成 ........................................... 138

３．ＰＥ会社の収益構造 ........................................... 141

４．ＬＰ投資家 ..................................................... 144

５．ＬＰ・ＧＰ・投資先のアラインメント・オブ・インテレスト
（利害の一致）の重要性 ....................................... 149


### 第5章　ＰＥ会社の「顧客」と競争力の源泉（小林和成、木村雄治）

はじめに .................................................................... 155

１．ＰＥ会社の顧客 ................................................ 155

２．ＰＥ会社の競争力の源泉 ..................................... 162


### 第6章　ＰＥ会社の経営の特徴と課題（飯沼良介、木村雄治）

はじめに .................................................................... 172

１．社長の負う責務 ................................................ 172

２．ファンド業務を担う人財とその雇用形態 .................. 175

３．人員のターンオーバー ........................................ 181

４．ゴーイングコンサーンの意味 ................................ 182

５．リスクマネー供給の担い手としての役割 .................. 183

座談会　ＰＥビジネスの将来像と課題

　　　　～日本のリスクマネー供給の将来を語る～

　１．　自己紹介－ＰＥとの接点とリスクマネー供給の視点　……… 188

　２．　マクロ的な視点からリスクマネー供給を考える　………… 194

　３．　リスクマネー供給の広がり－複数の構造問題　…………… 205

　４．　リスクマネー供給を担う人材像　…………………………… 213

　５．　リスクマネー供給を巡る官民ファンドの役割　…………… 215

　６．　最後に　……………………………………………………… 220


## パートⅢ

### 第7章　ＰＥを取り巻く環境変化とバイアウトファンドの変容

　　　　（小林和成、飯沼良介、木村雄治）

　はじめに　…………………………………………………………… 225

　１．　ＰＥを取り巻くマクロ環境の変化　………………………… 225

　２．　ＰＥファンドの個別の動向　………………………………… 234

　３．　ＰＥ業界団体の活動の進展　………………………………… 238


### 第8章　ＰＥとＥＳＧの視点（小林和成、木村雄治）

　はじめに　…………………………………………………………… 240

　１．　ＥＳＧ投資の背景　…………………………………………… 241

　２．　プライベート・エクイティとＥＳＧ　……………………… 247

　３．　脱炭素・トランジッション　………………………………… 260

　４．　Ｂｅｙｏｎｄ　ＥＳＧ－インパクト投資　……………… 264

　おわりに　…………………………………………………………… 266

第9章　ファンド運営会社の社会的責務・永続的発展と将来に向けた展望（木村雄治）

　1．バイアウトファンドのファンド規模の拡大 ………………… 269

　2．人的資本の価値の創造と向上 ………………………………… 274

　3．ファンド・ＰＥ会社の多角化 ………………………………… 279

　4．ＶＣ〜グロース〜バイアウトのシームレスなサポート体制の構築
　　　………………………………………………………………… 281

　5．ＰＥ会社の資本政策 …………………………………………… 283

　6．第9章の総括 …………………………………………………… 286


おわりに ……………………………………………………………… 291

編著者　略歴

xi

xii

序章

# 産業の変革をリードする
# プライベート・エクイティ

### 幸田博人

## 1．現在の日本社会・経済が置かれている状況

### （1）失われた30年の評価と展望

　2024年2月に日経平均株価は1989年末の史上最高値を更新した。我が国はようやくデフレ経済からの脱却が展望できる状況になりつつある。しかし、グローバル経済を見渡せば、「失われた30年」と言われる長きに亘る景気低迷の間、諸外国の成長は著しく、相対的に日本経済の地位は大きく後退している。図表序-1のIMFのデータでは、インドや中国といった新興国のみならず、米国、EUと比べても日本のGDP成長率は低迷を続けている。また、ドル円金利水準の問題もあり、円安傾向が中期的に続くなかで、2023年には、日本のGDPはドイツに抜かれて世界第4位となっている（速報ベース）。また、2026年にはインドにも抜かれて世界第5位に転落することも見込まれている。

　1人当たりGDPで見ても、日本は1990年に世界第8位であったが、2022年には32位まで低下している。上位10か国は、この間に一人当たりGDPが平均4.2倍に増加しているが、日本は1.3倍にとどまっており、厳しい状況となっている。

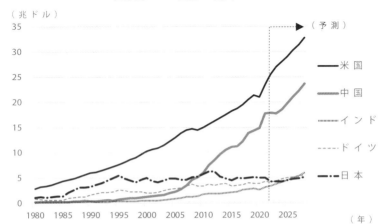

図表序-1：世界の名目GDP

出所：IMF

　日本経済の低迷の一因としては、日本の人口動態の大きな変化があげられる。日本の総人口は2011年に1億2,783万人のピークを付けた後、緩やかに低下傾向にあるが、労働力人口は回復傾向にあり、高齢者や女性の労働参加率の高まりで、国内経済の縮小を抑制している。ただし、これらの動きは非正規労働者の増加となって、雇用の不安定性を生んだ面もある。加えてデフレ経済の長期化を背景に、賃金上昇に乏しかったこともあり、個人消費が牽引した形での経済拡大には至らなかった。「失われた30年」は、人口縮小のトレンドがデフレ経済を長期化させて「成長と分配の好循環」を止めた時期であるとの評価となろう。そして、その間に生じたことは、株式や不動産価格の上昇等を受けた国内の格差の拡大もあり、個人消費の中核となる中間層の豊かさについても失われていったという面を見ておく必要があろう。

　企業にとっても「失われた30年」は苦難の時代であった。戦後日本の高度経済成長という成功体験が企業の大きな改革の妨げとなり、世界的

なプレゼンスは低下した。かつてはハイテク産業を牽引し、官民一体となった日本株式会社で「ジャパン・アズ・ナンバーワン」と言われるほどの世界的な位置づけであったが、その後の急激な世界経済の変化には対応できなかった。バブル崩壊を受けたバランスシートの棄損やその後の何回かの世界金融危機も、日本企業の低迷の要因となった面はあろう。しかし、ガラパゴスと言われる独自の技術や国内需要に拘り、他企業とのオープンな連携を十分には進めなかったことで、海外のプラットフォーマーが台頭するなかで、対応できなかったことも日本企業の低迷を生んだ。

特に、近年のデジタル化への対応の遅れは、現在の日本経済にも大きな影響を与えている。また、2020年初頭からのコロナ禍の中で、リモートワーク対応や働き方改革を迫られたことからも、デジタルへの対応が十分行い得なかったことは、大きなダメージであった。2023年のIMDのデジタル競争力ランキングを図表序-2で示した。日本は総合で64か国中32位まで順位を低下させている。一方、上位国を見ると、1位の米国から、オランダ、シンガポール、デンマーク、スイス、韓国、スウェーデンとなっており、概ね上位陣の顔ぶれは変わっておらず、日本が順位を下げていることと対照的である。総合ランキングは、知識、技術、将来への備えの3分野で構成されている。日本の場合、2014年には技術が16位と比較的高かったが、その後は他の分野と同様、急速に順位を落としている。

現状においては、必要なデジタル人材が質・量ともに充実しているとは言いがたく、「IT後進国」を脱却するには、大きな変革を実現する必要がある。なかでも特に、人材全体の底上げや裾野の広がり、専門人材の育成・確保等を同時に進めることが求められる。

**産業の変革をリードするプライベート・エクイティ**

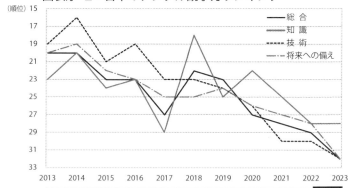

出所：IMD 世界競争力センター

　実体経済のみならず、資本市場における日本市場のプレゼンスもまた大きく低下している。「失われた30年間」において、日本企業の存在感は大幅に低下している。バブル期のピークである1989年には世界の時価総額ランキングの上位50社中32社は日本企業であったが、2022年には上位50社に入ったのは1社にとどまっている。

　このような状況は、取引所の上場企業時価総額にも表れている。国際取引所連合（WFE）によると、2003年の日本取引所（東京証券取引所と大阪証券取引所の合計）の時価総額は4.9兆ドルと、NYSEの0.43倍、ユーロネクストの2.3倍、上海証券取引所の13.6倍の規模であったが、2023年時点で時価総額は6.1兆ドルでNYSEの0.24倍、ユーロネクストの0.89倍、上海証券取引所の0.94倍となっている。また、世界に占める日本取引所の上場企業の時価総額は2003年の13.8％から2023年には5.5％まで低下している状況である。このような時価総額の相対的な低

下は、世界株式インデックスの構成割合の低下にも繋がり、結果として世界の投資マネーが日本に流入する動きを一層抑制する方向に働く。海外投資マネーの停滞は、国内の投資を抑制し、日本経済の成長性を低下させる要因である。

　投資家の投資基準としては、ROEとPBRが重要である。日米欧の状況を比較すると、日本では、PBR1倍以下とROE8パーセント以下の企業数が欧米と比べて相当多い。米国においてはROE8パーセント割れ、PBR1倍割れの企業はほとんどない状況である。これは、日本企業に対する成長期待が低いことを示しており、経営のサステナビリティの観点からも大きな課題となっている。その点で、ROEを経営指標として企業価値を高めることが重要であり、ROEが8パーセントを超えてくると、PBRも高まって成長期待が高まれば、投資家が市場の力を通じて企業の変革を促すことにつながる。そして、ようやくその動きは着実に進みつつある。

　2013年頃より、上場企業に対して、市場や投資家から働きかけるという枠組みができ、ソフトロー的な側面からの後押しをベースにした改革が、相応に進展し始めている。この点については、スチュワードシップ・コードとコーポレートガバナンス・コードが、車の両輪として企業改革の背中を押している。スチュワードシップ・コードでは投資家との対話が重視されており、議決権行使についても内容を評価して、反対票も含めて投じる動きが広がりつつある。投資家の圧力に対して企業が変わらなければ、投資家は保有株式を売却、あるいは株主総会における議案に対して反対票を投じるといった事象が現実的に出てきていることは大きな変化である。

　加えて、日本取引所グループによる2022年4月の市場区分の見直しや、2023年3月の「資本コストや株価を意識した経営の実現に向けた対

応」の要請は、日本企業に資本コスト経営を強く意識させるものとなった。そして、PBR 1倍割れの企業に対しては資本効率の改善策の公表が求められたことを受けて、2023年12月時点でプライム企業の4割がPBR改善に向けた対策を公表している。

　資本コスト経営が強まるなか、日本企業の事業ポートフォリオの見直し余地は大きく、あわせて研究開発投資、人的資本への投資などを行う必要がある。東京証券取引所が牽引するPBR 1倍割れ企業を中心とする資本コスト経営への転換は、海外投資家が日本企業もようやく変わるという期待を高めることにつながった。このようなアナウンスメント効果も重要であるが、同時に、これを実行していくための行動力が日本企業に改めて問われることになる。日本企業を取り巻く環境は、かつてよりも遥かに厳しくなっており、そのなかで日本企業も事業ポートフォリオの再編や資本コスト経営の実践が試される。また資本市場では、アクティビストが日本企業の株を一定程度買って、今後の事業戦略や経営陣への揺さぶりをかける事例が増えている。海外投資家から日本企業が狙われやすくなったという面はあるものの、投資家の提案を真摯に受け止め、企業価値向上に繋がる議論であれば、事業ポートフォリオの見直しを含めてきちんと対応することが求められる局面に入っている。


## (2) 日本の3つの構造問題

　「失われた30年」となった原因には、日本の構造問題がある。それは、①社会・経済構造、②大企業構造、そして③金融構造という3つの構造問題が絡みあって、成長を阻んだものである。3つの構造問題について、図解したものが、図表序-3となる。これらの構造問題の解決に向けて、産業構造変革とイノベーションに官民挙げて取り組みつつあり、近年では徐々にではあるが、その成果が表れ始めたといえる。

図表序-3：2020年代の日本の構造問題

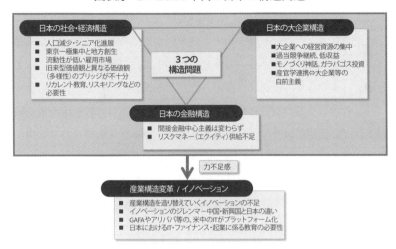

出所：筆者作成

　第一の構造問題としての社会・経済構造については、人口減少とシニア化の急速な進展がある。日本の総人口は、1980年に117百万人、2020年に125百万人であり、2060年には93百万人と予想される。このうち、65歳以上の比率は、1980年は9.1％、2020年に28.9％、2060年には38.1％に上昇する見通しであり、急速な高齢化社会が到来する。また、東京一極集中によって地方経済が縮退する。若者を吸収しながらもシニア比率も高まっている東京圏と、地域の担い手そのものを失った地方圏は、コミュニティーの維持や耕地・山林等の維持管理も極めて困難となり、そのギャップは大きくなる方向である。それだけでなく、社会や価値観の多様化や労働のミスマッチといった社会の軋轢もまた、時代の急激な変化から生じた構造問題である。社会分断や格差の広がりは、日本社会の安定性にも大きな課題を投げかけるものである。

　第二の構造問題としての大企業問題も深刻である。人材面では、大企業に対する安定志向が1990年代から2000年代前半まで相当に強かった。

大企業の数は全体の0.3パーセントに相当する1万社、大企業の従業員数は1,500万人と全体の31％、付加価値額が120兆円と全体の41％を占める状況を見ると、やはり特定の大企業志向が出てくるというようなことは、やむを得ない面がある。しかしながらそこに経営資源が集中することが、日本全体での成長につながったかどうか、問われる。

日本の中小企業の裾野は極めて広いといえども、日本の経済全体を俯瞰すれば、従業員数や付加価値額を見ると、中小企業の稼ぐ力を如何に高め、どのように改革していくかも大きなテーマである。その一方で大企業の大きな存在感が、日本経済の柔軟性を低下させている。特に、従業員数が全体の3割を占める状況では、日本の新卒採用、年功序列型、そして定年制度といった硬直的な旧来型雇用形態が、日本全体の雇用の流動性を妨げて社会全体の停滞を招いていることは否めない。

大企業の抱える課題として、内向き、社内至上主義、スピード欠如、あるいは縦割り、セクショナリズム、同質化、新陳代謝不足、自前主義、仮説検証不足が挙げられるが、こうしたものが日本の企業の成長を阻害している。「失われた30年」を経て、いよいよこれらの構造問題を解決して、社会を変革していかなければいけないというムードになってきている。近年では、「人的資本経営」という形で大企業を中心とした企業経営の転換が図られている。

大企業はオン・ザ・ジョブ・トレーニング（OJT）をベースとした教育スタイルが主流であったが、現場が縦割りで、たこつぼ化したり、あるいは外部社会との間に壁ができたことが成長を阻害する要因となってきた。一方、米国や英国ではOJT以外の人材投資を積極的に行っている。日本は事実上、人材投資がOJTに限られていた状況であり、日本の人材育成の課題は、リカレント教育やリスキリングの推進である。日本企業の競争力低下と人材育成の在り方はリンクしており、近年ではデジ

タル社会や人口減少社会の中で社会課題を解決していく人材が必要である。その点でも、日本型雇用制度からの脱却や、ダイバーシティ・エクイティ・アンド・インクルージョン（DE&I）の取り組みは急務である。

　企業文化という点では、日本企業はOJTで育てて、そのポストに就いて経験を積むといった同質的なモノカルチャーを持ち、閉鎖的関係である。今までは、例えば企業の入社同期が連携して仕事をしていくというようなスタイルが一般的であった。このため、新しいイノベーションの創出やジョイントベンチャーの共同運営が難しい。これが日本と海外の成長力格差となって表れている。

　グローバル・イノベーション・インデックスについて、図表序-4で見ると、日本は2012年に25位まで落ちた後、現在は13位と一定のレベルを保っている。しかしながらその内容を見ると、日本は制度、人材と研究能力、創造的なアウトプットといった項目が必ずしも高くない。新たなものを生み出すことを推進できるような制度になっていないこともあり、やはり革新的な創造を生み出すための専門能力が不足していることは否定できない。特にデジタル人材の不足は深刻である。現状においては、必要なデジタル人材が質・量ともに充実しているとは言いがたく、人材全体の底上げや裾野の広がり、専門人材の育成・確保等を同時に進めることが求められる。

産業の変革をリードするプライベート・エクイティ

## 図表序-4：グローバルイノベーション・インデックス

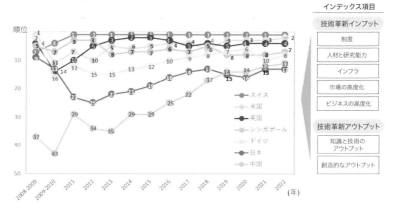

出所：経済産業省資料、Cornell University, INSEAD, and WIPO "Global Innovation Index" 各年より筆者作成

　日本の1人当たり労働生産性は81,510ドルと、ポーランドやハンガリーなどの東欧諸国やニュージーランド、ポルトガルとほぼ同水準である。1995年には日本と同じ水準であったアイルランドは日本の3倍程度、米国でも2倍程度の水準にまで上昇した。日本も1人当たりの労働生産性をいかに上げていくかが問われているが、ITやデジタル化の遅れの問題や諸外国に比べると中小企業のウエートが高いという構造は大きな課題である。また、製造業は1人当たりの労働生産性は高いものの、サービス業が極めて低いという問題についても、ますます難易度が高くなっている。

　その意味で、米国では、スタートアップがイノベーションをけん引して経済に対して様々な好影響を与えていくなかで、IT関連・プラットフォーム企業が主導するイノベーションはもちろん、いわゆるデジタル以外の業界を含めて、広範囲な業種において様々なイノベーションが起きていることにも注目する必要がある。米国において、IT関連以外の

分野が民間雇用のかなりの部分を創出して、企業の成長を支えているように、我が国でも労働生産性を高めて、雇用を創出するためには、イノベーションの裾野を広げていくことが不可欠である。そのうえで、日本においては、まずは大企業の事業変革の動きとともに、大企業とスタートアップとの間をどのように取り持っていくかが益々重要になってくる。

　第三の構造問題としての金融面の構造的課題も重要な論点である。特に、イノベーションを促進するためには、金融面での課題は大きい。我が国において間接金融を中心とした企業金融が依然として重要な役割を担っていることは、現在でも、企業活動を安定的に支え、社会の安定化に資する面はあるものの、その一方で新陳代謝を阻害している面も相応にあると考えられる。

　企業が成長していくためには、資金調達が不可欠であり、日本は、かつて、銀行、信用金庫、政府系金融機関等が産業を成長させていくために長期的な金融をつけてきた。その過程で銀行からその事業会社へCFOや社長を派遣する等の人的リンクを強めたり、あるいは政策保有株式を持つことによって、長期金融とガバナンスを効かせることで、企業と一体になって成長させる構造にあった。

　このような産業金融モデルが1990年代の前半まで有効に機能してきたが、その後の銀行の統合や政策保有株式の持ち合い解消の流れのなかで、企業が自立型になっていった。その中で大企業は自社株買い、あるいは経費削減によって収益を上げていく動きが多く、事業を拡大させる成長モデルに向かわなかったことの背景には、エクイティ資金を供給するバイアウトファンドやベンチャーキャピタル（VC）といった主体の広がりが欠けていたことがある。

　日本ではバイアウトファンドやVCが、アメリカに比べて20年から30年程度遅れて、広がったという側面がある。米国におけるバイアウト

産業の変革をリードするプライベート・エクイティ

ファンドやVCの広がりが、日米における競争力や1人当たりGDPの差につながっていることを考慮すれば、やはりリスクマネーを通じた新しい事業分野をつくるための基盤力が、いよいよ今後大事になっている。

　今までの日本の間接金融中心主義はリスクマネーの供給不足をもたらしているため、このような金融構造の変革に本格的に取り組む必要がある。日本の社会や経済構造が大きく変わるなかで、事業再編や事業のポートフォリオの見直しの動きも大企業の構造変革に繋がる。それは、PEファンドへのニーズが高まる背景となっている。まだまだ十分ではないものの、Society5.0あるいはAI、ビッグデータ等のテクノロジーが生んだ産業革命の波に乗るために、オープンイノベーションの重要性に気付いた日本の大企業は、相次いでコーポレート・ベンチャー・キャピタル（CVC）を組成している。


　ここで、日本のPE市場規模の国際比較を、図表序-5で見ると、GDPに占めるM&A案件の割合とM&A案件に占めるPEの割合は、いずれも欧米各国や韓国と比べて低位に留まっている。このため、両者の積であるGDPに占めるPEの割合も、大きく劣後している。M&AはストラテジックM&AとフィナンシャルM&Aに分類される。ストラテジックM&Aは事業会社同士が戦略的に統合するものであり、ストラテジック以外のケースをフィナンシャルM&Aと呼び、PEが買収に関与する案件などである。

　M&Aを増やさない限りリスクマネーは流れないため、一定程度M&Aが増えてくれば、自ずとPEも広がってくることが見込まれる。東京証券取引所が上場企業に資本コスト経営を慫慂することでPBR1倍割れに対する企業の危機感が本格化して、海外の機関投資家による日本企業に対する見直しの動きが生じている。日本企業が事業ポートフォリオを見直して、資本コストの基準に満たない事業を売却する動きが本格化すれ

ば、M&Aが増加することが見込まれる。このためGDPに占めるM&A案件の比率を見ていくことが大事になる。

　PEの割合も、今は国際比較においては低い状況にあるが、今後5年から10年を展望すれば、徐々に高まることで、PEにも資金が集まり、リスクマネーが拡大することが期待される。

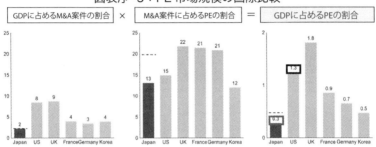

図表序-5：PE市場規模の国際比較

注：2016年〜2022年の平均値。　破線 --- は、2021年〜2022年の平均値。名目GDPベース
出所：Bain & Company 資料より筆者作成

## 2．PEファンドを通じたリスクマネー供給

### (1)「資産運用立国」の取り組みとポテンシャルについて

　岸田政権は社会課題を成長のエンジンに転換する「新しい資本主義」を掲げている。その重要な政策的取り組みとして、我が国の個人金融資産の半分以上を占める現預金を消費や投資に向かわせて、「成長と分配の好循環」を実現することがある。「資産所得倍増プラン」に基づく新NISA開始や、金融経済教育の充実などもその一つである。これは間接金融中心の金融構造を転換させて、リスクマネー供給を増やすことを企図するものである。そのための受け皿として、機関投資家を充実させるための改革も同時に進みはじめている。これは、家計金融資産等の運用

を担う資産運用業とアセットオーナーシップの改革等を企図するもので
あり、内外の運用会社の新規参入のハードルを低くするものである。（図
表序 - 6 参照）

図表序 -6：資産運用立国の概念図

**出所**：金融庁「資産運用立国について」（2023年12月更新）

　例えば、PE ファンドの投資家を見ると、海外の PE ファンドへの資
金供給者は、年金基金、大学基金等の機関投資家が大半である。シンガ
ポール政府が所有する運用機関テマセクは PE の組み入れが42パーセン
ト、カナダ最大の年金基金である CPPI で34％、同国のケベック州貯蓄
投資公庫（CDPQ）は20％程度である。このように、グローバルでは PE
の組み入れが一般的に行われている。この背景には、株や債券といった
伝統的な資産に対する投資だけではパフォーマンスを十分に上げられな
い環境となり、一定程度をオルタナティブ投資に配分する動きを伝統的
に行ってきたことがある。

　一方、日本の PE ファンドの資金供給主体は事業会社や銀行が主体で
あり、年金マネーは、十分には入ってない（図表序 - 7 参照）。日本には
世界最大の年金基金である年金積立金管理運用独立行政法人（GPIF）が
あり、180兆円という巨額の運用を行っているが、株式や債券といった

伝統的資産への投資が大部分を占めており、オルタナティブに分類される PE の領域は１％以下と、運用面での対応はこれからである。企業年金連合会は PE 組み入れ比率を４±２％ とする運用方針を明らかにしているが、PE 投資を行っている年金基金の取り組みは概ね小規模にとどまっている。

　PE ファンドのように10年程度の長い期間をかけてパフォーマンスを上げていく投資のための資金供給の主体としては、やはり年金基金のような長期の機関投資家が極めて重要である。我が国において PE 投資への年金マネーの流入が依然として限定的である状況を踏まえると、日本のリスクマネー供給の不足感が浮き彫りになるとともに、今後は、年金等の長期の機関投資家が PE 投資を進める余地は大きいと考えられる。

### 図表序 -7：PE ファンドへの資金供給主体

▼グローバル（2016年）　　　　　　　　　▼日本（2017年）

その他, 11%
保険会社, 10%
ファミリーオフィス, 5%
寄付基金 7%
財団, 5%
ソブリン・ウェルス・ファンド, 17%
公的年金基金, 30%
私的年金基金, 15%

その他, 8%
私的年金基金, 8%
保険会社 8%
投資会社, 3%
アセットマネージャー 10%
事業法人, 39%
銀行, 24%

**原　資　料：**Deloitte Center for Financial Services, "Private equity growth in transition Evolve to meet tomorrow 's challenges" (2016) .Preqin, " PRIVATE EQUITY & VENTURE CAPITAL SPOTLIGHT" , (2017) .

**出所：**金融庁「金融審議会 市場制度 WG 第15回 事務局資料」

## (2) PE ファンドが担う社会的役割

日米英における PE 会社の設立件数をみると、日本は2000年から2010年にかけて設立された PE 会社が非常に多いが、米国においては、それより前に作られたものも相応にあるものの、2000年代前半に作られたものも多い。その意味では、米国はファンド組成を継続的に行いつつ、新規参入者も相応にあるなかでリスクマネーを安定的に供給していることに着目する必要がある。

このように米国では PE ファンドの長い歴史があることで、PE ファンド、リスクマネーが、社会や経済においてどのような影響を与えているかについての分析データが存在する。PE ファンドの投資先が将来の成長のために M&A をするか、あるいは投資先の雇用が増えているのかについての実証研究がなされている。例えば、2005年までの4,500社のデータでは、企業再編にかなり貢献をしており、雇用への影響もプラスに働いている結果がある。かつてはハゲタカファンドが投資先の従業員をリストラするとの批判が高まることもあったが、実際には米国においては、雇用の影響はプラスに働いている可能性がある。日本においては、こうした実証研究はあまりないものの、投資先の売上高に及ぼす効果や投資先の従業員数を削減せずに投資を行っていることを示す研究結果も報告されている[注]。

このように、PE ファンドの投資が社会全体とか経済全体にプラスに働いていることも、徐々に明らかになりつつあり、PE ファンドが社会なプレゼンスを高めるステージに入りつつある。

---

注　飯岡靖武「PE ファンドの価値創造機能に関する実証分析」アナリストジャーナル（2020年 10月号）、日本銀行「わが国における PE ファンドの可能性—アイデア とコミットメントのあるファイナンスへの期待— 」（2020/12/11）。

## （3）PE の位置づけと可能性

　日本の PE ファンドの歴史を振り返れば、最初に PE ファンドが立ち上がったのは1997年であり、30年に満たないことから、歴史は浅く、今、ようやく PE ファンドへの認知ができてきたといえる。

　PE ファンドの歴史を5期に分けて整理することが妥当であると考える。図表序-8にて、第Ⅰ期から第Ⅴ期までを、区分けして整理してみた。第Ⅰ期は草創期、第Ⅱ期はそれが徐々に広がり、カーブアウトが出はじめた時期である。第Ⅲ期はリーマンショックの後の低迷期であったが、上場廃止によって PE ファンドが100％買い取る非公開化案件が増加した時期である。第Ⅳ期はアベノミクスによる株価上昇局面で事業承継や事業再編といった戦略的な企業の取り組みが増えるとともに広がりを見せた時期である。コーポレートガバナンス・コードやスチュワードシップ・コードといったガバナンスの体制が整備される中で、PE ファンドにも一定の役割が見え始めたタイミングでもある。また、ハゲタカファンドと呼ばれていた当初の頃のような拒絶反応がなくなったというのも第Ⅳ期の特徴である。そして、現在の第Ⅴ期は、2022年から始まった成長期である。ロシアのウクライナ侵攻や世界的なインフレに伴う利上げ局面のなかで、PEのエコノミクスが変化を迎える局面でもある。その中で、第Ⅳ期においても、東芝メモリ、マレリ（旧カルソニックカンセイ）、武田薬品の大衆薬事業の売却等の動きがあったが、第Ⅴ期に入り、東芝、日立物流、ベネッセ等の様々な大型案件が続いている。2023年は PE ファンドによる東芝の買収を含めて組成額が急増したことも、本格的な成長段階に入ってきたことを示すものであり、PE ファンドの役割が定着するとともに、資本市場における PE ファンドの重要性が高まっていることが窺える。この第Ⅳ期から第Ⅴ期においては、上場の意義が問われ、非上場化やマネジメントバイアウト（MBO）したほうが経営戦

産業の変革をリードするプライベート・エクイティ　017

略、事業戦略を機動的に推進できるという論調が高まったことも重要な点である。

　投資後のエグジットについては、基本的には M&A を活用するケースが多く、エグジット全体の50％を占めている。そもそも、事業会社によるストラテジック M&A では、シェアの増加や新規事業の獲得への期待が大きい一方、他社から買収した事業が想定外の問題を持っている可能性によってその事業のバリューが正確に読めない場合があり、相応のリスクをはらむ。このため、PE ファンドがいったん買収して、投資期間の中で事業モデルをシャープにして企業価値を上げた後に、同業の事業会社等のストラテジックバイヤーに売却することは、事業会社にとっても上述のリスク回避という意味で理に適っていると言える。また、セカンダリーバイアウトもエグジット全体の10パーセント程度を占める。セ

図表序 -8：日本の PE（バイアウト）の歴史

| | 第 I 期<br>(1997〜2003) | 第 II 期<br>(2004〜2008) | 第 III 期<br>(2009〜2015) | 第 IV 期<br>(2016〜2021) | 第 V 期<br>(2022〜) |
|---|---|---|---|---|---|
| マクロ環境 | 金融危機<br>ITバブル崩壊 | 小泉改革 | リーマンショック<br>東日本大震災<br>アベノミクス、スタート | 世界的な金融緩和<br>コロナ禍<br>SDG'sの潮流 | ロシアのウクライナ侵攻<br>資源・賃金インフレ<br>FRBはじめ利上げ |
| 関連政策 | 年金運用規制撤廃<br>独占禁止法改正 | 産業再生機構<br>経産省「MBO指針」 | 産業革新機構<br>企業再生支援機構 | コーポレート・ガバナンス改革<br>GPIF改革<br>産業革新投資機構発足 | 東証の市場再編<br>「PBR1倍」に係る要請<br>スタートアップ 育成計画 |
| バイアウト<br>関連動向 | 日本初のPEファンド<br>「ハゲタカ」イメージ<br>外資系再生ファンド<br>村上ファンド設立 | 外資系ファンド等の参入<br>日本PE協会の設立<br>LBOローンの活用<br>バイアウト・メザニンの増加 | リーマンショックによる低迷<br>一部ファンドの撤退<br>非公開化（⇒再上場） | 地方・事業承継の増加<br>大型案件の成立<br>ESG投資への対応 | 投資先の破綻事例<br>市場圧力か→非公開化<br>グロース投資の取組み |
| 投資案件 | ○事業再生案件<br><br>ICS国際文化教育センター<br><br>新生銀行 | ○カーブアウト案件<br><br>東京スター銀行<br>すかいらーく<br>ベルシステム24<br>クラシエ | ○非公開化案件<br>○事業承継案件<br><br>パナソニックヘルスケア（PHC）<br>すかいらーく<br>あきんどスシロー<br>ツバキ・ナカシマ | ○事業承継案件<br>○カーブアウト案件<br><br>東芝メモリ（キオクシア）<br>カネボウ化粧品（マレリ）<br>武田コンシューマーヘルスケア<br>（アリナミン製薬）<br>日立国際電気（KOKUSAI） | ○事業承継案件<br>○非公開化案件<br><br>東芝<br>日立物流（ロジスティード）<br>ベネッセ<br>Spiber |

**注**：ある期間の最終年に発生した事象を次の期間に記載しているものもある。投資案件の括弧内は現社名を示す
**出所**：各種資料より筆者作成

カンダリーバイアウトとは、PEファンドが投資先を別のファンドに売却する取引のことであり、1つのファンドが企業価値をいったん上げた後に、別のファンドがもう一段のチャレンジをするものである。IPOは、件数ベースではエグジットの9％に留まる。バイアウトファンドのエグジットとしては、トレードセールを選択することが多く、上場を選ぶことは少ない。このような状況は、VCが東証グロース市場への上場を投資先のエグジットの大半としており、M&Aが極めて少ない状況とは対照的である。

　2022年に入って、PE市場のグローバル化は調整局面にあるものの、投資家がオルタナティブ投資の一環としてPEファンドに投資を行うことは、米国において完全に定着したといえる。このような海外投資家のトレンドを勘案すれば、日本においてもPEファンド投資が広がる余地は大きいといえる。

　欧米と日本のPEファンドを、図表序-9で比較すると、日本のPEファンドは、基本的にはバイアウトが大半を占めている。バイアウト中心であるということは、基本的にはPEファンドが対象企業の100パーセントの議決権（最低でも50％以上）を取るということである。

　欧米においては、ブラックストーン、カーライル、KKRといった欧米の投資運用会社は、不動産、プライベート・エクイティ、クレジット、LBO（Leveraged Buy Out）ファイナンス、グロースといった様々な金融の取引や投資対象を、株式投資の形態に限らず展開をしている。このように、欧米のファンドが多面的な展開を行っているのに対して、日本のファンドは極めてシンプルな展開となっている点に特徴がある。いずれ日本のバイアウトファンドが不動産やLBO、クレジット等に投資対象を広げていくことも想定されるが、主流となるまでには相当の時間を要するだろう。

**産業の変革をリードするプライベート・エクイティ**

また、欧米のファンドは多角化を進めていることから、上場している欧米のファンドは多い。ブラックストーン、KKR、カーライル、TPGは上場ファンド運用会社である。日本の上場ファンド運用会社としては、今のところ2023年9月に東証グロース市場に上場したインテグラルだけである。

　LP投資家については、海外では年金基金や大学ファンド、エンダウメントが入っており、日系ファンドにも相当入っているが、日本の投資家はPEファンドに大きな金額を投資しないことが多い。

　経営人材のプールの厚みの違いも指摘される。優秀な経営者候補と魅力的な企業をつなぐサーチファンドの歴史は米国では古く、1980年代半ばころに誕生したとされるが、日本では2010年代に設立されたファンドが少しある程度である。このため日本のファンドではそういった人材プールが少ないことが、エコシステムを広げるための制約にもなっている。

### 図表序 -9：PE ファンドの比較　欧米・日本

| 項目 | 欧米のファンド | 日本のファンド |
|---|---|---|
| ファンドの規模 | ・Blackstone：AUM9,747億米ドル　最大のPEファンド254億米ドル（2020） | ・平均ファンド組成額271億円（2022） |
| ビジネスラインの多様性 | ・Blackstone：不動産・PE・クレジット等　・Carlyle：バイアウト・グロース・不動産・LBO | ・バイアウト専業が大半　・海外展開やグロース投資への取組みも |
| PEファームの上場 | ・Blackstone, KKR, Carlyle, TPG 等 ― 創業者からの承継/資金調達/インセンティブ | ・上場は、インテグラル（2023/9）のみ。　・「御三家」はサクセッション済 |
| 公正価値評価の実施/パフォーマンス・データの公表 | ・2005年にIPEVガイドラインを導入/　・従来より、パフォーマンス・データを公表 | ・小規模ファンドには監査報酬の負担感・　・2018年に公表開始（日本PE協会） |
| LP投資家 | ・年金等が有力ファンドと長年のネットワーク　・新設ファンドにも目利き力 | ・銀行主体 → 近年、大型ファンドには　海外投資家や年金基金も参入 |
| PEファームの設立時期 | ・老舗が多い一方、新規参入も | ・1997年以降、2008年頃までが大宗 ―　バージンファンドには投資しないLP投資家 |
| 企業価値向上手法 | ・投資先企業において雇用の増加率は低い　・M&Aや組織分割の増加率は高い | ・人員削減は稀、新規分野に異動など　・既存人材の経営幹部登用は多い |
| 経営人材のプール | ・プロ人材に経営を委ねたい投資先を探索も　・経営人材発の伝統的なサーチファンド | ・近年増加基調も、十分なプールに至らず　・ファンド設立が先行する「サーチファンド」 |

**出所**：各種資料より筆者作成

## （4）国際卓越研究大学向けファンドや官民ファンドなどの意義付け

　コロナによって経済・社会構造が大きく変わるなかで、不確実性は確実に高まっている。このような環境で期待される金融は、エクイティによるリスクマネーの供給である。しかし、銀行を中心とした間接金融中心の金融仲介ではリスクマネーの供給にも限界がある。加えて、グローバル企業が巨大化するなかで、もはや日本企業単体の努力だけで国際競争力を高めることは、技術的にも金融の面からも難しくなっている。

　事業戦略上、自社に不足した技術があれば、オープンイノベーションの推進が有効な手段となるが、近年の社会課題解決型の事業を進めるためには、大学が持つ先端研究の成果を実装することは極めて重要となる。ただし、QS世界大学ランキング2024では、東京大学の28位が最高であり、55位の京都大学と合わせて100位以内には2校しか入っていない状況である。上位100校のうち米国が36校、イギリスが11校、ドイツが8校といる状況との比較で、日本の大学の研究力の向上余地があると言える。

　政府は世界に伍する研究大学を目指して国際卓越研究大学制度を立ち上げた。世界最高水準の教育研究活動による新たな知・イノベーション創出の中核となり、新たな知・イノベーションの創出が期待されている。そのためには、多様な財源の確保等を通じた強固な財務基盤が必要であり、10兆円の大学ファンドが設立された。この運用益が国際卓越研究大学の財務充実にあてられる。


　また、リスクマネーの供給という点では、現在の日本においては、官民ファンドが果たす役割は非常に大きい。産業金融は政策的な必要性が高い事業に対してリスクマネーを提供し、これを民間投資の呼び水とするものであるが、2022年度末で6兆円を超える規模の出資と貸し付けが

**産業の変革をリードするプライベート・エクイティ**

官民ファンドを通じて行われている。前述の通り、日本では年金資金からのPE投資が少ないため、これを補完しているのが産業革新投資機構（JIC）等の官民ファンドである。傘下のJICキャピタルはJSR、日立Astemo、新光電気工業等へのバイアウト型出資を行っており、日本企業の事業再編の動きを金融面から支えている。業界再編や新産業を創出するための成長投資の資金を民間のバイアウトファンドだけで支える状況に至らないなかで、過渡的ではあるが産業金融の重要な役割を担う存在となっている。

## 3．今後の課題と展望

最後に、リスクマネー供給の拡大を展望して、PEファンドの課題について議論したい。

日本のPEファンド投資に機関投資家が入りにくい理由の一つに、公正価値評価がグローバルな基準と整合的でないことがある。日本においては、時価評価が必ずしも世界基準と整合的に行われていないことから、公正価値評価が無いため投資できないとの指摘も多い。

これを受けて、日本プライベート・エクイティ協会（JPEA：Japan Private Equity Association）では、規模が大きいバイアウトファンドの声を取り入れて、公正価値評価を入れていくための取り組みを進めている。また、VCにおいては、このような取り組みが非常に少ないということで、2023年12月に公表された金融審議会市場制度ワーキング・グループ・資産運用に関するタスクフォース「報告書」や新しい資本主義実現会議分科会で取りまとめた「資産運用立国実現プラン」において同様の取り組みが進められている。

このようにPEファンドの制度的な基盤整備は途上の段階である。パフォーマンスデータについても、必ずしも十分公表されていないため、

JPEAで業界各社のパフォーマンスデータを公表することの意味は大きい。どのようなパフォーマンスをあげているか、どの年に投資をしたもののパフォーマンスはいくらかといった標準的な情報を蓄積することによって比較可能性を高めることは、投資家層を広げるために重要な取り組みである。パフォーマンスデータの公表が整わないと、機関投資家にとっては、日本の主要なファンドでどのような運用になっているかを評価する基準がないため、このような問題を如何に解決していくかは今後の課題である。

　第二の論点としては、サステナビリティへの対応の視点からのリスクマネー供給である。大企業にとっては、社会課題の解決、サステナビリティ対応として最も重視されているのは、カーボンニュートラル戦略に如何に取り組むのかという問題である。政府はグリーン成長戦略のなかで、カーボンニュートラルの分野で少なくとも10年で150兆円程度の投資が必要であることを示している。研究開発的な要素が多い分野は政府が対応するとして、圧倒的に大きい投資は民間の部分となる。年間約17兆円の規模で、電源脱炭素化、製造工程の脱炭素化、エンドユーザー、インフラ整備、研究開発を行い、上流から下流のルートに向けて満べんなく投資を実施することが期待されている。このような対応は、社会のサステナビリティと企業のサステナビリティを同期化させるため、大企業としては事業ポートフォリオの再構築が不可欠となり、ファイナンスの需要も極めて大きいものとなる。

　近年では、上場株の投資についてもESG投資が広がっているが、PEファンドにも同様の動きが生じている。欧州を中心にESGに注目する機関投資家は多く、非公開企業への投資にも、ESGの視点からチェックをかけるようになってきた。欧州の機関投資家はPEファンドがESGに注目したり、着意を持っていなければ投資対象としないスタンスに変わりつつある。このようなESGの潮流を受けて、日系のPEファンドでも責

**産業の変革をリードするプライベート・エクイティ** | 023

任投資原則（PRI：Principles for Responsible Investment）に署名することが増えており、上場企業への投資だけではなく、プライベート・エクイティ投資についても、ESG の視点が広がっていることへの対応は不可欠である。

　最後に、「失われた30年」からの本格的な転換に向けて、人材育成の課題を考察したい。戦後の日本の高度成長がもたらされた大きな要因のひとつに、日本型雇用システムがプラスに働いたことが強調される。新卒一括採用、年功序列型、60歳の定年制がパッケージになって雇用の安定を実現したことが、高度成長の大量生産や事業の拡大の基盤構築に大きく貢献したことは間違いない。

　ただし、その仕組みが今や通用しなくなってきた背景には、制度が時代に合わなくなったという面に加えて、個々人の専門性や能力、スキルが変わってきたことがある。例えば、縦割り組織の中の一つのセクションで競争力があることよりも、特定の専門領域におけるスキルや、横断的に物事を考えてプロジェクトをマネジメントする能力、チームを率いるリーダーシップが問われるようになってきている。このような専門的なアプローチは、これまでの日本型雇用システムの中では対応が極めて困難である。その理由は、日本型雇用システムが典型的なメンバーシップ型雇用であり、従業員は会社に属していることを基本としており、従業員は人事主導の配属やキャリアパスを受動的に受け入れざるを得ないためである。

　ところが、ジョブ型雇用的な仕組みを前提とすると、ジョブディスクリプションで定義された専門的な業務を行い、専門性とスキルを身につけることになる。IT業界はジョブ型雇用の典型例であるが、IT以外も含めて今のテクノロジーの進化を考えると、ここに大きな論点がある。日本企業は定年制の下で従業員を最後まで面倒を見ることができるかでは

なく、スキルとか専門性を持つ人材を育てられるかどうかが本当に重要なこととなる。日本の大企業がOJT以外に殆ど人材投資をしてこなかったことと逆に、欧米ではOJT以外の人材投資に大部分の資源投入を行っていることが、「失われた30年」のなかで日本が経済的にも遅れを取った要因でもある。

　こういうようなことを踏まえれば、これからの大企業を中心とする時代の難しさは、当面の間、依然として残るだろう。日本の大企業の経営のなかに、経営資源の集中、過当競争、ガラパゴス、自前主義が構造的に組み込まれているが、これを如何に変えていくかは難しい課題である。しかし、大企業がPEファンドと様々な形で協働することで、日本経済が再びダイナミズムを取り戻しつつあることが、日本の金融の在り方を変えることにもつながるであろう。

## 参考文献

- 内閣官房「資産運用立国実現プラン」、2023年12月

- 金融審議会 市場制度ワーキング・グループ・資産運用に関するタスクフォース「報告書」、2023年12月

- 一般社団法人日本プライベート・エクイティ協会「日本におけるプライベート・エクイティ市場の概観」(日本プライベート・エクイティ協会HP)

- 幸田博人「リスクマネー供給の新しい流れ～コロナ禍におけるプライベート・エクイティ投資の広がり～」(月刊資本市場　2021年3月号)

- 幸田博人「日本の構造問題を踏まえたリスクマネー供給～脱炭素社会も展望、リスクマネー供給年間1兆円に向けて～」(月刊資本市場　2021年10月号)

- 幸田博人／木村雄治編著『ポストコロナ時代のプライベート・エクイティ』(一般社団法人金融財政事情研究会2022年)

- 幸田博人編著『プライベート・エクイティ投資の実践』(中央経済社2020年)

026

# パート：I

# プライベート・エクイティの歴史と発展

## 〜バイアウトの歴史を辿る〜

第1章

# 日本のバイアウトの歴史を振り返る

### 小林和成

## はじめに

　バイアウトを中心とするグローバル PE 市場は、ここ10年間に大きく発展し、その運用資産額の残高は５兆ドル（750兆円）を超え（図表1-1参照)、上場株式の時価総額の１割近くまでの規模になってきている[1]。上場企業数・時価総額が、様々な規制の強化などの影響を受け増えていない一方、PE の存在感が増し、相対的な規模が拡大していることから、"We live in private equity times"（我々は PE の時代に生きている)[2]と言われることもある。

---

[1]　PE の運用資産額には、一般的にドライパウダー（ファンドのコミット済・未投資額）を含むこと、また一般的に PE は個々の投資案件に関して５年程度でエグジットし投資先が入れ替わっていくため、上場株式市場との比較は難しい。

[2]　Financial Times 'Is private equity actually worth it?'（2024年３月５日）

図表1-1：PEの運用資産額の推移

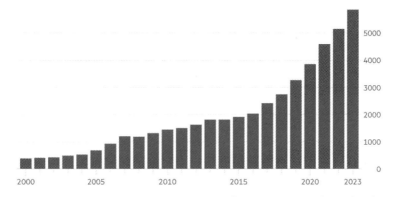

原典：Preqin。2023年6月末時点。
出所：Financial Times 'Is private equity actually worth it?'（2024年3月5日）

　日本のバイアウト市場は、グローバル市場と対比するとまだ非常に小さい存在であるが、一方、グローバル市場でのバイアウトの発展・進化は日本の市場にも大きな影響を与えることになる。本章では、日本のバイアウトの歴史を振り返るにあたり、まずは米国を中心とするグローバル市場でバイアウトがどのように発展・進化してきたのかを簡単にレビューし、それに対比して日本がどのような状況にあるのかを分析する。また、それに加えて転換期を迎えるグローバル市場の動向を念頭において、今後、日本どのよう影響が出る可能性があるかを考察する。

# 1．グローバルPE市場の歴史

## （1）米国を中心とした PE 市場の発展

　一般的には米国のバイアウトは約45年の歴史を有すると言われており、日本より20年ほど長いが、それでもまだ半世紀は経っていない比較的新しい投資手法である。

　バイアウトの最初の投資は、コールバーグ・クラビス・ロバーツ（Kohlberg Kravis Roberts。現 KKR）が、1978年に上場自動車部品メーカーのフーダイユ・インダストリーズを LBO の仕組みを使って380百万ドルで買収した案件で、これをきっかけに LBO の様なフィナンシャル・エンジニアリングの手法を用いて高いリターンを上げる投資手法が定着した。LBO は人気を博し、KKR の成功を見てブラックストーン（Blackstone）他、新たにバイアウト投資に参入するファンド運営会社（GP[3]）が相次いだ。LBO ブームは KKR が1988年に手掛けたタバコと食品のコングロマリットの RJR ナビスコの250億ドルの買収で最初のピークを迎えた。この案件はその敵対的買収のプロセスに関して" Barbarians at the Gate "（野蛮な来訪者）というタイトルで本の出版が行われ、いまだにロングセラーとなっている。一方、KKR は買収後、様々な部門・子会社を切り売りするなど大幅なリストラを行ったことから大きな批判を浴びた。

　90年代は、80年代の LBO を支えたジャンクボンドを開発したドレクセル・バーナム・ランバート（Drexel Burnham Lambert）の破綻や貯蓄貸付組合（S&L）の経営危機に伴う S&L の投資規制強化などが大きく影響し過度のレバレッジを使った投資手法は減ったが、バイアウトファ

---

[3]　ファンドの業務執行を担う無限責任組合員を General Partner（GP）という。ファンド運営会社は主に GP 業務に携わるため、以下、ファンド運営会社を GP と呼ぶ。なお、ファンド運営会社そのものを指す場合は、PE 会社と呼ぶ。

日本のバイアウトの歴史を振り返る

ンドは、レバレッジの活用ではなく企業価値を時間を掛けて高めること によりリターンを上げる手法にシフトすると同時に投資対象のセクター を広げ、また経済統合が進む欧州での投資活動を拡大するなど、徐々に 規模を大きくしていった。また大手年金基金や政府系運用機関（SWF： Sovereign Wealth Fund）などを含め機関投資家が本格的に投資を開始 しリスクマネーの供給量が増加した。

　2000年代に入り、一層のグローバル化が進展、欧州に加えてアジアで の投資活動が活発化、一部のファンド（GP）は日本にも進出した。2000 年代初頭は、インターネットバブルの崩壊の影響による通信関係の会社 の倒産などがバイアウト業界にも影響を与え、ヒックス・ミューズや フォースマン・リトルといった当時の大手GPが市場から退出すること になった。しかし、その後のエンロン事件を受けて導入されたサーベン ス・オクスリー法（公開会社会計改革および投資家保護法）により多く の上場企業がバイアウトファンドと組んで非公開化することを志向した こと、金利の低下に伴い投資家がより高いリターンを求めハイイールド 債への投資を拡大したことから、PEの存在感は大幅に増大した。2000 年代半ばには100億ドルを超える規模のファンド、或いは100億ドルを超 える企業価値を持つ上場企業の非公開化案件が多数出現、エコノミスト （Economist）誌は”The new kings of capitalism”という特集を組んだ[4]。 また、大手GPのブラックストーンはマーケットのピークの2007年6月 に株式公開を行った。

　「音楽が鳴っているうちは、踊り続けなければならない」と言われた バブルが2007年に崩壊、国際金融危機が始まり2008年にリーマン・ブ ラザーズ（Lehman Brothers）が破綻した。この金融危機はPE業界に も大きな影響を与えた。金融危機以前に投資を行っていた案件の中には、

---

[4]　Economist, Special report “The new kings of capitalism”（2004年11月27日）

LBO ファイナンスの借換えが出来ず破綻する企業や業績が悪化し時間を掛けた経営の梃子入れが必要となる案件などが続出し、また新規ファンドにリスクマネーを供給する投資家も大幅に減少し、ファンド組成にも大きな影響が出た。2007年に KKR などが史上最高の480億ドルで買収した TXU は2014年に倒産している。

　国際金融危機後の厳しい環境を乗り越えた後、2010年にバイアウトは再び成長、2021年にはコロナ禍の環境にも関わらず、史上最高額の約1.1兆ドルの新規投資案件総額となった[5]。この成長の理由としては、第一に過去20年間培ってきた企業価値向上の経験・知見を下支えとして、国際金融危機後の超低金利の金融環境のメリット、すなわち個々の案件における安価なデットの活用と PE への投資家資金の流入拡大に伴うファンドの大型化のメリットをフルに享受したことがある。第二の理由は、デジタルトランスフォーメーション（DX）が進む中、成長性の高いテクノロジー企業への投資を加速させたり、DX の活用による投資先企業の企業価値向上を一層進めたことである。バイアウトファンドはグロースキャピタルの領域への投資も増やし、従来はベンチャーキャピタルとバイアウトの狭間で小さかったグロースキャピタル市場が大きく拡大した。第三の理由としては ESG の浸透がある。資本主義の考え方の変容（株主資本主義からステークホルダー資本主義へ）を受けて、バイアウトファンドにおいても、ESG に取組み、それにより一層の企業価値向上を実践する姿勢が浸透している。

　しかしながら、コロナ禍が収束した後、急激なインフレの浸透とそれに対応した金利の上昇によって、国際金融危機後の「黄金期」は終結、2022年、2023年と連続して新規投資案件総額は減少し、2023年はピーク

---

[5]　Bain & Company, "Global Private Equity Report 2022"（2022年3月）

日本のバイアウトの歴史を振り返る　033

## 図表1-2：グローバル市場のバイアウト新規投資案件総額の推移

出所：Bain & Co. "Global Private Equity Report 2024"（2024年3月）

の2021年の6割減となる4,380億ドルまで落ち込んでいる[6]（図表1-2参照）。また、この様な市場の変調はエグジットにも大きなマイナスの影響を与えており、2023年末の未エグジットの投資先企業数は28千社まで増加し、その残高は3.2兆ドルまで膨らんでいる。足下はLBOファイナンスの市場も再開されつつあり、またファンドの待機資金が1兆ドル以上あるため徐々に市場は正常化しつつあるが、GPは当面は国際金融危機後と同様に既存投資先の梃入れ・エグジットに力点を置くことが重要となる。

この様な状況を見てバイアウトの将来を悲観的に見る人間もいるが、一方、バイアウトファンドの過去45年の歴史で証明されているレジリエンスを考えると、近い将来、バイアウト市場は今回の低迷期を乗り越えて、新たな形で発展・進化が行われるものと予想できる。

---

[6] Bain & Company, "Global Private Equity Report 2024"（2024年3月）

## (2) 日本の PE 市場へのインプリケーション

　以上のグローバル PE 市場の歴史の中で、注目すべきバイアウトの発展・進化には次の3つがある。

　1点目は、フィナンシャル・エンジニアリングからの脱却である。80年代までの当初のバイアウト市場においては、安定的なキャッシュフローを期待できるビジネスに対してLBOの手法で買収、その後リストラクチャリングを通じてリターンを極大化することが行われていた。当時、バイアウトファンドは「コーポレート・レイダー（乗っ取り屋）」と同一と見做されることも多く、買収後の大規模なリストラ・資産の切り売りやレイオフ、その他の重要な企業再編活動を伴う手法に対して批判を浴びることも多かった。しかし、徐々に投資戦略・手法は進化し、レバレッジは活用するものの、その活用は控えめで、リターンの源泉は買収後の事業の成長・拡大、企業価値の増大に依存する形となっている。投資後の企業の成長戦略へのフォーカスを図り、それを遂行するために投資先企業の経営陣を支えるオペレーティング・パートナー等のリソースの強化、また、"Buy & Build strategy" などの複雑な戦略の実践などが行われている。

　2点目は、特定のセクターへの一層のフォーカスである。当初は、「バイアウトファンドはジェネラリストであるべき」との考え方も根強かったが、上述の投資戦略を進めるうえでは、ジェネラリストよりは特定のセクターの知見・経験等を有するスペシャリストであることが有利であることが多いとの考え方が主流になった。大手GPでは、複数のセクターをカバーするものの、フォーカスするセクターを絞ったり、ミドル・マーケットをカバーする中堅の GP の中には特定のセクターにフォーカスするファンドが増加してきている。尚、この1点目と2点目の発展・進化の影響で、バイアウトファンドの個々の案件のエグジット迄の投資保有

日本のバイアウトの歴史を振り返る　035

期間には長期化する傾向が見られる。投資後、典型的なフィナンシャル・エンジニアリングで比較的短期間でリターンを極大化するよりは、じっくりと腰を落ち着けて企業価値を高める手法の重要性が増加している為である。この影響により、ファンドの存続期間の長期化、或いは特定の案件を切り出したコンティニュエーション・ファンド[7]の増加などが多く見られている。

　3点目は、新たな投資領域・イノベーションの取り込みである。例えば、当初は安定的なキャッシュフローが望めないのでLBOには向かないと言われていたITやテクノロジー分野への投資への取組み、米国から他の地域（欧州、アジア、その他エマージング市場）への拡大、ESGへの取組みなどである。特にESGに関連して、従来にも増して今後20〜30年は脱炭素に関連する様々な事業のトランジッションが大きなテーマになると考えられる。

　バイアウトは、好況期には「資金流入量が大きすぎて、優良案件だけでは投資しきれないであろう、或いは競争も厳しく全体的にリターンが下がるであろう」と言われ、一方、金利上昇期には「安価なデット無しに投資は進まずリターンも確保出来ないであろう」などとよく言われるが、米国の45年の歴史を見ると、ブームの後には一時的に市場が縮小するものの、過去4回のサイクルを乗り越える度に新たな進化をしつつバイアウト市場が発展・拡大してきたこと、またその中で優れたGPは高いリターンを上げてきたことが分かる。

　日本のバイアウト市場を分析する上でも、日本固有の事象に焦点を当

---

[7]　コンティニュエーション・ファンド（Continuation Fund、Continuation Vehicleということもある）は、特定の案件（複数案件の場合もある）に関してファンドの存続期間内にエグジットすることが難しい、或いはリターンを極大化できない場合に、当該案件を別のファンドに移し、既存の投資家にエグジットの選択肢を与えつつ新規投資家を入れて投資を継続、適切な期間を確保してリターンの極大化を図る仕組みである

てるだけではなくて、米国を中心としたグローバル市場の歴史を認識し、そこでどういうことが起こり、どのように課題を克服してきたかを理解すること、またそこからの学びを活かしてどのように日本での課題に対応していくかを考えることは重要である。

特に、足下のグローバル市場の変調の影響を受けて、日本のバイアウト投資に対する関心はグローバルGP及び投資家の間で今までにない規模で大きく高まっている。つぎに日本のバイアウトの歴史について分析するが、そのなかにもこのグローバル視点を取り込んで見ていくこととする。

## 2．日本のバイアウトの歴史の概要

### （1）バイアウトの歴史の概観及びバイアウト市場に大きな影響を与えた出来事

日本のバイアウト市場は、90年代の終わりからスタートし、米国よりは約20年短いが、それでも約25年の歴史を有する。

その間に、数回のサイクルを経て、図表1-3の通り年間の新規投資案件総額が2021年、22年には3兆円程度に拡大し、東芝の非公開案件が実行された2023年は、史上最高額の5.9兆円となった。但し、前述のグローバルのバイアウトの市場規模（2023年：4,380億ドル、約65兆円）に対しては、東芝案件を勘案しても、まだ1割にも満たないシェアで、日本の経済規模を勘案するとまだバイアウトのプレゼンスは小さいという現状、別な言い方をすると潜在的に成長・拡大の余地が大きいことが分かる。

図表1-3：日本市場のバイアウト新規投資案件総額の推移

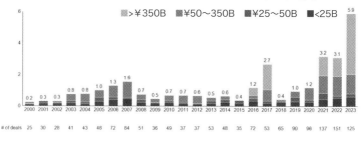

出所：日本プライベート・エクイティ協会HP（Bain & Co作成資料）（2024年6月25日）

　以下では日本のバイアウト市場の発展の歴史を、2015年までの前半と、2016年以降の後半の2つに分けて整理する。尚、バイアウトの歴史に関しては、序章と第3章で、この期間を5期に分けて記述されているので、併せてご参照願いたい。

　その前にバイアウト市場に大きな影響を与えた出来事を取りまとめる。前項の「グローバル PE 市場の歴史」でも触れたが、経済・金融市場の情勢及び様々な規制はバイアウト市場の形成・発展にも大きな影響を与える。図表1-4は日本でのそのような出来事を纏めたものである。

図表1-4：バイアウト市場に大きな影響を与えた出来事

| 年 | 出来事 |
|---|---|
| 1996年 | 橋本内閣　金融ビッグバン |
| 1997年 | 独禁法改正（純粋持株会社の解禁） |
| 1998年 | 投資事業有限責任組合法（投資家の有限責任性を担保） |
| 2000年 | リップルウッドが（1998年に国有化された）長銀を買収 |
| 2003年 | 産業再生機構設立 |
| 2004年 | 『ハゲタカ』（真山仁）出版、のちに映画化・TVドラマ化 |
| 2007年 | 小泉内閣　郵政民営化 |
| 2007〜2008年 | 国際金融危機（リーマンショック） |
| 2011年 | 東日本大震災 |
| 2013年 | アベノミクス始動 |
| 2015年 | コーポレート・ガバナンス・コード導入 |
| 2020〜2022年 | コロナ禍 |

出所：筆者作成


## （2）バイアウト市場の形成期（1997年〜2015年）

### ①　バイアウト市場の始まり〜「再生案件」からのスタート（1997〜2003年）

　戦後、日本の経済成長は、日本興業銀行などの長期信用銀行や商社などによる産業金融により支えられ、いわゆるメインバンク制の下でのガバナンスも機能していたが、経済成長の鈍化、それに伴う資金需要の減少によってメインバンクの役割・機能は低下、過剰流動性を背景とした不動産を中心とした不採算投資とその後の90年はじめのバブル崩壊により、90年代は、右肩下がりの経済、「失われた30年」の始まりとなった。更に橋本内閣による金融の自由化推進（金融ビッグバン、1996年）の影響もあり、不良債権を抱えた金融機関の経営危機が大きな問題になり、日本長期信用銀行（長銀）・日本債券信用銀行などの破綻・国有化などが起こった。

日本のバイアウトの歴史を振り返る　039

長銀[8]は、2000年に米国のバイアウトファンドのリップルウッド（Ripplewood Holdings LLC）などにより買収され新生銀行となったが、その際の「瑕疵担保特約」が買手側に有利すぎるのではないかとの批判があり、更にその後、新生銀行が上場した際にファンドが巨額のリターンを上げたことから、バイアウトファンドは「ハゲタカ」であるとの誤った認識が定着してしまった。

また、その後、金融機関の不良債権問題解決のために2003年に産業再生機構（IRCJ）が設立され、その問題解決にあたった他、再生案件中心に主に債権買取・債権回収の形で投資を行う事業再生ファンドが複数設立されたが、このような事業再生ファンドとバイアウトファンドの区別がつかず混同されることも多かった。

バイアウトファンドに関しては、1997年の独禁法改正、1998年の投資事業有限責任組合法を受けて、欧米でのバイアウト市場の発展を見た独立系のファンドが活動を開始、アドバンテッジ・パートナーズ、ユニゾン・キャピタル、MKSパートナーズが所謂「御三家」としてバイアウト投資活動を開始、また、外資系ではリップルウッド以外にも米国カーライル（The Carlyle Group）などが2000年に進出した。

但し、当初は案件の数も限られ、またその種類も再生案件が中心であった。当時はバイアウトファンドも「ハゲタカファンド」と捉えられるなど日本の中核のビジネス・コミュニティにおいて信認が得られないことが大きな課題であった。

## ② 第1次の市場拡大期（2004～2008年）

上記の立上がりの期間は、ファンド（GP）や案件の数も限られ、また

---

[8] 長銀の買収に関しては、"Saving the Sun"（Gillian Tett）（邦訳『セイビング・ザ・サン　リップルウッドと新生銀行の誕生』（武井楊一訳））参照

投資先の経営人材の層も浅いなどの課題が多かったが、その中で各ファンドは様々な案件で実績を積み重ねたことから、市場が拡大、新たなファンドの設立や外資系 GP の参入などによりユニバース[9]は拡大、また良好なリターンを見た投資家による積極的なリスクマネーの供給が行われ、2006～2008年に最初のピークを迎えた。

　GP に関しては、前述の通りグローバル市場の拡大の流れの下で大手 GP がアジアでの投資活動の展開を本格化、KKR（米国）、ベイン・キャピタル（Bain Capital、米国）、CVC（欧州）、ペルミラ・アドバイザーズ（Permira Advisors、欧州）などが日本に進出した。また金融機関系の GP（みずほキャピタル・パートナーズ、日本産業パートナーズ、ポラリス・プリンシパル・ファイナンス（現ポラリス・キャピタル・グループ）、東京海上キャピタル（現 T キャピタル）、ジャフコ他）も投資活動をバイアウトに拡大したり、新たに設立された。更に2006年には第一世代の御三家に続く第二世代の独立系 GP（J-STAR 他）が登場し、ファンドのユニバースが拡大し多様化された。

　ファンドの規模に関しては、初期の良好な実績と日本のバイアウト市場の成長・拡大に対する「期待感」から急速に拡大し、御三家の一つのアドバンテッジ・パートナーズやカーライルは2,000億円を超えるファンドを組成した。この急速なブームの背景には、グローバル・バイアウト市場が急速に拡大したこと、当時は BRICs などを含めた世界経済の「グローバライゼーション」への期待が高かったこと、それらを背景に、日本の投資家だけではなく、海外の投資家が日本のバイアウト市場の潜在性に目を付けたこと、また、海外投資家のキャピタル・ゲイン課税のルーリングが整理され、投資家が課税リスクを気にしなくてよくなった

---

[9]　ユニバースとは、一定の投資戦略に沿って選別したファンドの集合体（グループ）のこと。

ことなどが影響している。

### ③ 国際金融危機、東日本大震災などによる調整局面（2009〜2015年）

その様な成長軌道を描き始めたタイミングで、2007年から始まった国際金融危機の影響が日本にも本格的に到来、2008年の「リーマン・ショック」以降、バイアウト市場は「冬の時代」に入った。

リーマン・ショック以降は、経済不況の影響を受けて、GPは投資先企業の経営の梃入れへの注力にリソースを割かざるを得ず、また金融機関のLBO融資の大幅な供給減も影響し新規投資案件数・投資案件総額は大幅に減少した。

GPの中には、当初の御三家の一角であったMKSパートナーズの様に後継ファンドの組成が出来ず撤退するものや、外資系GPの中にはベスター・キャピタル・パートナーズ（Vestar Capital Partners）の様に本国での事業にフォーカスするために日本から撤退するものが出てきた。

また、リーマン・ショック以前に組成した大型ファンドに関して、投資活動の大幅な減速などを背景に投資家からの要求もあり、ファンドサイズを減額するものもいくつか見られた。

更には2011年の東日本大震災によって、日本の経済活動は一層落ち込み、その影響でバイアウトの投資も2015年まで低迷を続けることになった。

以上の通り、この期間は厳しい「冬の時代」であったが、一方、この厳しい環境はGPにとって投資先企業の経営に正面から向き合い企業価値向上の経験を積む非常に良い機会となった。またこの頃から増加してきた事業承継案件などに対して競争も少なかったことから非常に割安に投資を行うことが出来たため、投資後に企業価値を高めることで非常に優れた投資リターンを上げ、次の発展期の大きなきっかけとなった。ま

た、このような実績を積むことで、投資銀行や金融機関などの業界関係
者以外の一般の中堅・中小企業オーナーや大企業経営者の間でもバイア
ウトファンドを「ハゲタカ」と混同することも減り、むしろ企業経営の
重要な「パートナー」の候補と考えてくれる形で社会認知度が改善され
た。

## （3）バイアウト市場の本格的発展期（2016年〜）

### ① アベノミクスのスタート、バイアウト市場の本格的発展（2016〜2022年）

2013年にアベノミクスがスタート、大幅な金融緩和により日本経済の
成長が加速化され、またバイアウト投資に関するLBOファイナンスの
供給に大きな影響を与えた。

全般的には前の2009〜2015年の期間に比較すると投資時の価格は上昇
してきたが、GPによる投資先の企業価値向上の実力も上がってきたこ
と、またLBOファイナンスやメザニン（劣後ローンや優先株）の供給
も増え、それに伴い案件数も年々増加した。

案件のタイプに関しても、2013年頃より事業承継案件が急速に増加を
始めたこと、また、2015年にコーポレート・ガバナンス・コードが導入
されたことも一つの要因として、大企業による主体的な非コア事業の切
り出しやMBOなども増えてきている。前述の通り、米国においては2002
年のサーベンス・オクスリー法をきっかけに非公開化案件が増加したが、
日本においてもコーポレート・ガバナンス・コードやその他の金融当局
や証券取引所の市場改革がバイアウト投資を後押ししている。

尚、2020年2月より始まったコロナ禍に関しては、当初は緊急事態宣
言の発出、行動制限などに伴う経済活動の停滞が見られたが、政府のコ
ロナ対応融資等流動性の供給などもあり、影響は限定的でむしろ2021年、

日本のバイアウトの歴史を振り返る　043

2022年には市場は大きく拡大した。また、アクティビストの影響を受けた東芝の非公開化が進展し、2023年に日本市場でバイアウトファンド（日本産業パートナーズ）が手掛ける最大の案件となった。

## ② グローバル市場の「黄金期」の終焉の影響（2023年）

前述の通り、グローバル市場は2021年より金利上昇の影響を受けて急速に縮小した。グローバル市場においては潤沢なドライパウダーがあること、またインフレの鎮静化に伴う金利の安定ないし低下傾向に伴いLBOファイナンスの供給も戻りつつあることなどから市場は底を落ちつつあるが、エグジットする必要のある多くの投資先企業を抱えた状態で、今後はそのような重荷を背負いながら次のステージを睨んで展開していくことになる。

これに対して日本は、(i) 構造的にバイアウト案件の中心である事業承継案件、カーブアウト案件、MBO案件（非公開化案件）を取り巻くファンダメンタルは変わりないこと、(ii) インフレなどを背景に日銀がマイナス金利政策を17年ぶりに解除し、これから金利上昇の可能性はあるもののその幅などは限定的と考えられること、(iii) メガバンクに加え地域金融機関等によるLBOファイナンスの供給にも大きな制約がないこと、などから、グローバル市場とは異なる動きをしている。

日本のバイアウト市場の状況及び潜在性を見て、特に海外の投資家の資金が急激かつ大規模に流入していること、またGPに関しても新たな外資系の参入などが続いており、近年は「日本ブーム」の様相を呈している。肌感覚としては、前述の「第一次の市場拡大期（2004〜2008年）」と比較するとバイアウト投資は日本にしっかりと根付き、案件も多様化、またGPの経験値・実力も格段に上がっているので、前回のブームと比べ大きな懸念はない。但し、常にカネ余りの状況では投資に対するディシプリンが甘くなりその結果不調案件が増えてくること、更にはGPが

淘汰されることなどの事態も、将来的には起こりうると想定する必要がある。

その意味で、日本のバイアウト市場は良い状況にあるものの、「正念場」を迎えているとも言える。従って、GP は従来の延長線の投資戦略で今後の継続的な成長が見込めるものの、例えば脱炭素化に関連した様々な事業のトランジッションへの対応などグローバル市場の展開の動きを取り入れることで、更なる成長を目指すことが期待できる。

## 3．市場構造の発展の歴史の考察

前項で概観した通り、日本のバイアウト市場は25年の歴史の中で発展してきているが、特に後半の2016年以降、市場構造は大きく変化してきている。以下では、その構造的変化に焦点を当てて分析を行う。

### （1）GP の属性から見た分析

バイアウト市場の GP のグループ、即ちユニバースには様々な種類の GP が含まれる。

ファンドに企業を売却する側から見たときは、当該企業のオーナーとしてどのような GP が相応しいかを考える必要がある。例えば事業承継案件の場合は、GP の投資哲学がマッチするか、投資経験が十分にあるか、またカーブアウト案件の場合は、難しいカーブアウトを実行できる力量があるか、特にグローバル企業の場合、そのグローバル展開を支えられるかなどが重要である。

また、投資家からは、GP がどの様な領域でどのような投資戦略を採り、その投資実績がどうなのかなどの分析が重要である。

GP 数が増えることは競争が高まることにはなるが、競争の中で優れ

日本のバイアウトの歴史を振り返る　045

たGPが生き残り成長していくことになり、一方、企業の売却側や投資家にとっては選択肢が増えるので、ユニバースの拡大は市場の成長にとって重要である。

　前述の歴史の中で特に「バイアウト市場の形成期」は、GPの数が少なく、どちらかというと同じような案件を追いかけ、同じような投資を行うGPが多かった。まだ米国に比べると1桁少ないながらGPの数も約70迄に増え（図表1-5参照）、市場の発展に伴ってそれぞれのGPも特徴を持つようになってきている。

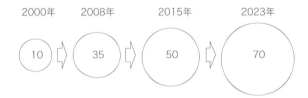

図表1-5：GPユニバースの拡大（GP数は概算）

出所：筆者作成

　これらの日本で投資活動を行うGPを以下、いくつかの属性の切り口で分析を行う。

① 外資系GP

　外資系GPは、一般的に本国での活動をベースに投資活動を他地域・国に展開することが多く、日本に進出する際にはその市場の潜在性や自己の競争力・投資戦略の適合性などを入念に分析・検討した上で参入している。従って、この動向を分析することによってグローバル市場における日本市場の位置づけが明らかになる。

　図表1-6は主なGPの日本進出（と退出）の一覧表である。

図表1-6：主な外資系 GP の参入

| 参入年 | GP 名 | 本拠 | 備考 |
|---|---|---|---|
| 1999 | リップルウッド | 米国 | 2013年　撤退 |
| 1999 | ローン・スター | 米国 | 2022年日本での PE 事業拡大 |
| 2000 | カーライル | 米国 | |
| 2003 | CVC アジア | 欧州 | |
| 2004 | CITIC キャピタル | 中国 | 現トラスター・キャピタル |
| 2005 | ペルミラ | 欧州 | 2023年　撤退 |
| 2006 | ベアリング・アジア | アジア | 2022年 EQT に統合 |
| 2006 | CLSA サンライズ | アジア | |
| 2006 | ベイン・キャピタル | 米国 | |
| 2006 | KKR | 米国 | |
| 2007 | MBK パートナーズ | アジア | |
| 2008 | アドベント・インターナショナル | 欧州 | 2011年　撤退 |
| 2009 | PAG | アジア | |
| 2018 | ブラックストーン | 米国 | |
| 2018 | アポロ | 米国 | |
| 2018 | L キャタルトン | 米国 | |
| 2019 | EQT | 欧州 | ベアリングアジアを買収・統合 |
| 2024 | ウォーバーグ・ピンカス | 米国 | 再参入 |

**出所：**筆者作成

　最初の参入はリップルウッド、ローン・スター（Lone Star Funds）で、より企業再生にフォーカスを当てた GP であったが、不良債権問題の鎮静化に伴い活動は縮小、リップルウッドは撤退している。

　次のグループは2000年のカーライル以下、2008年まで続く欧米・アジアからの日本のバイアウト市場の潜在性に着目した参入である。これらの中には一部撤退した GP も含まれるが、国際金融危機などの苦しい時期を乗り越えて現在、日本市場の中核を担う GP も多い。

　最後のグループは2018年以降のグローバル市場の活況を背景に日本のバイアウト市場の成長性に着目した参入である。特に最近は、アジアの中で相対的に中国での投資活動が縮小していることに伴い、それに代わる投資対象として日本のバイアウトに着目する GP が増加している。直近公表されたウォーバーグ・ピンカス以外にも水面下で参入を検討して

日本のバイアウトの歴史を振り返る

いる GP が複数ある状況である。

　これらの外資系 GP は、一般的にはグローバル市場で事業活動を行う企業のカーブアウト案件や非公開化案件で優位性を持つが、主に国内で事業活動をする企業の案件においてもグローバル市場で培ってきた知見・経験を活かして優れた投資を行える GP も多い。

## ②　独立系の増加

　バイアウト市場発展の初期では、前述の通り「ハゲタカ」ファンドの懸念も払拭しきれなかったことや GP の人材の層の薄さなどから大手金融機関などのキャプティブ・ファンドも多かったが、バイアウトファンド投資先企業の価値向上への貢献の実績が積みあがるに従い独立系 GP に対する信頼感も醸成されてきたこと、また優秀な投資プロフェッショナルを確保する上では独立系 GP の方が優位性があることなどから、元々独立系 GP として設立されたものに加え、キャプティブ・ファンドが独立する事例も増えてきている。

　図表1-7は主なキャプティブ・ファンドの独立例である。

### 図表1-7：主なキャプティブ・ファンドの独立例

| GP 名 | 設立年 | 独立年 | 備考 |
|---|---|---|---|
| T キャピタル | 1998 | 2019 | 元東京海上傘下 |
| MCP キャピタル | 2000 | 2023 | 元みずほ銀行傘下 |
| アント・キャピタル・パートナーズ | 2000 | 2018 | 元日興プリンシパル・インベストメンツ傘下 |
| ベーシック・キャピタル | 2002 | 2018 | 元みずほ証券傘下 |
| ポラリス・キャピタル・グループ | 2004 | 2013 | 元みずほ証券傘下 |
| サンライズ・キャピタル | 2006 | 2024 | 元 CLSA 傘下 |

出所：筆者作成

## ③　エマージング・マネージャーと世代交代

　日本のバイアウトファンドのユニバースは、外資系ファンドを含め

GP数おおよそ70〜80程度となっている。一般的には、GPはその組織構造上、長年安定したチームで運営される傾向になるが、それに加えて市場の拡大期には様々な理由で新しい独立系GPが立ち上がってくる。図表1-8は2016年以降に立ち上がった主なGP（運用資産額100億円以上）のリストである。

| GP名 | 設立年 | 代表者バックグラウンド |
|---|---|---|
| 日本成長投資アライアンス | 2016 | 元ユニゾン出身者 |
| 日本成長企業投資 | 2017 | 元ベイン・キャピタル出身者 |
| RBGパートナーズ | 2018 | 元SMBC出身者 |
| 日本グロース・キャピタル | 2018 | 元ACA出身者 |
| マラトン・キャピタル | 2021 | 元日本グロース・キャピタル出身者 |
| Dキャピタル | 2021 | 元CLSA傘下 |
| REVA | 2021 | 元住友商事出身者 |
| 企業支援総合研究所 | 2023 | 元ベイン・キャピタル出身者 |

**出所**：筆者作成

　これらのGPは、既存のGPとの競争に対抗していく観点でも、より差別化された戦略を採ることが多い。また、上記表には含めていないが、小型の事業承継案件に適している新たな投資手法であるサーチ・ファンド[10]や特定のセクターに特化した事業承継ファンドなどその対象案件や手法に関しても広がりが出てきている。

　ユニバースの拡大、差別化された投資戦略を有するGPの増加、また既存のGPを含めその組織体制の拡大・強化はバイアウト市場の成長にあたって非常に重要であり、既存のGPから独立してGPが設立される

---

[10]　サーチ・ファンドとは、経営者を目指す優秀な個人（サーチャー）が、投資家の支援を受けながら自分が経営したい会社を探し買収する仕組み。個人が自ら案件発掘・買収資金の調達まで行うトラディショナル型と、ファンドがサーチャーの募集及び案件発掘支援などを行うアグリゲーター・ファンド型がある。日本では後者が主流でアクセラレーターとしてJapan Search Fund Accelerator（JaSFA）やサーチファンド・ジャパンなどのプレーヤーがいる。

日本のバイアウトの歴史を振り返る　049

際には既存の GP の運営ファンドの投資家にとっては好ましくないもの
の、いわゆるエマージング・マネージャーの増加とその育成は重要であ
る。

　一方、バイアウト市場の創成期から活躍している GP の間では、すこ
しずつ世代交代が進行してきている。GP のトップが60代後半から70代
の年齢に入ったあたりで世代交代を行ったり、まだの場合は、それが課
題となっている組織もある。

　欧米においては、最近独立系 GP を大手アセット・マネジメント会社が
傘下に収める、或いは他の地域の大手同業他社が買収するなどの M&A
案件も増えてきている。日本に関しては、まだそのような事例はない[11]
が、近い将来、そのような事例も出てくるものと予測される。

### ④　PE 会社の上場

　欧米では2007年のブラックストーンに始まり、大手 PE 会社が上場す
るケースが増えている。PE 会社が上場するメリットとしては、事業の多
角化（他のアセットクラスのファンドの買収）資金の調達、GP コミット
メント資金などファンドの拡大に伴う自己投資資金の確保、創業者の引
退に備えた流動性の確保、PE 会社にマイノリティ出資を行う戦略的投
資家（SWF 等）に対する流動性の提供などがある。一方デメリットとし
ては、上場会社としての様々な規制対応などに関するコストの増加、PE
会社の業績管理の短期化（一般の外部株主からのプレッシャー、株価対
策）、さらには一般株主と運営するファンドの LP[12]投資家との利益相反
などがある。

---

[11]　バイアウトファンドではないが、プライベート・デットの運用会社のトパー
ズ・キャピタルが2023年に第一生命保険により買収された事例がある。

[12]　ファンドに出資する投資家を有限責任組合員、Limited Partner（LP）という。

現状、日本においては上場している PE 会社はインテグラルのみである[13]。但し、上述の様々な上場の理由には日本の大手 PE 会社に当てはまるものもあるので、今後、日本においても上場する PE 会社は増えるものと考えられる。


## (2) 案件タイプから見た分析

前述の通り日本のバイアウト市場は不良債権問題に関連した企業再生案件から立ち上がったが、本格的発展期に入り、案件のタイプも多様化し、それぞれの規模が拡大している。主な案件タイプである。「事業承継」、「カーブアウト」、「非公開化（MBO）」の３つに分けて以下で触れる。


### ① 事業承継

日本の中堅・中小企業には戦後に創業した会社が多く、中小企業の経営者の平均年齢は60歳代後半で高齢者かつ後継者不在の企業も多く、この事業承継問題の解決を図る一つの重要な担い手としてバイアウトファンドが活躍している。

2014年以降、「ハゲタカ」の懸念・誤解が減ってきたこと、また日本M&A センターなどの M&A の仲介会社による積極的な案件の掘り起こしが活発になったこと、政府による事業承継の様々な施策により環境が整備されたことなどから、事業承継案件は年々増加しており、日本のバイアウト投資の案件数の年間で150〜200件程の内、７割弱を事業承継案件が占めている。また、最近では特に小型の事業承継案件に適するサー

---

[13] バイアウトファンドも運営するアセット・マネジメント会社としてはマーキュリア及びジャフコも上場している。

チファンドも増加してきている。


② カーブアウト

　当初のバイアウト市場においてカーブアウト案件は、リストラを迫られた大企業がやむを得ず優良な子会社をバイアウトファンド等に売却する事例が多く、これにはゼロ（日産陸送、2001年）などの案件がある。

　その後、2015年のコーポレート・ガバナンス・コード及び2014年のスチュワードシップ・コードの導入やアクティビスト・ファンドの活発化などの影響も受け、大企業は積極的に事業改革を推進し、非コア事業の切り出しを行う事例が増加している。具体的には、キオクシア（東芝、2017年）、アリナミン製薬（武田、2020年）、日立金属（日立、2021年）、日立物流（日立、2022年）などの大型案件を筆頭に、比較的規模の小さい子会社・事業部門などの売却も増え、また業種も広がりを見せている。


③ 非公開化（MBO）

　上場会社の非公開化は、上場子会社の親会社がカーブアウト案件として売却する際に対象会社の経営陣が買収するケース（例：東芝セラミックス（2001年））、元々のオーナーが当該会社の時価総額が低迷する局面で非公開化するケース（例：すかいらーく（2006年））、抜本的なリストラが必要なケース（例：ワールド（2005年））、アクティビスト等株主からのプレッシャーで非公開化するケース（例：東芝（2023年））などが含まれる。

　米国においては2002年のサーベンス・オクスリー法をきっかけに非公開化案件が増加したが、日本においてもコーポレート・ガバナンス・コードやその他の金融当局や証券取引所の市場改革の影響を受けて、特に東証のスタンダード市場やグロース市場の企業の中には、上場していることのメリットよりデメリットが大きく非公開化を選択する企業も増加す

るものと考えられる。

## (3) 投資家（資金の供給者）の視点からの分析

　洗練されたPE市場の発展のためには、多彩な優秀なGPとそれを支える LP 投資家の存在が不可欠である。

　日本のバイアウト市場がスタートした頃は、まだ機関投資家の層も非常に薄く、バイアウトファンドの投資家は、大手の金融機関や海外の先進的な投資家に限られていた。

　一部の機関投資家は90年代後半より欧米のバイアウトファンドへの投資を開始していたが、ローカル市場である日本に関しては、時期尚早との判断で積極的には投資対象として見ていなかった。一方、大手の金融機関の場合は、ファンドに投資をすることを通じて戦略的価値（付随するM&A 取引やLBO ファイナンスのビジネス）を求めることが多く、GP に対する健全なエンゲージメントを行う上では効果的でない場合が散見された。GPが運営するファンドは10年間という長期間に亘るもので、その間に投資環境の変化や GP の組織上の問題などが生じることが往々にしてある。その様な際に GP に対して適切な牽制及びアドバイスを行う必要があるが、戦略的な価値を追求する投資家は、場合によってはファンドにとって最適な牽制やアドバイスが出来ないことがある。

　このような役割は海外投資家が一部担っていたが、リーマン・ショック後に日本に対する期待や関心が低下してしまったため、当時は GP を支える経験豊かな投資家の層が薄くなってしまった。

　事態が徐々に好転するのは、上述の「バイアウト市場の本格発展期」に入ってからである。欧米で投資経験を積んだ日本の機関投資家が日本での投資も増やすようになったことに加え、ゆうちょ銀行等の超大手の純投資目線の投資家も投資を開始し、日本の投資家の中での機関投資家

日本のバイアウトの歴史を振り返る　053

の割合が増加した。更に世界的に見てもトップクラスの運用資産額を有する公的年金であるGPIFもPEへの投資を開始、日本での投資も始まっている。これらの長期投資に適した機関投資家が経験を積み、またバイアウトファンドへの資金供給の中心となることで、日本の市場はより良い形になるものと考えられる。

また、近年は海外の経験豊かな投資家（大手年金基金、SWF、エンダウメント、ファミリーオフィスなど）も日本への投資を増やしており、それらの投資家によるGPへのエンゲージメントも進められている。

一方、最近は、前述の通りグローバルな投資家の日本への投資が積極的で、リスクマネーの供給拡大の観点からは好ましいものの、GPによっては投資規律が緩む可能性があることが懸念されている。そのような事態を防ぐためにも、投資家とGPによる不断の努力、建設的な対話・協働が重要である。

尚、最近、欧米では、"Democratization of Private Asset"（プライベート・アセットの民主化）が進んでおり、PEを含む様々なプライベート・アセットの投資機会を限られた機関投資家だけではなく、個人の富裕層などにより一層提供していく様々な仕組みが開発されている。本章の冒頭に"We live in private equity times"（我々はPEの時代に生きている）と記述したが、PEの拡大、上場株式市場との相対的な規模の差の縮小に伴って、今まで上場株式の投資機会しかなかったリテール・インベスター側からPEへの投資意欲の高まり、またGPやGPと投資家の間に立つアセット・マネージャーにとっては、新たな投資家、収益源の発掘への意欲に伴うものである。

日本においては上場株の時価総額に対比するバイアウトの運用資産額は殆ど無きに等しいが、今後、日本のバイアウト市場の拡大に伴い、それに対するリテール・インベスターの興味は確実に高まるものと予想される。

## おわりに

　本章では、約25年の日本のバイアウト市場の歴史をグローバル市場と対比しながら振り返ってみた。

　筆者自身はこの市場の発展を投資家の立場で見てきた。先駆者のGPの多大な努力によってバイアウトが日本のビジネス・コミュニティに受け入れられ、また優れた実績により、日本のみならず海外の投資家の注目を集めるようになった。このような市場は一朝一夕に出来るものではなく、GP或いはその投資プロフェッショナル、或いは投資先の経営を担う優秀な経営者などを時間を掛けて育成していく以外の方法は無いので、業界として一致団結、切磋琢磨して、そのエコシステムの強化・拡大を図る必要があり、その基礎として歴史を折に触れ振り返ることは有意義であると考える次第である。

　日本のバイアウト市場は、本格的な拡大の途に就いたばかりであるが、その潜在性は大きく期待できることが確認できた。

日本のバイアウトの歴史を振り返る

# 参考文献・参考資料

- 日本バイアウト研究所編、『機関投資家のためのプライベート・エクイティ』、きんざい、2013年

- 日本バイアウト研究所編、『年金基金のためのプライベート・エクイティ』、きんざい、2014年

- 幸田博人、木村雄治編著、『ポストコロナ時代のプライベート・エクイティ』、一般社団法人金融財政事情研究会、2022年

- ブライアン バロー , ジョン ヘルヤー , 鈴田 敦之（翻訳）、『野蛮な来訪者 ——RJR ナビスコの陥落』、NHK 出版、1990年

- ジリアン テット , 武井 楊一（翻訳）、『セイビング・ザ・サン : リップルウッドと新生銀行の誕生』、2004年

- 小林和成、「プライベート・エクイティ市場の現状、今後の課題と成長機」、『金融・資本市場リサーチ　2023年冬号（第12号）』イノベーション・インテリジェンス研究所、2023年

- 日本プライベート・エクイティ協会、「日本におけるプライベート・エクイティ市場の概観」、2023年 5 月 1 日

- Bain & Company、"Global Private Equity Report 2024"、2024年 3 月

- 同、"Global Private Equity Report 2023"、2023年 3 月

- Financial Times、'Is private equity actually worth it?'、2024年 3 月 5 日

- Economist、Special Report "The new kings of capitalism"、2004年11月27日

# PE 投資の多様性：
## スモールキャップ・バイアウト投資、ベンチャー投資、グロース投資
### 櫻田浩一　幸田博人

第2章

## はじめに

　本書は、プライベート・エクイティ（PE）の中で、バイアウト分野を主分野として取り扱った書籍である。本来、PE 投資とは、いわゆる上場株式投資以外のエクイティ投資（非上場株式）を取扱うもので、極めて広い定義であるが、そうした中で、スモールキャップ・バイアウト投資、ベンチャー投資、グロース投資の領域については、本書で対象としているバイアウト分野との関連性も相応にあり、また、そうした領域をあわせて理解をしておくことは有意義である。本第 2 章において、その内容について、詳述するものである。

　なお、櫻田浩一がスモールキャップ・バイアウト投資について執筆し、幸田博人がベンチャー投資、グロース投資について執筆したものである。

## 1．スモールキャップ・バイアウト投資

### （1）日本におけるスモールキャップ・バイアウト投資の定義
### 　　と特徴

　スモールキャップ・バイアウト投資の定義は、国や市場によっても異なるが、概ね日本ではEBITDA（償却・利払い・税前営業利益）が３億円以下、企業価値が30億円以下の会社への支配権を取得する投資を指している。バイアウト投資と言えば一般的にはメディアに登場する大型の案件への投資や、日米欧の規模の大きなファンドの活動をイメージしがちであるが、小規模な企業に対するバイアウト投資は、比較的新しい取り組みとして広がりつつある。なお、上記の規模より小さい、EBITDA数千万円以下の規模の、いわゆる零細企業への投資ももちろん可能だが、後述する規模の効率性の壁によって、LP投資家からの資金をPE会社が集めて運用し、一般的なバイアウト投資に求められるリターンを投資家に返していくといういわゆるファンド仕立てでの投資運用は困難であり、本書では上記で定義されるスモールキャップ・バイアウト投資を扱うこととする。

　スモールキャップ・バイアウト投資については、日本における事業承継の問題が待ったなしとなってきた2010年代から、EBITDAが１億円から３億円の未上場会社に投資するファンドの設立が進み、今日に至っている。

　事業承継の背景については、日本におけるいわゆる大企業の数が1.1万社に対し、中小企業の数は357.8万社、そのうち中規模企業が53.0万社、小規模事業者が304.8万社存在する中で、近年減少傾向とはいえ、中規模・小規模事業者の57.2%が後継者不在という現状が、いわゆる「事業承継問題」が政策的に対処すべき問題として浮上したことによるもの

である（図表2-1、図表2-2参照）。団塊の世代の経営者の年齢が70歳を超える、いわゆる「オーナー企業の2025年問題」の存在、そして特に地方で深刻な少子高齢化・過疎化の問題を見ても、この傾向は中長期的に続くと思われる。そういう意味で、潜在的な投資対象の数は、ミッドキャップ・ラージキャップ・バイアウトの投資対象の数に比して圧倒的に多く、いわば「案件を選べる」余地は相応にあるのが、このゾーンのバイアウト投資の大きな特徴である。

図表2-1：中小企業の現状

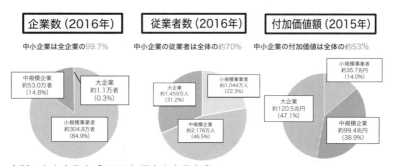

出所：中小企業庁「2023年版中小企業白書」

まず、日本におけるスモールキャップ・バイアウトの特徴と社会的意義について、①利益（EBITDA）の伸長 ②レバレッジ効果の活用 ③マルチプル・アービトラージ（低いEBITDAマルチプルで投資し、高いEBITDAマルチプルで売却する）というバイアウト投資のリターンを構成する三要素に分解した上で、ミッドキャップ・ラージキャップ・バイアウト投資との対比で整理を試みる。

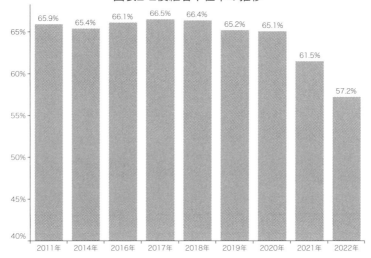

図表2-2 後継者不在率の推移

資料：（株）帝国データバンク「全国企業『後継者不在率』動向調査（2022年）」

出所：中小企業庁「2023年版中小企業白書」

## （2）EBITDA成長の可能性

　中小規模のオーナー企業においては、成長に必要な投資や人材の確保に十分な手が打てていないケースが多い。オーナー経営者が、後継者難による事業承継をきっかけに、あるいはさらなる成長に外部の力が必要だが同業者には会社を売りたくないと判断して譲渡を決めた会社に、ファンドがその得意とする設備投資・人材投資の見極めとそのための資金調達、また同業者の買収による規模の拡大と間接部門のスリム化、といった基本的な打ち手を講じることによって、そのような企業のEBITDAを伸張させる機会は相応に存在する。

　また、高齢のオーナー経営者が引退するケースも当然多くなるが、その場合GPの最も得意とする「経営人材を探す」能力がいかんなく発揮

されることになる。筆者（櫻田）の実際の経験に基づいても、日本においては大企業の部門責任者や海外赴任経験者を中心に、中小企業のCEOあるいはCFOが務まる人材は相応に潤沢であり、またファンドの活動に対する理解が進んだ昨今は、そのような人材の中で、エクイティにリンクした報酬体系からのアップサイドも見込まれ、「ファンドの投資先の社長になりたい」という人の数は明らかに増えていると感じる。

　そのような新しい経営陣が、ファンドとともに、オーナー社長が事業戦略・営業・設備投資などのすべての企業活動の頭脳であった中小企業を、月次の見える化、労務管理、顧客別・製品別の原価管理といった大企業では当たり前の最小限の経営ツールを備えた会社に変えていくことから得られる利益伸張は、大企業で利益伸張を続けていくことより容易であろう。図表2-3のデータで見られるように、大企業と中小企業の従業員一人当たりの労働生産性の差は、規模の経済が働くという理由で当然とはいえ残酷なまでに大きいが、逆に言えば、ほんの少しの経営力の追加で売上や利益を伸張する伸びしろは中小企業の方が大きいと言えるのではないだろうか。筆者（櫻田）の属するPE会社の運営するファンドでも、投資後の売上の伸長とEBITDAマージンの上昇は実績として観察されており、基本的な経営ノウハウの注入で成果が出ることは、大企業からのカーブアウト案件等とは異なる中小企業投資の特徴と言える。

**PE投資の多様性：スモールキャップ・バイアウト投資、ベンチャー投資、グロース投資**

図表2-3 企業規模別の従業員一人当たり付加価値額（労働生産性）

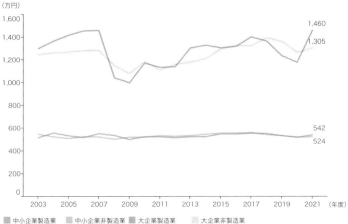

出所：中小企業庁「2023年版中小企業白書」

## （3）レバレッジ効果の活用

　レバレッジを適切に使用することは、バイアウト投資のリターンを高める「梃子」であり、ほぼすべてのミッドキャップ・ラージキャップ案件に際して用いられていることは言うまでもないが、スモールキャップ・バイアウト投資に対するレバレッジの供給は、近年まで十分には行われていなかった。その理由としては、LBOファイナンスに習熟したメガバンクや大手の銀行は、手間がかかるLBOファイナンスの対象を小さな案件に拡げていくことに関してその効率性低下の面から消極的である一方、LBOファイナンスのノウハウはそのような大銀行に集約し、地域金融機関がその手法とリスクに見合ったリターンを適正に評価していくこ

とは困難だったからである。しかし近年、有力地域金融機関もそのような
なノウハウの習得と活用に成功し始め、それを横目で見ていた中小地域
金融機関や政府系金融機関にも小規模 LBO ファイナンスの手法が拡散
している。その結果として、地域金融機関がその活動地域の中小企業の
事業承継問題の解決に際し、レバレッジを提供することに積極的になっ
てきている。そのことは地域の経済が少子高齢化で縮小していくという
地域金融機関にとって死活問題ともいえる状況を解決する手段の提供に
加え、長く続いた低金利政策とその転換による債券を中心とした資産の
価値の下落という難題に直面している地域金融機関そのものの収益機会
の多様化に貢献するという、一石二鳥の効果になり得るという認識が広
がってきたことによるものであり、一過性のものではないと思われる。

　加えて、2019 年 10 月の銀行法 施行規則改正により、地域金融機関
が設立した投資専門子会社が事業承継を目的とする出資を行うことがで
きるようになり、保有年限を 5 年として議決権を100％保有できるよう
になったことで、その数が近年急増している。このような形でエクイ
ティの供給にも乗り出す地域金融機関の存在は（レバレッジとエクイ
ティの利益相反を踏まえたリスクの掌握には留意が必要だが）、スモー
ルキャップ・バイアウト投資の発展に寄与する可能性は十分にあると思
われる。もちろん、後に述べる欧米の例でも見られるように、スモー
ルキャップのバイアウトにおけるレバレッジ比率は、ラージ・ミッド
キャップのそれに比して控えめであるべきことは論を俟たないが、本邦
市場に於いてこのゾーンに於いても LBO ファイナンスが現状十分に可
能であることは、明らかに歓迎すべき環境である。


## (4) マルチプル・アービトラージの可能性

　マルチプル・アービトラージの可能性、すなわち相対的に安値で投資

し高値で売却することに関しては、市場における企業価値評価の未来を完全に見通せることは不可能であることから、売り手の数が買い手の数を上回っていることによる買収時評価の圧縮効果は明らかに有利に働くと考えられる。多くの売り案件があり、競争が比較的少ないスモールキャップ・バイアウトの市場においては、低廉なEBITDAマルチプルで会社を買収できる機会が相応に存在する。加えて、ファンドが売却するとき、いわゆるエグジット時評価でのEBITDAマルチプルは、ファンドが一定期間保有したことによる経営の「見える化」により、管理面の整備が遅れている会社の買収には二の足を踏むことが多い事業会社を含めたより広範な買い手に訴求することが可能になり、シナジー効果を含めたさらなるEBITDAマルチプルの上昇余地が期待できる。事業承継問題とコア分野への選択と集中という、容易にすたれることのなさそうな二つのトレンドによる、買収時の買手不足と売却時の需要の拡がりは、「安く買って高く売る」可能性を高めてくれる。

また、昨今の中小企業M&Aで隆盛を極める「仲介業者」の台頭は、ターゲット規模に対して相対的に高額な手数料と引き換えにではあるが、PE会社がソーシングにそれほどの人員を割かなくても案件が潤沢に持ち込まれるという好ましい状況も引き起こしている。仲介業者は案件の成約を最大の目標として行動するので、条件が整えば速やかに投資を実行するPE会社は好ましい顧客類型の一つと言えるため、売り手と買い手の間に立つという利益相反をコントロールしつつ案件を成就したい彼らにとって、バリュエーションを引き上げるインセンティブは必ずしも大きくないことも買い手にとって悪くない環境を現出している。

このような「ターゲットの数がファンドの数や資金量に比して大きい」ことから生じるスモールキャップ・バイアウト投資の需給関係状況から生じる相対的な優位性を裏付けるデータは、日本では未だ整備途上で見

つけにくいものではあるが、欧米では断片的に観察されている。例えばアメリカにおいて2000年から集計した大規模バイアウトと中規模バイアウトのネット IRR（Internal Rate of Return、内部収益率）は、中央値でそれぞれ12.7％と13.5％、上位4分の一だと19.0％と22.1％で後者が若干優位に立っているというデータが、図表2-4である。

また、アメリカでもいわゆるベビーブーマー世代のオーナー経営者に率いられた約20万社の内、ファンドの投資対象になっているのは5％程度に過ぎず、潜在的な投資余地はまだまだあるのではないかという考察もなされている。日本の「団塊の世代」オーナー経営者の会社でファンドの支援を受けている会社の割合がこれよりはるかに小さいのは、この市場に身を置く筆者（櫻田）の実感にもあっている。

図表2-4：大規模バイアウトと中規模バイアウトのネット IRR 比較

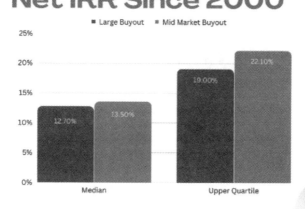

出所：Lili WANG "Why the small & middle cap PE Market is considered to be the powerhouse of the US Economy?"

また、欧州においても同様に、スモールキャップ・バイアウト投資の平均IRRが約3％ほどラージキャップのそれを上回っているというデータが図表2-5である。他方、レバレッジの比率に関しては、図表2-6で示しているが、中小企業がマクロ経済の変化に大会社より相対的に脆弱であるため、保守的になるのは当然であり、スモールキャップ・バイアウト投資のレバレッジ比率が平均してEBITDAの3倍弱なのに対し、ラージキャップ・バイアウト投資では5倍強のレバレッジが用いられているとされており、本邦市場における実感に基づく現状と比しても違和感のない数字となっている。

**図表2-5：スモールキャップとラージキャップのバイアウトファンドの平均IRR**

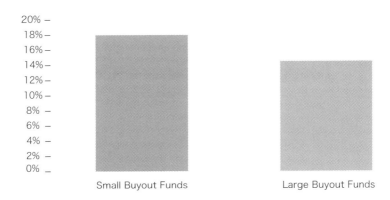

出所：Van Lanschot Kempen Investment Management " Private Equity: Small is Beautiful – FOCUS ON SMALL PRIVATE EQUITY COMPANIES"

図表2-6：スモールキャップとラージキャップのバイアウトファンドの
平均レバレッジ比率

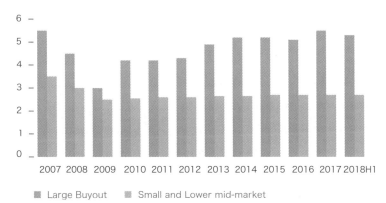

注：レバレッジ比率は Debt-to-EBITDA
出所：Van Lanschot Kempen Investment Management " Private Equity: Small is Beautiful – FOCUS ON SMALL PRIVATE EQUITY COMPANIES"

## （5）日本におけるスモールキャップ・バイアウト投資の課題

　このように、有望なスモールキャップ・バイアウト投資だが、未だ日本において大きな潮流になっているとは言い難い。最も大きな問題は、効率性の低さである。スモールキャップ・バイアウト投資に於いては、企業価値30億円以下、LBOファイナンスが可能であれば一件当たりのエクイティ投資金額が10-15億円に満たない投資で、ソーシングと必要十分なデューデリジェンスに費用をかけて買収し、ハンズオンの支援をGP自らの人的資源で行ってエグジットまで完結せねばならない。また、ハンズオンのPMI[1]を行うための基本的な経営ツールの整備に大企業に比して相応な時間がかかることもあり、仮に所謂グロスの回収倍率（GPへ

---

[1]　Post Merger Integration。買収・合併後の経営統合プロセスのこと。

の管理報酬やその他費用差し引き前の回収倍率）で、ラージキャップ・バイアウト投資とそん色ない数字を達成しても、LP投資家が実際に受け取る、GPへの管理報酬その他を差し引いた後のネットIRRは必ず低くなる。

　また、生損保、年金、信託銀行などに代表される機関投資家は、彼ら自身の効率性とリソース管理の観点から、ある程度まとまった金額を一つのファンドに投資することが期待される。一方、丁寧なハンズオンが不可欠な中小企業投資をじっくり行うファンドは、大規模化が難しい。小規模なファンドには大きな機関投資家のお金が入りにくいことが、スモールキャップ・バイアウトという投資戦略が、日本における投資エコシステムに入りこめていない主因であろう。

　「ハンズオンによるPMI支援」はバイアウト投資において若干言い古された感もあるが、スモールキャップ・バイアウト投資において、投資の確実性を高めるためには絶対に不可欠である。オーナー社長がすべての企業活動の中心である中小企業を、月次の見える化、労務管理、顧客別・製品別の原価管理という、打ち手を打つための最小限の経営ツールを備えた会社に素早く変えていかねば企業の発展はない。その意味でこのゾーンの投資におけるハンズオン支援は、既にそのようなツールが会社内に存在することが多いラージ・ミドルキャップの案件に比して時間がかかる傾向がある。スモールキャップ・バイアウト投資を行うGPは新経営陣をサポートするため自らの人的資源を一定期間投入せねばならず、それに伴う費用と時間は投資効率性の低さにつながっていく。

　そういう意味では、現状スモールキャップ・バイアウトファンドが投資対象としている企業の規模より小さい、いわゆる「小規模事業者」の事業承継問題には、ファンド仕立てでない、いわば個人でのバイアウト投資がよりふさわしいのかもしれない。そのような活動に関心がある投資

家も少しずつ増えており、そのような案件に融資をする銀行も存在するが、投資対象を正しく見極め、銀行に経営計画を説明し、自らの人生を賭けて経営にあたるクオリティを持った個人が大量に台頭して、日本の小規模事業会社の事業承継問題の解決にあたる、という状況は、未だ道半ばである。一方、近時米国から輸入される形で散見されるサーチファンド[2]は、その解決策の一つかもしれない。

## (6) 日本のスモールキャップ・バイアウト投資の未来

　日本の中小企業は、事業承継問題に加えて、そもそものビジネスモデルの陳腐化、DX や SDGs 対応への遅れ、そして地域・産業内のプレイヤーの数が多すぎること等の問題を抱えながらなんとか活動し、従業員の生活を支えている。一方、例えば DX 推進に関しても、図表 2-7 で示したように、デジタル化予算の確保と企業の従業員数の間には明確な負の連関があり、経営者の認識の低さも相まって、中小企業の DX 投資への壁は高い。スモールキャップ・バイアウト投資を通じた資本と人材の投入は、このような今そこにある日本の中小企業を取り巻く問題に解を示せる可能性が大いにある。そして、日本のスモールキャップ・バイアウト投資には、前述の通り、投資機会の潤沢さ、大企業における経営人材ポテンシャルの存在、そしてレバレッジが可能である、という有利な投資環境が存在する。これらを活用して現状の閉塞感を打破し、中小企業の活性化を通じた日本経済の構造改革を進めるために打ち破るべきは、スモールキャップ・バイアウト投資に立ちはだかる「効率性の壁」であ

---

[2]　自分が投資・経営したい会社を探してオーナーと交渉する「サーチャー」と呼ばれる個人をリクルートし、その投資活動を探索時から支援して、共同投資やファイナンスの提供でリターンを得るファンド。米国西海岸が起源とされるが、わが国でも数社がファンド設立を行っている

PE投資の多様性：スモールキャップ・バイアウト投資、ベンチャー投資、グロース投資

り、そのためにPE会社がこれから取り組むべきことについて、以下記述することとする。

図表2-7：IT投資が機動的に行えるようなデジタル化関連予算の確保状況と効果

①従業員規模別に見た、IT投資が機動的に行えるようなデジタル化関連予算の確保状況

②IT投資が機動的に行えるようなデジタル化関連予算の確保状況別に見た、デジタル化の推進に向けた取組の効果

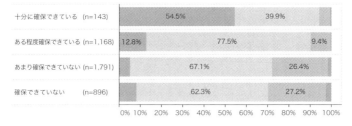

資料：（株）野村総合研究所「地域における中小企業のデジタル化及び社会課題解決に向けた取組等に関する調査」
（注）デジタル化の推進に向けた取組の効果は、「デジタル化に取り組んでいない」、「分からない」と回答した者を除いて集計している。

出所：中小企業庁「2023年版中小企業白書」

　スモールキャップ・バイアウト投資を日本で持続可能な形で成長させていくためには、効率性を上げていくことが不可避である。そして、効率性を上げる一つの方法は、この投資戦略の有効性を訴求できる実績を上げたうえで、より広範な機関投資家の資金を得て、ファンドの規模を

拡大することである。蓋し、そのために投資対象の会社の規模を大きく
していけば、行きつく先はミッドキャップ・ラージキャップのバイアウ
ト投資ゾーンとのターゲットサイズの重なりであり、それは投資機会の
潤沢さに基づく良好な需給環境を用いて高いリターンを上げるという強
みをおのずと失うという自己撞着に他ならない。したがって、規模の拡
大のためには、投資対象の規模を大きくすることなく、一つのファンド
で取り扱う案件の数を増やさなければならない。

　限りある GP のリソースで投資案件の質を保ちつつ件数を上げる一つ
の選択肢は、外部リソースの活用である。ソーシングにおいては、外部
資源である M&A の仲介会社の存在が持ち込まれる案件の数をある程度
担保している。法務、会計、税務のデューデリジェンスに関しては、今
までもこれからも弁護士、会計士、税理士事務所の力が不可欠であろう。
となると、従来 GP 内部の人員に頼ってきた業務で外部に開放する分野
は、ビジネス・デューデリジェンスと PMI、ということになる。投資対
象の規模が小さいということは、おのずとかけられる費用も限定される、
ということになろう。例えばビジネス・デューデリジェンスと買収後の
PMI をパッケージにした手数料、そして場合によってはアップサイド
を共有するエクイティ型の報酬体系で、優秀な外部の知見を使っていく、
という手法はこれから拡がる可能性があるのではないか。そしてその先
には、コンサルタントや IT 企業等とのタイアップも考えられる。

　効率性の壁を打破するもう一つの方法は、効率性の低さを補って余り
ある高いグロスのリターンを持続的に得ることである。そのためにはも
ちろんいい案件を手掛ける「目利き」力が不可欠であるが、一つの可能
性は、フォーカスする投資対象の類型を定めるアプローチではないかと
考えられる。例えば、労働依存度の低い業種、または DX 等の導入で労

**PE投資の多様性：スモールキャップ・バイアウト投資、ベンチャー投資、グロース投資** | 071

働生産性を改善できる業種、また医療や介護のように、規制等の存在で
ゆがみが存在し、上手に経営することで競争優位を確立できる業種など
が考えられる。

　また、スモールキャップに限らず、バイアウト投資に於いては、追加
買収による規模の拡大は必ず考慮されるべき戦略であるが、例えば地域
ドミナント戦略を視野に入れられる店舗型ビジネスなど、追加買収の効
果が高い業種や企業にフォーカスすることも考え得る。スモールキャッ
プ・バイアウトに於いて、一つのファンドから一業種に集中投資するこ
とは、その業種が、マクロ経済の変動がもたらす逆境に同じ時期にさら
されることの危険性から慎むべきではあると考えるが、高いリターンが
期待できる業種の類型を見定め、知見を蓄積していくことは、効率性の
低さを上回るリターンの創出に不可欠だと考える。


　最後は、デフレ脱却後の金融政策の変更に伴う、中小企業の企業再生
への影響である。日銀によるマイナス金利政策が終了した今、「金利の
ある世界」への復帰が、借入金利の上昇を媒介に中小企業経営を困難に
することが、特に多くの債務を抱える中小企業に関して懸念されている。
さらに、コロナ禍においては、企業がその生き残りのために政策的に提
供された実質無利子・無担保のゼロゼロ融資をはじめとする支援措置を
多く利用した。ポストコロナ時代の今、ほぼすべての産業における人手
不足に加え、戦争を含む政治的無秩序の増大が海を越えて日本経済に及
ぼすインフレーションという新たなコストアップ要因もあり、一部の中
小企業の業績悪化が散見される。かかる環境下における金利の上昇によ
り、2022年以降増加に転じている破産や民事再生法の件数のさらなる押
し上げが見込まれるが、近時の再生計画の中身は、債務のリスケジュー
ルがまだまだ主流で、経営責任も役員報酬の削減にとどまり、退任・減
資・私財提供といったより重い経営責任を迫るケースはまだ少数派であ

る。しかし、歴史を紐解けば、クレジットサイクルの波は、結局必ずや抜本的な企業再生を迫るものであり、その中で正常収益力はあるが財務的な窮境にある企業にエクイティを提供するという再生投資は、もちろん適切な再建計画の作成と実行、債権者との交渉、そして経営の交代を正しく推進するという多大な労力とリスクを伴うが、そのリスクに見合ったリターンもまた大きく、ここに大きなグロスのリターンを産み出す潜在力がある。この実現のために必要なのは、企業再生における粘り強い交渉や施策の実行を厭わない優秀な人材と、旧態依然としたビジネスプラクティスに挑戦して改革をやり遂げる経営者である。日本経済は、まさしくクレジットサイクルの節目に突入しかけており、今後はかかる人材の争奪戦がさらに活発になるであろう。

　これまで述べてきたように、少子高齢化とそれに伴う地域経済の緩やかな衰退に抗えず、後継者難とビジネスモデルの劣化に直面する多くの中小企業が存在する日本に於いて、スモールキャップ・バイアウト投資が解を提供できる機会はますます増えるだろうし、その活動に社会的な意義も十分にある。スモールキャップ・バイアウト投資が、GP関係者の努力によって効率性の壁を突き破り、有効な投資戦略という評価を得るに十分な実績を積むことで、安定・継続的に機関投資家のオルタナティブ投資の資金の一部が継続的に投入されることが期待される。その上で大企業に遍在する経営人材の転用と地域金融機関の小規模レバレッジファイナンス機能という日本独特のリソースを活用すれば、中小企業を取り巻く諸問題の解として、スモールキャップ・バイアウト投資ファンドがその役割を拡大的に果たす未来は、はっきりと展望できる。

**PE投資の多様性：スモールキャップ・バイアウト投資、ベンチャー投資、グロース投資**

# 参考文献

- Finex Hong Kong Limited "Why the small & middle cap PE Market is considered to be the powerhouse of the US Economy?". April 26, 2023.

- Van Lanschot Kempen Investment Management " Private Equity: Small is Beautiful – FOCUS ON SMALL PRIVATE EQUITY COMPANIES". May 2019.

- 植杉威一郎「近づく『金利のある世界』（中）不振企業、抜本的リストラを」（日本経済新聞 経済教室 2024年3月7日）

- 中小企業庁編「2023年版 中小企業白書」（2023年5月） https://www.chusho.meti.go.jp/pamflet/hakusyo/2023/PDF/chusho.html

- 中小企業庁編「2023年度版 小規模企業白書」（2023年5月） https://www.chusho.meti.go.jp/pamflet/hakusyo/2023/PDF/shokibo.html

# ２．ベンチャー投資、グロース投資[3]

## （1）はじめに〜「資産運用立国」の実現に向けて考える〜

　政府の「資産運用立国」の実現に向けた具体的な取り組みが加速している。その実現プランは、①資産所得倍増プラン、②コーポレートガバナンス改革の実質化に向けたアクション・プログラム、③資産運用業・アセットオーナーシップ改革の３本柱から構成されている。③の資産運用業・アセットオーナーシップの改革については、2023年12月にとりまとめが行われ、資産運用業に係る新規参入支援策やスタートアップ企業等の資金調達手段の拡充など、日本においても、金融・資本市場の本格的構造改革につながる極めて重要な取り組みが行われつつあるといえよう。また、人口減少やデジタル社会への取り組みなど日本を取り巻く様々な難しい社会課題を解決していく観点からも、日本の社会・経済の基盤が「資産運用立国」という一つの新しいビジョンの下で、金融面からのサポートをうまく活かしていくことに向かっており、極めて高い意義がある。

　足元、日本の株式市場は歴史的な高水準にあり、こうした「資産運用立国」の実現に向けた取り組みが大いに内外の機関投資家から評価され、また、新 NISA などの家計の安定的な資産形成に向けた具体的な取り組みが効果を発揮しつつあるものといえる。しかしながら、日本型雇用制度、東京一極集中型経済、デジタル社会への取り組みの遅れなどの旧来型の社会・経済構造の仕組みからの脱却なくして、日本の本格的構造変

---

[3]　本稿は、ベンチャー投資、グロース投資に係る論考として、「月刊資本市場」（2024年４月号）に掲載された筆者（幸田博人）の寄稿（『資産運用立国』実現とスタートアップ企業の成長に向けて〜好循環としてのエコシステムの確立を目指す〜）を「月刊資本市場」編集部の許可を得て原則そのまま転載したものである。

革は成し遂げられず、その観点からも、「資産運用立国」が、日本の構造改革を後押ししていくことにつながる可能性が高く、大いに期待されるところである。この政策には、成長資金の供給についても十分スコープに入っており、新しい産業を創出することを目指しつつ、イノベーションを産み出す観点からも、スタートアップ企業の成長をスピーディーに図るという取り組みの重要性が強く意識されている。以下、そうしたスタートアップ企業の位置づけも踏まえつつ、スタートアップ企業を取り巻く現状の「ベンチャーエコシステム」に如何なる課題があるかなどについて、論じていくこととしたい。

## (2) 日本の「ベンチャーエコシステム」の位置づけから考える

　日本社会、経済の今後のあり方について、サステナビリティの視点から具体的なロードマップをバックキャスティングアプローチで描くことが企業価値向上と不可分であるとの認識は、定着しつつある。日本の置かれている厳しい現状、すなわち人口減少、高齢化の急速な進展、地域の縮退、更には、デジタル社会に向けた取り組みの遅れ、カーボンニュートラルへの道筋の難しさなど山積みの社会課題に、スピーディーかつ果敢に取り組んでいくことが必要となる。グローバルな経済の中で、日本の置かれた状況を見渡せば、「失われた30年」といわれる長きに亘る景気低迷の間、諸外国の成長は著しく、もはや相対的には日本経済の地位は大きく後退したことを受け止めて対処していくことが必要である。インドや中国といった新興国のみならず、米国、EUと比べても日本のGDP成長率は低迷を続けており、特に、1人当たりGDPで見ると、1990年では日本は世界第8位であったが、2022年には32位まで低下している。上位10か国はこの間に1人当たりGDPが平均4.2倍に増加しているが、日本は1.3倍にとどまっており、グローバルな成長から取り残されてい

ることを念頭に置く必要があろう。大企業では、取り巻く環境の厳しさを前に、サステナブル経営を強く意識し、また資本市場（投資家）からのエンゲージメントを踏まえたPBR向上に向けた取り組みなどを加速化しており、大きなビジネスモデルの変化につながりつつある。

　そうした環境の下で、イノベーションの重要性や、投資やリスクマネー供給の必要性がますます前面に出てくる。そのコアとして、まずは、現状の日本の「ベンチャーエコシステム」のポジショニングについて、どう評価するかという観点から整理してみたい。日本の立ち位置をグローバルに見ていく上で、何をメルクマールとしてみるかということはあるものの、マクロ的にはグローバル・イノベーション・インデックス（GII、WIPO 世界知的所有権機関）であり、セミマクロ的には、事業分野毎（IT、医療、エネルギーなど）やテーマ（AI、宇宙、半導体、量子など）での位置づけが参考となる。個別ミクロでは、ユニコーン企業がどれだけ創出されているか、新しい事業分野を開拓したスタートアップ企業のプレゼンスが、例えば、上場して数年後にどれだけ大きく成長しているかなどのデータを、あわせて総合的に評価することであろう。GII2023においては、日本は前年に引き続き13位であり、横ばいではあるものの、10位内には入っていない。また、各分野の競争力は、特にデジタル分野を中心に低位（IMD2023世界デジタル競争力ランキングで 32位）が続き、ユニコーン企業は全世界の中で0.6％程度の 7 社（2024年 3 月時点、CB Insights ベース）と少なく、更には2010年代以降で新しい事業分野を開拓したスタートアップ企業の上場後のプレゼンスは低く、日本の上場企業の時価総額ランキングの上位にはほぼ見当たらないのが現状であろう。

　こうした様々なデータも意識しつつ、「スタートアップエコシステム」の現状認識と課題として、以前、政府が示したものとしては図表 2 - 8 がある。人材、事業、資金という観点からの課題認識が明確に示されているものであり、人材については、①起業家・起業数の伸び悩み、②質・量

**PE投資の多様性：スモールキャップ・バイアウト投資、ベンチャー投資、グロース投資**

ともに限られた人材のプール、事業については、③研究成果・技術がなかなか事業につながらない、④迅速な成長・市場展開が不十分、資金については、⑤資金量と⑥流動性についての課題認識を有している。エコシステムとしては、この3つの課題を連携して同時並行的に超えていくことが求められるところであるが、そう簡単にはリンケージしないことが見てとれる。例えば、「ベンチャーエコシステム」の観点での人材については、大企業、アカデミズムの研究者、コンサル人材や会計士人材などの様々な人材の出入りが特に意味をなすこととなろう。新卒一括採用、年功序列型、安定志向、定年制というこれまでの日本型雇用システムは変わりつつあり、大企業志向は弱まり、個々人の専門性や能力、スキルはかなり重視されるようになりつつあるものの、例えば、横断的に物事を考えてプロジェクトを行う能力、社会課題解決型能力、チーム組成力やネットワーク力など多種多様なタレントの裾野の広がりこそが重要であろう。そういう観点で、雇用の流動化を進めて、多様な人材を前提としたスタートアップ企業への人材流入の枠組み形成を通じて、スタートアップ企業にチャレンジする人材を広げられるかどうかにかかっている。そうした人材獲得の観点からも、金融面からの資金の供給を量的に増やしていくことに意味がある。

　エコシステム系の様々なデータと政府の課題認識から見えてくるのは、現時点では、まだまだ日本は、「ベンチャーエコシステム」の観点での出遅れは否めない、ということである。最近の5年程度の施策の中で、キャッチアップすべく取り組みは進みつつあるものの、まだ限界的な域を超えていない状況にあろう。

図表2-8：スタートアップエコシステムの現状認識と課題

事業が力強く成長しないと十分な人材を確保できない

十分な人材がいないため海外展開など事業が拡大できない

❶ 起業家・起業数の伸び悩み

❷ 質・量ともに限られた人材のプール

人材

事業

メガスタートアップの創出

❸ 研究成果・技術がなかなか事業につながらない

❹ 迅速な成長・市場展開が不十分

リスクに見合う給与を出せないと優秀な人材を採用できない

十分な資金がないと早期に事業の成果が出せない

CFO等の人材不足により適切な資金調達ができない

事業規模が小さいため大きな資金調達ができない

資金

国内のファンドサイズ・チケットサイズが小さい

海外からのリスクマネー供給が限定的

❺ 資金量

❻ 流動性

IPO偏重のExit

二次流通の不足

出所：総合科学技術・イノベーション会議　イノベーション・エコシステム専門調査会（第4回）（2022/4/25）資料

## （3）金融面から考える「ベンチャーエコシステム」の論点

　スタートアップ企業の資金調達規模としては、コロナ禍でも、2010年代前半から比べて大きな伸びを示している。2019年と2020年は、それぞれ約6,000億円規模であり、2021年に約8,700億円規模、2022年に約9,700億円規模に到達し、1兆円規模が視野に入りつつある。2023年の調達金額は7,500億円程度と過去最高額となった2022年を下回っているが、速報値であり、後から判明する調達分を考慮すると2021年並みの8,000億円台半ば程度と見込める。図表2－9に2013年以降のデータを示してある通り、2013年の1,000億円規模に満たない水準から2023年は10倍近くまで拡大しており、スタートアップ企業の資金調達規模が高水準となっていることは、「ベンチャーエコシステム」にとって明るい材料である。大きなステップアップであることは間違いないところであるが、海外と比べると、まだまだ低い水準である。

PE投資の多様性：スモールキャップ・バイアウト投資、ベンチャー投資、グロース投資

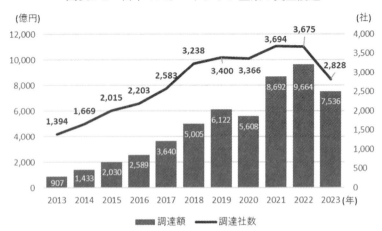

図表2-9：日本のスタートアップ企業の資金調達

注：2023年の値は基準日（2024年1月23日時点）までに観測されたものが対象（今後の調査によって社数など増える可能性がある）
出所：INITIAL「2023 Japan Startup Finance」より作成

　またスタートアップ企業全体の資金調達規模に占めるVCからの資金供給はせいぜい4,000億円規模であり、VCとしてのもう一段のリスクマネー供給の規模拡大を量的にも必要としている。筆者（幸田）は、かつて「月刊資本市場」（2021年10月号）において、スタートアップ企業の資金調達の量の確保から、VC1兆円投資（スタートアップ企業の資金調達に占めるVC比率は4〜5割程度であることからスタートアップ企業の資金調達規模は約2兆円程度になる）に向け、①民間パートナーシップ型VCの広がり、②コーポレートベンチャーキャピタル（CVC）の拡大、③官民ファンドの呼び水投資拡大、④バイアウト型PEからのグロース投資の拡大などが必要であることに言及した。そのためには、日本の金融機関や国内機関投資家がVC投資を積極的に行うことに加えて、海外機関投資家の資金呼び込みを組み合わせて、実現していくことが重要で

あるとも記述した。しかしながら、資金面からの流れは、VC投資1兆円（スタートアップ企業の調達規模2兆円超え）までは、未だ道半ばである。2022年11月に政府が策定した「スタートアップ育成5か年計画」では、「5年後の2027年度に10倍を超える規模（10兆円規模）とする」目標を掲げている。まずは、VC投資1兆円（スタートアップ企業の調達規模2兆円超え）を目指し、様々な取り組みが進むことを期待したい。

　政府として、「資産運用立国」の施策の中で、成長資金の供給と運用対象の多様化の実現という政策項目が組み立てられている。図表2-10に示されているように、日米間におけるVCへの投資家層の大きな違いが、日本のスタートアップ企業に向けた成長資金のボトルネックとしてクローズアップされる。日本は、事業法人や銀行など金融機関からの資金供給が中心にあるのに対し、米国においては、年金基金、財団など機関投資家中心の構成となっている。

図表2-10：機関投資家からVCに対する投資

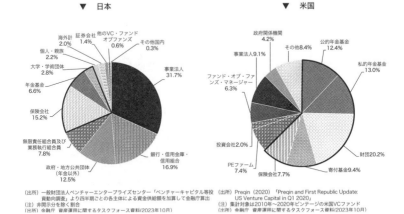

これは、日本のVCの規模が小さいことに加え、VCがグローバル標準にまだまだキャッチアップできていないことが背景としてある。そうい

う点を乗り越えるため、政府施策においては、機関投資家からのVCへの資金供給に向けて、制度面での取り組み整備を推進している。具体的には、VCの公正価値評価導入やVC向けのプリンシプルの策定などを通じて、内外機関投資家からの資金の供給がスムーズに行われるための仕組み作りなどを推進することで動きだしている。

　こうした制度面での取り組みには、相応の時間がかかることもあり、その間、政府の官民ファンドを通じたアプローチで、補完的にリスクマネー供給を行うことは、当面、より重要性を増してくるものと考えられる。この点については、民業補完的なアプローチは維持しつつも、思い切った資金供給などの取り組みの意義は大きいと考えられる。人口減少などの構造問題やコロナによって経済・社会構造が大きく変わるなかで、不確実性は確実に高まっている。このような環境で期待される金融は、明らかにエクイティによるリスクマネーの供給である。しかしながら、銀行を中心とした間接金融中心の金融仲介ではリスクマネーの供給にも限界がある。我が国においては、間接金融を中心とした企業金融が依然として重要な役割を担っている。この点においては、企業活動を安定的に支え、社会のある種のセーフティーネットを果たしている面はあるものの、その一方で新陳代謝を阻害している面も相応にあると考えられる。企業が成長していくためには、資金調達が不可欠であるが、かつて、日本は銀行、信用金庫、政府系金融機関等が、産業を成長させていくために長期的な金融をつけてきた。その過程で銀行からその事業会社へCFOや社長を派遣する等の人的リンクを強化し、あるいは政策保有株式を持つことによって、長期金融とガバナンスを効かせることで、企業と一体になって成長させる構造にあった。このような産業金融モデルは1990年代の前半まで有効に機能してきたが、その後の銀行の統合や政策保有株式の持ち合い解消の流れのなかで、企業が自立型になっていった。その中で企業は自社株買い、あるいは経費削減によって収益を上げ

ていく動きが増えてきた。事業を拡大させる成長モデルに向かわなかった背景には、エクイティ資金を供給する VC といったリスクマネー供給主体の広がりが欠けていたことが、間接金融の変化の後押しにつながっていないこととも関連している面がある。

　現在の日本の金融構造として組み込まれている間接金融中心主義からの転換には、一定の時間を必要とする。間接金融は、社会や地域の安定に貢献するという意味で必要だが、その間、リスクマネー供給の補完という意味では、官民ファンドの役割の重要性がより増していると考えている。産業金融的な側面は、政策的な必要性が高い事業に対してリスクマネーを提供することに大きな意味がある。これについて、官民ファンドを民間投資の呼び水として、現状、2022年度末で6兆円を超える規模の出資と貸し付けが官民ファンドを通じて行われている。前述の通り、日本では年金資金からの VC 投資が少ないため、これを補完しているのが JIC 等の官民ファンドともいえよう。新産業を創出するための成長投資の資金を民間の GP が産業金融の重要な役割を担う存在となっていると評価すべきであろう。

　図表2-11は、JIC が、「ベンチャーエコシステム」を強く意識して、シームレスな形態での資金供給のあり方を提示したものである。スタートアップを取り巻く市場課題の解決を企図した資金供給を念頭に、アーリーからミドル／グロース／レイターフェーズ、クロスオーバー、アフターマーケットまでを一気通貫して資金供給を支え、ユニコーン創出を目指す取り組みが示されている。官民ファンドとして、「ベンチャーエコシステム」を循環的に動かしていく仕掛けとして機能し始めている。こうした取り組みと、民間の金融面での変革を進めることで、金融面からの「ベンチャーエコシステム」を支える機能がより強化されると考えている。

図表2-11：JIC 官民ファンドによる成長への下支え

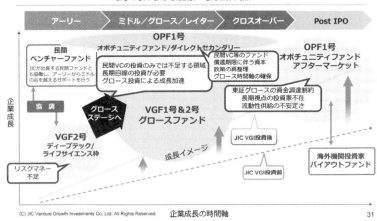

出所：JIC 定例記者会見資料（2023年12月）

## (4) 東証「グロース市場」における課題

　東京証券取引所（東証）では、2022年4月に旧マザーズ市場と旧JASDAQグロース市場を再編して東証グロース市場とし、上場企業466社でスタートした。当該市場の基本コンセプトは、高い成長可能性の実現と相対的にリスクが高い企業向けの市場という位置づけとなっている。「ベンチャーエコシステム」の視点から考えた場合、この東証グロース市場の役割は極めて大きいものがあると認識される。東証にとっては、有望なスタートアップ企業を、IPOを通じて、絶えず新興企業として取り込むことで、株式市場全体の成長を担う一翼を果たしていくことが可能となる。その意味においては、近年では、IPO上場の年間社数は80-120社程度と安定しており、そのかなりの部分をスタートアップ企業が占めていることは、極めて意義が高いと評価できる。

　東証グロース市場は、スタートアップ企業の成長過程でのインフラと

しての役割を果たしており、また、VCのエグジット機能としても、相応の役割を果たしている。一方で、上場したスタートアップ企業の実像としては、公開時の時価総額ベースで、全体の平均で100-150億円規模にとどまり、米国上場平均時価総額の30分の1程度の水準である点は、大きな課題である。当然、こうした時価総額が小さな企業は、公募調達の規模も小さく限定的であり、上場後の成長余地が限られてしまう傾向にある。上場1年後から7年後のデータで、上場月の月末時価総額を100とした上場1〜7年後の時価総額は、中央値で、88〜126の範囲（東証「市場区分の見直しに関するフォローアップ会議 第8回東証説明資料①：2023年2月15日）となっており、成長が極めて限定的であることが見てとれる。

　筆者（幸田）の方で、東証グロース市場の上場企業（2023年12月末時点）で2011年から2021年2月にIPOした279社について、上場時（公開価格ベース）の時価総額を横軸、3年後の時価総額を縦軸とする散布図ベースで示したものが、図表2-12となる。ここから、時価総額100億円以下でIPOした後、2倍以上に成長したスタートアップ企業が、いかに少数かということが見てとれる。公開時の時価総額（公開価格ベース）100億円以下で3年後の時価総額成長は2倍以下が138社（全体の50％）を占めている。なお、当初公開時の時価総額100億円以下は209社（全体の75％）を占めており、小規模上場の多さは顕著である。

### 図表2-12：東証グロース市場 IPO と上場後の成長について

▼東証グロース市場上場先(2023年末)：公開時時価総額と3年後時価総額比較表

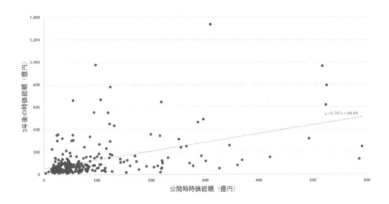

注：2023年末現在グロース市場上場会社（マザーズ市場、JASDAQ グロース市場に上場した企業で、その後市場変更した先は除く）のうち、2011年～2021年2月の IPO 企業を対象とした。ただし、㈱MTG（公開価格による時価総額2,241億円、3年後の時価総額704億円）、フリー㈱（公開価格による時価総額932億円、3年後の時価総額1,673億円）、サンバイオ㈱（公開価格による時価総額872億円、3年後の時価総額1,387億円）、CYBERDYNE ㈱（公開価格による時価総額401億円、3年後の時価総額3,436億円）については図表作成上の配慮から除外している。その結果、図表2-12は、275社の散布図を対象。

**出所**：日本経済新聞社の提供するデータベース「日経 NEEDS-Financial QUEST」などから、幸田研究室（幸田博人・深谷玲子）にて作成。

　東証では、市場区分の見直しに関するフォローアップ会議において、現在、グロース市場のあり方を検討しており、相応の問題意識を共有し、東証グロース市場の機能発揮に向けた今後の対応について、内外VC、機関投資家、アナリストら関係者からのヒアリングも行っている。筆者（幸田）は、公開時の時価総額が小さな企業は、上場後の維持コストなども含めて考えると、今までの IPO 至上主義から脱却して、むしろ未上場企業のまま、新たなエクイティ調達などを行い、機動的かつ中長期的な成長の可能性を探るか、戦略的なパートナーシップを事業会社との間で構築して M&A の機会を探るべきではないかと考える。

東証では、もともとスタートアップ企業の選択肢を拡充する観点から、企業規模が小さい段階でも成長資金の調達機会を得られるように比較的緩やかな上場基準を設定してきた。しかし、今後、上場基準や上場維持基準の引き上げなども俎上に乗せ、関係者での議論が深まることが必要だと考える。本件については、利害関係者も多数にわたっていることから、大幅な模様替えは難しいところがあると理解はするものの、日本の「ベンチャーエコシステム」の観点で、スタートアップ企業の上場市場との接続の仕方が、今後のスタートアップ企業の成長のあり方と大きく関係していることは確かである。現状、未上場スタートアップ企業にとって、成長段階をシームレスにつなげた資金供給が十分には用意されていない中で、東証の上場基準のみを厳しくすることには限界があるものの、スタートアップ企業にとって、早期小規模IPO指向から脱却し、自社のビジネスモデルのあり方や、自社の成長をどう図るかということこそが肝要であることを改めて認識することが必要と考える。早期小規模IPOが定着しているフェーズから、そろそろ脱却すべきではないか。そのためには、例えば、グロース市場について上場基準を段階的に引き上げていくプロセスを開始することを具体的に検討することも必要であろう。

### (5) おわりに

　「資産運用立国」の実現には、スタートアップ企業の成長の枠組みをリンケージさせることが欠かせない。日本の産業構造の大きな転換を推進させるためにも、スタートアップ企業への投資をステージごとにシームレスでつなげて拡大することが不可欠である。本論考では言及していないが、大学発ベンチャー企業の上場件数は伸び悩んでおり、産官学連携の強みを日本が活かせていない事態も変えていくことは、「ベンチャーエコシステム」の観点でも、重要な視点となろう。そうしたことを含め

て、経済・社会構造の柔軟さと多様性を確立し、「ベンチャーエコシステム」が日本の基盤を支えていくことで、日本全体の社会や経済の価値向上につなげていくことを期待したい。

## 参考文献

- 内閣官房「資産運用立国実現プラン」（2023年12月）

- 金融庁「金融審議会 市場制度ワーキング・グループ・資産運用に関するタスクフォース 報告書」（2023年12月）

- 東京証券取引所「市場区分の見直しに関するフォローアップ会議 第8回東証説明資料①」（2023年2月）

- INITIAL「2023 Japan Startup Finance」（2024年1月）

- 岡村秀夫「グロース市場の活性化に不可欠なIPOでの資金調達促進」（週刊金融財政事情2023年4月25日号）

- 野村拓也「実行フェーズに入った資産運用立国実現プラン」（週刊金融財政事情2024年2月13日号）

- 幸田博人／木村雄治著『ポストコロナ時代のプライベート・エクイティ』（一般社団法人金融財政事情研究会 2022年3月）

- 幸田博人「日本の構造問題を踏まえたリスクマネー供給～脱炭素社会も展望、リスクマネー供給年間1兆円に向けて～」（月刊資本市場2021年10月号）

- 幸田博人「『資産運用立国』実現とスタートアップ企業の成長に向けて～好循環としてのエコシステムの確立を目指す～」（月刊資本市場2024年4月号）

# 第3章

## ポラリス・キャピタル・グループの20年にわたる取り組みから振り返る

木村雄治

---

### はじめに

　2024年9月13日は、ポラリス・キャピタル・グループ株式会社（ポラリス）の創業20周年記念日にあたる。ポラリスは、2004年の同日、みずほ証券株式会社とDIAMアセットマネジメント株式会社（現アセットマネジメントOne株式会社。DIAM）のジョイントベンチャーとして、「ポラリス・プリンシパル・ファイナンス株式会社」という社名で発足した。この社名は、当社の1号ファンドの過半がみずほ証券の出資、いわばみずほ証券のキャプティブファンドであったことを象徴している。その後、MBOにより、筆者を中心とする役職員組合がみずほ証券とDIAMに代わってポラリスの主たる株主となり（現在は役職員組合が100％株主）、所謂完全独立系ファンドへと変貌していく中で、2010年3月、筆者が設立当初から構想していた「ポラリス・キャピタル・グループ株式会社」に社名変更した。序章にある通り、日本のバイアウトファンドの歴史は1990年代後半から始まり、5期に分けて整理できる。ポラリスの創立はその第Ⅱ期にあたる。創立に先立つ第Ⅰ期も含め、ポラリス創業20周年までの軌跡を、日本におけるバイアウトファンドの歴史を振り返りながら、綴ることとしたい。

## 1．バイアウト第I期（1997〜2003年）

### （1）従来の日本の産業金融

　最初に、日本におけるバイアウトの創成期に先立つ、1990年代の金融業界の大転換期について触れておく。

　筆者は、1985年に日本興業銀行（現みずほ銀行。興銀）に入行した。当時、興銀は「産業金融の雄」と呼ばれており、1952年に施行された長期信用銀行法に基づき、企業に長期資金を提供してその成長を支える役割を担っていた。融資を通じた資金面でのサポートのみならず、そもそもの資金の使い道、つまり成長のための設備投資や売上利益を向上させるためのアクションプランを含めた中長期事業計画を経営者と共に策定し、その計画遂行のための経営人財を派遣するなど人的支援も行う、まさにヒト・モノ・カネの全方位から企業の経営支援を行っていた。しかし1990年代初め以降、バブル崩壊による不良債権問題の顕在化や金融自由化の流れの中で、方向転換を迅速に行えなかった長期信用銀行は次々と経営危機に陥っていく。1998年、日本長期信用銀行と日本債券信用銀行が相次いで国有化され、のちに前者は米国の事業再生ファンドであるリップルウッドが率いる外資系投資ファンドに、後者はソフトバンクやサーベラスが共同出資するコンソーシアムに買収される。一方興銀は、普通銀行である富士銀行・第一勧業銀行との合併の道を選び、みずほフィナンシャルグループ（みずほFG）となった。その結果、所謂長期信用銀行は実質的に消滅し、「長期信用銀行による長期的な企業支援」という構図が成り立たなくなった。

　それでは、長期信用銀行なき後、事業会社の維持発展を支える役割は誰が担うのか。産業金融の新たな仕組みとなり得るのが、PEファンドである。広義のPEファンドは、投資家から調達した資金を使って未上場企業に株式投資をして、その成長や再生を支援するもので、第二次世界

大戦後に米国で生まれた金融機能である。起業間もないベンチャーにマイノリティ投資をするVC、一定の事業規模を有する企業の議決権を過半以上取得、つまりマジョリティ投資して、企業価値向上のために積極的に経営参画するバイアウトファンドや、破綻寸前もしくは破綻した企業を安値で買収して、債務免除による負債圧縮や不採算事業の切り離しによって再生を図る事業再生ファンドを含む。長期信用銀行が融資という形で企業支援するのに対して、PEファンドは株式投資するという違いはあるものの、その企業に長期間コミットするという点では、共通している。また、ファンドによって支援方針はまちまちだが、特にマジョリティ投資の場合は、資金はもちろん人的支援や経営戦略策定への関与、具体的な事業支援まで行うケースも多い。まさに、興銀が担っていた産業金融の役割を肩代わりすることが可能なわけである。

## (2) PEファンド御三家

奇しくも、日本においてPEファンドの存在が広く知られるようになったのは、それまで産業金融の役割を担っていた長期信用銀行の破綻・再生劇においてであった。上述の通り、日本長期信用銀行と日本債券信用銀行の再生に関与したリップルウッドやサーベラスは、事業再生ファンド、あるいはディストレストファンドと呼ばれる外資系のPEファンドである。当初は「ハゲタカファンド」などと言われて、決して好意的には見られていなかった。企業の取引先金融機関に債権放棄を迫り、一方社内では過酷なリストラを断行し、不採算事業を容赦なく切り捨てるなど、利潤を追求するためには手段を選ばないファンドもあったせいで、PEファンド全般が、日本の企業文化には合わないとして、日本の経済界はもちろん、マスコミや世論など社会的にも批判にさらされがちであった。

ポラリス・キャピタル・グループの20年にわたる取り組みから振り返る

そのような中、外資系の事業再生ファンドとは一線を画すかたちで、日本国内でもバイアウトファンドが創設され始めた。1997年に最初のファンドを組成したアドバンテッジパートナーズ（AP）、1998年に創業されたユニゾン・キャピタル（ユニゾン）、2002年にシュローダー・ベンチャーズを改組するかたちで設立されたMKSパートナーズ（MKS）である。当時、これら3社は「御三家」と称され、事業承継や大企業の非コア事業のカーブアウトなどのバイアウト投資を手掛けたのである。

　御三家として括られることの多い3社だが、それぞれには特徴があり、そこには、創業者のバックグラウンドが深く関係しているものと思われる。すなわち、APは、ベイン・アンド・カンパニー出身の笹沼泰助氏が共同代表のリチャード・フォルソム氏と共に丸紅の支援を受けて立ち上げたビジネスコンサルティング系PEファンドだと言えよう。ユニゾンは、ゴールドマン・サックスで日本人初のジェネラル・パートナーとして同社の日本事業を構築したというバックグラウンドを持つ江原伸好氏が立ち上げた外資投資銀行系PEファンドであった。一方MKSは、米国でVCを創業し、その後参画したシュローダー・ベンチャーからMBOで独立した松木伸男氏が立ち上げた外資系VC型PEファンドだと言える。御三家は、それぞれの特徴を生かしながら、パイオニアとしてバイアウト市場を日本に根付かせようと尽力した。

　バイアウトファンドが投資先候補の事業会社にアプローチする際の重要な訴求ポイントは、「中立的な株主」という点である。事業承継を検討している創業社長や、事業の選択と集中の一環として非コア事業の切り離しを検討する大企業の経営者にとって、昨日まで競合していた同業他社に「身売り」するよりも、事業上のしがらみが何もないニュートラルな立場のファンドに株式を譲るほうが、心理的ハードルは低いはずである。親会社から離れてビジネスを続ける役員や従業員にとっても、同様である。PE会社は、色のない中立的な株主として、対象会社（事業）

の強みを活かしつつ、さらなる事業発展のためにどのような施策を打つのか、それぞれの特徴を活かした戦略を策定して適正と思われる投資金額を提示し、売り手にアピールすることとなる。

しかし、御三家が稼働し始めた第Ⅰ期は、日本の経済界が「そもそもPEファンドとは何者か」という疑念や、「PEファンド＝ハゲタカ」という先入観を抱いていた時期である。PE会社が、売り手にとっても対象会社にとっても有効なシナリオを提案する以前に、まずは話を聞いてもらえるようドアを開けてもらい、ファンドとは何かという理解を促し、その上で売り手や対象会社との信頼関係を築く、という段取りが必要であった。この頃のファンドのソーシング活動は、さぞかし苦労が多かったことと思う。

## (3) 産業金融の観点から見た当時のバイアウトファンドの課題

もう少し高い視座から見ると、この時期のバイアウトファンドが、興銀を始めとする長期信用銀行が担っていた産業金融の役割を担うに足る存在だったかというと、まだまだ懐疑的な状況であったと言わざるを得ない。その理由は、大きく2つある。

第一に、当時のファンド規模は、日本の産業界の事業再編や発展を支えるレベルとは程遠かった。APのMBI FundⅠは30億円とVC並みであったし、ユニゾンの1号ファンドはその10倍以上の380億円であったが、かつての長期信用銀行が提供していた資金規模には到底及ばない。これは、日本の機関投資家が、その投資先としてPEファンドという選択肢を考慮する文化が根付いていなかったことに起因する。生損保会社や信託銀行、投資信託会社、年金基金などの機関投資家は、顧客から預かる資金を株式や債券に分散投資して運用している。着実な運用のために

ポラリス・キャピタル・グループの20年にわたる取り組みから振り返る　093

は、当然ながら実績のある投資先を選好するトラックレコード主義に傾きがちになる。PEファンドは、REITや商品先物取引など非伝統的資産に投資するオルタナティブ投資のひとつであり、当時はPEファンドに投資する日本の機関投資家はごく限られていた。投資するにしても、一般の機関投資家の投資スタンスは、既に一定の運用実績を有する米国のPEファンドへの投資が主流で、実績のない本邦系PEファンドのバージンファンドに資金投入するリスクをとることには、慎重にならざるを得ない。その結果、日本の機関投資家が調達した日本の資金が、日本の企業支援に活用されるのではなく、海外のファンドを経由して海外の事業会社の成長を資するという、日本経済にとっては皮肉ともとられかねない状況となっていた。当時の本邦系PEファンドは、従来の日本の長期信用銀行のような産業金融の担い手としては未熟だったのである。

　第二に、バイアウトファンドのビジネスモデルとして、フィナンシャルエンジニアリング（金融技術）を駆使したアービトラージがメインであったことが挙げられる。ファンドが機関投資家からの資金調達を拡大するには、確実にキャピタルゲインを生み出して投資家に還元し、実績を数字で示す必要がある。そのためには、「安く買って高く売る」ことが重要な手段となる。典型的な金融手法が、LBOである。LBOとは、ファンドが既に安定的な収益を生み出している企業に投資する場合、買収に必要な資金の一部を金融機関から借り入れて賄う投資手法である。金融機関は、ファンドが投資先企業と共同で策定した事業計画の実現性をベースに、リスクに見合う収益性を確保、つまり多くの場合コーポレートファイナンスより高い金利を設定し、コベナンツと呼ばれる情報開示義務や財務制限条項などを投資先企業に課すことで、貸出を実行する。ローンの返済は、投資先企業の収益を原資として行われるため、貸借対照表上、返済が進むにつれて負債が減少して純資産が増加することになり、結果的にファンドが保有する株式価値が増大する。ファンドがその

金額でエグジットすれば、「安く買って高く売る」ことになる。極論すると、ファンドは、これまで以上の成長戦略を立案実行しなくても、投資先企業に従来通り収益を上げ続けてもらうだけで、キャピタルゲインを確保することができるのである。LBOは、バイアウトファンドにとって非常に有用な投資手法と言える。しかし、ヒト・モノ・カネの多方面で支援するという興銀の産業金融の考え方から見ると、LBOに依拠し過ぎるのは、あるべき姿とは必ずしも言い難い側面がある。そういう観点からも、産業金融の担い手としては、やはりまだまだ力不足であったと言わざるを得ない。

## （4）新たなバイアウトファンドの萌芽

しかし、見方を変えれば、実績を積んで機関投資家の信認を得てファンド規模を拡大できれば、かつLBOなどのフィナンシャルエンジニアリングのみに頼らず、ヒトも知恵も投入して投資先企業の役職員と共に汗をかく本当の意味でのハンズオン経営を実践すれば、バイアウトファンドは、かつて長期信用銀行が担った産業金融の役割を果たし、日本の産業界を支える立役者になれるのではないか、と考えられた。

第Ⅰ期の後半にあたる2002年、元興銀の行員であった安嶋明氏が2月に日本みらいキャピタル（現日本みらいホールディングス）を、同じく馬上英実氏が11月に日本産業パートナーズ（JIP）を設立した。この2社の設立はまさに、興銀のDNAを受け継ぐ者が、興銀による産業金融の在り方をバイアウトファンドという仕組みを活用して実現しようという思いの具現化だったのではないかと推察する。実際、両社は異口同音に、日本の企業文化を尊重しながら、日本産業全体の構造変革や事業再編を

ポラリス・キャピタル・グループの20年にわたる取り組みから振り返る

目指すというビジョン[1]を掲げている。

　この時期、長期信用銀行の機能が実質的に消滅する中、短期的収益を目指さねばならない普通銀行とは異なる長期的な視点に立ち、企業の成長支援を行う資金提供者としての本邦系バイアウトファンドが、ようやく第一歩を踏み出したのである。

　ちなみに、安嶋氏・馬上氏とも、現在もそれぞれの会社の代表として活躍している一方、御三家と呼ばれた3ファンドのうち、現在も創業者が同じ地位で活躍しているのは AP の笹沼氏とフォルソム氏だけである。

## 2．バイアウト第Ⅱ期（2004〜2008年）

　第Ⅱ期においては、JIP や日本みらいキャピタルに続き、興銀（みずほ）系として2004年にポラリスが設立された他、三菱銀行系のニューホライズンキャピタル（2006年）、ユニゾン出身の山本礼次郎氏が率いるインテグラル（2007年）、三菱商事系の丸の内キャピタル（2008年）など、日本生え抜きの金融機関や事業会社出身者により、次々とバイアウトファンドが設立された。ここでは、ポラリスの設立経緯とポラリス1号・2号ファンドの運営状況を中心に、第Ⅱ期におけるバイアウトファンドの実態を振り返ってみたい。

### （1）ポラリス設立まで

　もともと、筆者自身が PE ファンドという概念に初めて出合ったのは、1989年から2年間留学していた米国ペンシルバニア大学ウォートンス

---

[1]　日本みらいキャピタル HP（https://www.miraicapital.co.jp/about/idea.html）、日本産業パートナーズ HP（https://jipinc.com/jipfund/vision/）。

クール（MBA）であった。そこで金融ビジネスの新しいモデルとして
PEファンドの概念を学び、興味を抱いた。しかし、当時はウォートン校
で日本のメインバンクシステムや護送船団方式がケースとして取り上げ
られるほど、日本における銀行を主軸とする金融システムは頑強だと考
えられており、日本ではPEファンドが活躍する余地はないかもしれな
い、と考えていた。ところが、1990年代後半、上述のような金融システ
ムの崩壊を目の当たりにし、PEファンドの可能性に賭けてみたい、と
いう思いが強まった。

　2002年にJIPが設立された際、筆者はみずほFG傘下のみずほ証券の
プライベート・エクイティ部長の立場にあった。みずほ証券では、自己
勘定、すなわち機関投資家などの外部の顧客から資金調達するのではな
く、自社の資金を使った未公開株式投資に取り組み始めていたのである。
その業務の一環で、JIPの設立自体にも関わり、親会社の立場から資金
調達やソーシングの支援も行った。

　そのような経験を積みながら、筆者は改めてバイアウトファンド設立
の志を固めていった。産業金融の雄であった興銀のスピリットを引き継
ぎ、バイアウトファンドという枠組みを使って、資金はもちろん人財面
でも戦略立案実行面でもハンズオンのサポートを行い、長期的にコミッ
トして企業の成長支援を行えば絶対うまくいく、という確信と覚悟のも
と、会社設立準備に奔走したのである。

　設立に先立ち、まずは資金調達である。第Ⅰ期で述べたように、日本
においてまだ知名度の低いバイアウトファンド、しかもトラックレコー
ドを持たないバージンファンドが、機関投資家を説得して一定規模の資
金を調達するのが容易でないことは、第Ⅱ期においてもさほど変わりは
なかった。ファンド＝ハゲタカ、というイメージも根強くはびこってい
た。しかし一方で、みずほ（興銀）のネットワークの力は強い。みずほ証
券からのカーブアウトというかたちで、みずほ証券に50％の株主になっ

ポラリス・キャピタル・グループの20年にわたる取り組みから振り返る

てもらうとともに、みずほ（興銀）とつながりが深く、また多くの大企業の年金基金を顧客に擁するDIAMに株式の残りの50％を保有してもらい、両社の力を借りて資金調達を行った。興銀出身者によるみずほ証券とDIAMの合弁会社ということで、通常はトラックレコードを重視する大手金融機関や企業年金基金などが、バージンファンドであるポラリスへのLP出資に踏み切ってくれた。また、興銀の金融債を引受してもらっていた地方銀行の中にも、オルタナティブ投資というリスクをとってくれる銀行がいくつかあり、非常に有難かった。

かくして2004年9月、ポラリス・プリンシパル・ファイナンス株式会社（現ポラリス・キャピタル・グループ株式会社）を設立し、11月には296億円の1号ファンドを組成した。ポラリスは、PE業界のリーダーとなり、顧客である投資家や投資先企業に対して最善かつ付加価値の高いサービスを提供し、日本の経済・社会に貢献することを経営理念に掲げ、日本のファンドとして、日本の企業に投資し、日本経済の活性化に役立つという高い志を強く打ち出した[2]。

## （2）ポラリス設立直後のソーシング活動

PE投資の第一歩は、ソーシング、つまり投資対象になりそうな企業を見つけてその企業や株主にアプローチする案件発掘活動である。ここでは、ファンドマネージャーが持っている人的ネットワークを駆使して情報収集したり、フィナンシャルアドバイザー（FA）と呼ばれる証券会社の投資銀行部門から案件紹介を受けたりしながら、進めていく。投資実績のあるファンドであれば、ファンドマネージャー自身の、あるいは

---

[2]　ポラリス・キャピタル・グループHP
（https://www.polaris-cg.com/company/visions.html）。

ファンドとしての情報ネットワークが構築され、FAから案件が持ち込まれる機会も多くなるが、バージンファンドの場合は、メンバーたちがそれまでの経歴の中で培ってきたネットワークをベースに、一から積み上げていくことになる。

　ポラリスの場合、親会社であるみずほ証券からの案件紹介はもちろん、みずほFG傘下のみずほコーポレート銀行（現みずほ銀行）やみずほ銀行のリソースを活用させてもらえたことは、大きなメリットであった。両行がメインバンクを務める非上場企業は数多い。そこで事業承継ニーズなどが生じた場合、バイアウトファンドが後を引き継ぐことで事業継続が可能となり、メインバンクにとっても望ましく、ファンドとメインバンクにとってWin-Winとなる。こうした利点を、バイアウトファンドというものにまだあまり馴染みのなかった銀行側に説明し、案件紹介してもらえるよう働きかけた。また、ポラリスが独自に調査して投資機会につながりそうな企業を発掘して、その企業にアプローチをかけようとする際、その企業とみずほFGとの間に何らかの取引関係があれば、最初のアポイントをとるハードルはぐっと下がる。通常は、門前払いをくらう覚悟でコールドコールをかけなければならないところ、例えば、みずほ銀行の支店長から紹介してもらうことで、企業側に「とりあえず話は聞いてみようか」と思ってもらえる。みずほと直接関係のない案件でも、「興銀出身」と伝えることで、コンタクトした事業会社のオーナー社長や大企業の役員から一定の信頼感を得ることができ、また本邦系という点で外資系ファンドよりも安心感を抱いてもらいやすかったと思う。ただ、今になって吐露すると、現在は世の中に浸透している「ポラリス・キャピタル・グループ」という社名が外資系と勘違いされることもあって、日本的な社名を選択すれば良かったかもしれない、と思うこともあった。

　なお、みずほ銀行とのWin-Winの関係に関して1点付け加えておくと、ファンドがLBO投資をする際、銀行がその引き受け手となることで新た

ポラリス・キャピタル・グループの20年にわたる取り組みから振り返る　099

な貸付機会を得られる、というメリットがある。実際、みずほ銀行との協力関係の中で、そのような機会を期待する声もしばしば聞かれた。但し、ポラリスとしては、みずほFG以外の金融機関とも平等にオープンな関係を築くことが、長期的なファンドの成長に不可欠である。従って、LBOローンを組む際には公明正大に入札を行うなどして、ニュートラルな立場を貫き、その姿勢をみずほFGにも他の金融機関にも正しく理解してもらえるよう心掛けた。

このように、初期のソーシング活動においては、興銀というブランドやみずほFGのリソースをフル活用しつつ、不必要に「みずほ系」というキャプティブ的なラベルを貼られることによるデメリットを排除するという、両方のバランスをうまくとることに腐心した。

## (3) 投資実行とモニタリング

ソーシングを経た後の次のステップは、投資実行とモニタリングである。第Ⅱ期は、ちょうどポラリス1号ファンドの4年間の投資期間に当たる。2007年11月に組成し、翌2008年7月にクローズしたポラリス2号ファンドの初期投資と合わせ、全部で12件の投資を実行した。この時期は、いわば先達から学び、自社経験から学び、その学びをファンドとしての次の成長に活かす道筋をつけた期間であった。学びの師匠は、以下の3つである。

第一の師匠は何と言っても興銀である。上述の通り、興銀は長期信用銀行として、企業に対して長期的な資金を融資し、その後も企業の経営状態をモニタリングしながら適宜財務面や経営面でのアドバイスを提供したり、時には行員を出向させて財務・経営管理業務の強化を支援したり、さらにはより一層の成長のための事業計画策定にも関与したりするなど、様々な側面からの事業支援を行っていた。このような支援は、貸

付金よりも回収リスクの高い株式投資を行うバイアウトファンドにとっ
て、より重要不可欠な方法である。金融のプロとして、コーポレート
ファイナンスの手法や財務スキルを活用した財務・キャッシュフローの
管理強化、資産効率化、非コア事業の整理などはもちろん、事業状況を
きめ細かくモニタリングし、しっかりと企業価値向上のサポートを行う
「ハンズオン経営」を打ち出し、投資先企業の現場で実践を重ねていった。

　第二の師匠は、キャピタル・インターナショナルという、1931年に米国
で設立された老舗の資産運用会社である。この会社との縁も、やはり興
銀ネットワークである。元興銀の青木智也氏が、キャピタル・インター
ナショナルのPE部門に所属していた関係で、ポラリス発足時に共同投
資契約を締結し、一定規模以上の投資案件をお互いに紹介し合って共同
投資を検討する取り決めをした。また、キャピタル・インターナショナ
ルの投資委員会や組合員集会に陪席し、本場米国のPEファンドの運営
方法を学ぶ機会を得た。キャピタル・インターナショナルのグローバル
なソーシング力により、日本での事業拡大を狙うアジア企業への投資案
件のデューディリジェンス（DD：Due Diligence）を共同で行うなど、投
資活動面で学ぶことも多かった。結果的には、共同投資案件は実現しな
いまま契約が終了したが、1号ファンドの段階でキャピタル・インター
ナショナルとの関係を持てたことは、貴重な経験であった。

　第三の師匠は、第Ⅰ期に創業した御三家を始めとする他のバイアウト
ファンドである。PEファンドの投資手法の一つにセカンダリーバイア
ウトという形があるが、これはバイアウトファンドが他のファンドから
保有企業を買収することをいう。この手法を目の当たりにしたのは、み
ずほ証券のプライベート・エクイティ部長時代に、筆者が国内信販のア
ドバイザーの立場で関与したJIPによる買収事案であった。ファンド設
立間もなかったJIPは、APから国内信販を買収し、2005年に楽天（現
楽天グループ）に高いリターンでエグジットし、大成功をおさめた。筆

ポラリス・キャピタル・グループの20年にわたる取り組みから振り返る　101

者自身が直接手掛けた案件ではないが、JIP は、AP が実行した施策の内容とその結果を踏まえ、買収後にさらなる企業価値向上戦略を描き直して、楽天へのエグジットを成功裏に導いたと言われている。ポラリスも同様に、1号ファンドの2番目の案件として、ユニゾンからドラッグイレブンを買収し、彼らの手法を検証する機会を得た。ここで学んだのは、LBO をうまく活用して、設備投資を抑えながら積極的にコストカットすることにより収益を上げ、短期的に利益を出す手法である。一方、ハンズオンという観点では、大久保恒夫氏というコンサルタントを外部から起用して社長に据えるというアプローチをとっていた。ポラリスは、大久保氏の後任社長として、当時ポラリスの社長だった高橋修一氏を送り込むと同時に、社員2名を出向のかたちでドラッグイレブンに常駐させ、より緻密な業績管理手法の確立を目指した。この時に編み出した「工程表管理」と呼ばれる店舗別・商品別の徹底的な収益管理や、マーケティング施策の効果測定と修正施策の実施などは、その後「Business Model Innovation（BMI）」という名称で確立させたポラリス流のバリューアップ手法の先駆けとなった。1号ファンドの5番目の案件であるトップツアー（現東武トップツアーズ）もアクティブ・インベストメント・パートナーズ（現 DRC キャピタル）から買収したものであるが、利益追求のためのコストカットの連続で疲弊した企業を如何に復活させるかということを大いに学んだ教材となり、セカンダリーバイアウトの危険さと妙味を体現した案件となった。PE ファンドの中には、セカンダリーバイアウトは他の PE ファンドの後始末を引き受けさせられるとして推進に消極的な PE ファンドもあるが、米国バイアウト市場ではセカンダリーバイアウトがむしろ主流になっていることは注目に値する。

## （4）エグジット戦略の成功と失敗から導かれた 2 号ファンド

　PE 投資の最後のステップは、エグジットである。第Ⅱ期に実現したエグジットを振り返ると、プラスマイナス大きく 2 つの出来事があった。これらの経験から導かれる重要ポイントは、「時機を読むことの大切さ」と「自分自身の失敗から学ぶことの大切さ」である。そして、その 2 つが、第Ⅱ期の後半のポラリス 2 号ファンドの組成にも反映されたと考えられる。

　まずプラスの出来事は、ドラッグイレブンのエグジットである。上述の通り、この案件では、社長の高橋修一氏を始め、ポラリスの人的リソースを最大限投入して短期間で収益改善を図り、投資からわずか 1 年で過去最高益を達成することができた。ちょうどその頃、JR 九州が、鉄道以外の事業多角化の一環としてドラッグイレブンを取得したいという意向を伝えてきた。通常バイアウトファンドは、投資先企業を 3 ～ 5 年程度保有し続けてじっくりと企業価値を向上させてからエグジットすることが多く、投資後 1 年余りでのエグジットはあまり例がない。短期投資の場合、IRR が高かったとしても、MOC（Multiple of Cost、投資倍率）の数値は見劣りすることになる。しかし一方で、エグジットの実績を上げることは、次のファンド組成には役立つ。こうしたメリット・デメリットはもとより、ドラッグイレブンが九州を代表する大企業グループの一員となることによる今後の成長可能性や従業員の受け止め方などを徹底的に社内で議論した結果、エグジットを決定した。そして、ポラリスファンドとしての初めてのエグジット実績を持って、2007年夏から早速、400億円を目指して 2 号ファンドの資金調達に乗り出したのである。

　一方のマイナスは、ペットリバースとインターカルチュラルグループの破綻である。前者は PET ボトルの再生事業というグロース投資的な案件、後者は出版取次業と書店というユニークな事業の再生案件であっ

ポラリス・キャピタル・グループの20年にわたる取り組みから振り返る　103

たが、外部環境や社内状況など様々な悪要因が重なり、2008年初夏に相次いで民事再生法の適用を受けることとなった。GP として、投資先企業の再生手続をきちんと進めることとともに、投資家への適切な対応が肝要であった。特に後者については、破綻のリスクが生じ始めた頃から随時主要な投資家にその状況を報告していたが、破綻と同時に「反省と教訓」と題するレポートを作成し、全投資家に説明に回った。レポートには、これまでの経緯、ポラリスの対応策とその結果、本件からの教訓及びそれを今後の投資活動にどう活かしていくか、といった点を率直に記載し、失敗から学ぶ姿勢と1号ファンド全体でのリターン最大化へのコミットメントを改めて示した。基本的に PE ファンドは、投資案件1件あたりの成否ではなく、ファンド全体のポートフォリオによるキャピタルゲインで評価される。従って、ある投資案件のマイナスは他の案件でカバーするしかない。投資家の一部からは厳しいコメントもあったが、大勢としては寛大な理解と今後への叱咤激励を得られたと思う。その証左に、ちょうど2号ファンドへの投資を検討していた大手生命保険会社から、これらの案件にも関わらずコミットメントを得ることができた。

かくして2008年7月、2号ファンドの資金調達額は319億円まで積み上がった。400億円の当初目標に近づけるべくもう少し資金調達を続けるという選択肢もあったが、結局この金額でクローズすることを決断した。ここでも「時機を読むことの大切さ」を痛感することになる。というのは、クローズから2ヶ月もしないうちに勃発したリーマンショックにより、金融業界はもとより世界中の経済が混乱に陥り、資金調達どころではなくなったのだ。

リーマンショックの直前に2号ファンドの組成を完了できたことは、非常に幸運であった。

## （5）第Ⅱ期の総括

　第Ⅱ期のなかば、2007年に NHK で「ハゲタカ」という題名の TV ドラマが放映されたことで、金融業界関係者だけでなく、日本社会全体に PE ファンドのマイナスイメージがむしろ広まってしまった観もあった。2004年に発足したポラリスも、そのイメージの払拭に苦労したことは否めない。しかし、日本の企業に投資し、日本経済の活性化に役立つという旗印を掲げ、PE ファンドを日本の産業界に根付かせるべく、果敢にソーシングと投資実行の努力を続けて行った。

　ポラリス自身は、バージンファンドとして最初は先達に学び、その後は自社の経験から学び、次につなげていったわけだが、おそらくポラリス以外の PE ファンドも同様に、実績を積み重ね、その経験を次への学びにつなげながら、投資活動を続けていった時期ではないかと思う。

　そのような地道な活動が功を奏して、第Ⅱ期の後半は、徐々に企業側でも PE ファンドへの理解と支援ニーズが高まっていった。歴史的に見れば、銀行の経営難や相次ぐ銀行再編により、メインバンクが安定的に企業を支えるというシンプルな構図だけが正解でなくなる中、PE ファンドという新たな経営の担い手への注目が、だんだんと大きくなっていった時期だと思われる。

## 3．バイアウト第Ⅲ期（2009〜2015年）

　第Ⅲ期は、バイアウトファンド冬の時代と言われる。リーマンショックの後の世界的な金融危機、さらには2012年の欧州危機というグローバルな情勢に加え、日本では2011年の東日本大震災もあり、経済環境は大きく悪化した。その影響で、バイアウトファンドの案件数も投資金額も低迷した。

ポラリス・キャピタル・グループの20年にわたる取り組みから振り返る

しかしながら、ポラリス自身はこの時期、決して悪い状況にはなかっ
た。むしろ大きな成果を遂げることが出来た時期であったと言っても過
言ではない。業界全体の動向とは必ずしも一致しないが、第Ⅲ期のポラ
リスの活動を振り返ってみる

## （1）投資・回収活動

　この時期、特に2013年くらいまで長らく日本の株式市場は低迷したが、
逆に見れば、優良案件を割安で買収することが可能であったということ
になる。リーマンショックの直前にクローズした2号ファンドでは、確
かに最初の2年はなかなか投資実績を積み上げることができなかったが、
2010年以降はSFPダイニング（現SFPホールディングス）、関東運輸、
VOYAGE GROUP（現株CARTA HOLDINGS）など、高リターンを実
現した案件に恵まれた。1号ファンドでの経験を踏まえ、投資実行にあ
たって、より慎重に優良案件を選択するようになったこと、投資後の企
業価値向上の手法として、後述のBMIを確立したことが寄与したと考え
られる。
　1号ファンドの投資案件も、この時期に全てエグジットを完了し、上
述のような破綻案件のマイナス分をカバーして、ファンド全体でプラス
のリターンを上げることができた。

## （2）ポラリス独自のバリューアップ手法「BMI」の確立

　2011年、ポラリスは、世界的に有名な経営学者である一橋大学名誉教
授の野中郁次郎氏の指南のもと、ポラリス流のバリューアップ手法を
「Business Model Innovation（BMI）」としてまとめあげた。BMIは、ポ
ラリスが投資先の現場で実践してきた施策を体系化し、野中氏が提唱す

る「知識創造」や「ワイズ・キャピタリズム」の考え方などを取り入れて、投資先の事業再構築と企業価値向上を実現するための支援策として以下の3つの取り組みに集約したものである。

① Redefine（価値命題の再定義）：投資先企業の根源的価値に立ち返り、顧客への価値命題を改めて再定義し、成長戦略を描く。

② Reconnect（関係性の再構築）：価値命題に基づき、様々なしがらみから脱却し、顧客・取引先・提携先などのステイクホルダーとの新たな関係性を構築する。

③ Explore（実践知プロセスの高速回転）：確実な企業価値向上のために、実践知を駆使して具体的な実務やアクションに落とし込んでいく。

BMIの詳細については、2013年3月に出版された拙著「ポラリス・キャピタリズム」を参照されたい。

どのバイアウトファンドでも、独自のバリューアップ手法を編み出して実践していると思う。野中氏の言葉を借りれば、そのような「暗黙知」を「形式知」化し、組織として共有すること、そしてそれを組織的に実践することが、プロフェッショナルファームとしての実力となる。ポラリスは、それをBMIというかたちで明文化して他社との差別化を図りつつ、ソーシング活動や実際のバリューアップに役立てていった。


## (3) ポラリスのMBOと3号ファンドの組成

第Ⅲ期におけるポラリスにとっての大きな出来事は、筆者を中心とする役職員組合がMBOによりポラリスの主たる株主となって、ポラリスがみずほキャプティブから独立系ファンドに変貌したことである。

2004年の設立時はみずほ証券とDIAMが株主であり、その後、ニュー・フロンティア・キャピタルマネジメントという中間持株会社が介在する

ポラリス・キャピタル・グループの20年にわたる取り組みから振り返る　107

かたちとなっていた。ポラリスファンドを発足させた当初は、前節で述べた通り、みずほ証券を始めとするみずほFGやDIAMのネットワークを活用させてもらうというメリットが大きかった。しかし実は、特定の事業会社がスポンサーとなって株式を保有し、議決権を握る所謂キャプティブファンドを、海外投資家は極端に嫌う傾向がある。ポラリス1号・2号ファンドでは、国内投資家のみがLP投資家であったが、ファンドとして成長していく過程では、海外投資家からの資金調達が不可欠となる。従って、ポラリスの当初の株主構成については、いずれ見直す必要があると認識していた。

　また、独立系ファンドとなることは、海外投資家からの資金調達という観点だけでなく、役職員へのインセンティブという観点からも非常に重要な意味があった。一般的に、GPは、投資案件をエグジットして得たキャピタルゲインの20%をキャリード・インテレストと呼ばれる成功報酬として受け取り、PE会社の売上として計上する。キャリード・インテレストは、キャピタルゲインの最大化がLPとGP双方の共通の利益とする、所謂アラインメント・オブ・インテレストのために欠かせない仕組みである。GPは、投資先企業の企業価値を上げて高額でのエグジットを実現させるべく努力することが、自らの利益に直接反映されるからである。さらに、多くのPE会社は、GPとして得たその収益を案件への貢献度等に応じて役職員に対してボーナスとして分配するキャリード・インテレスト制度を導入することで、彼らのモチベーションを上げ、アラインメント・オブ・インテレストを役職員個々人のレベルにまで落とし込む仕組みを構築している。あるいは、PE会社の収益の一部もしくは全部を、株主に対して配当のかたちで還元することもありうる。役職員自身がPE会社の株主であれば、ボーナス報酬と配当報酬いずれも享受できることになり、アラインメント・オブ・インテレストとしては最上級な形と言えよう。ポラリスでは、それまで何度か株主に配当を支

払ってきた。アラインメント・オブ・インテレストの仕組みを完全に整えるためには、役職員組合が株主となることが必然の方向性であった。

　こうした意義を念頭に、1号・2号ファンドの投資・回収活動を進めながら、3号ファンドの資金調達戦略を検討する中で、筆者はいよいよこの課題に取り組むタイミングであると判断し、みずほ証券の経営陣との直接交渉に臨んだ。その結果、相手方の譲歩を引き出し、2010年に役職員組合によるMBOというかたちで独立への第一歩を踏み出した(その後、2013年に役職員の持株比率を50％に引き上げて独立、2018年に100％として完全独立)。この資本政策の再構築によって、ポラリスは海外資金調達市場に打って出ることが可能となったのである。

　かくして、2012年7月に組成したポラリス3号ファンドでは、ポラリスとして初めて海外の機関投資家をLPとして迎え入れ、国内391億円、海外129億円のコミットメント獲得に成功した。海外での資金調達にあたっては、アジア・オルタナティブ・マネジメントLLCの安田彰彦マネージングディレクターから多大なる支援を得た。アジア・オルタナティブは、アジアのPE投資に特化したファンド・オブ・ファンズ[3]であり、アジアの政府系金融機関や年金基金などに広範なネットワークを有する。アジア以外でも、欧州の年金基金なども加入した。冬の時代と言われる第Ⅲ期に、設立以来の課題であった資本政策を敢行し、国内投資家だけでなく海外投資家との幅広い接点を持つ中で、3号ファンドで着実にファンド規模を拡大できたことが、このあとの4号・5号ファンドの基盤となった。

---

[3]　機関投資家から調達した資金を他のファンドに投資するファンド、もしくはその運営会社。

ポラリス・キャピタル・グループの20年にわたる取り組みから振り返る　109

## （4）ファンドとしてのブランディングと4号ファンドの組成

　投資回収及び資金調達というファンドの主要な活動に加え、第Ⅲ期ではブランディング活動にも尽力した。上述の通り、野中氏の協力を得てBMIの手法を確立し、「ポラリス・キャピタリズム」を上梓したあと、このコンセプトを意図的に打ち出して、ポラリスのブランド力の強化に活用することにした。それまでも、日本バイアウト研究所が主催するJapan Buy-out Deal Conferenceやマカオで開催されたAPAC Alternative Investments Summit 2011に登壇するなど、PE業界におけるポラリスの知名度向上やネットワークづくりに努めていたが、2013年に戦略コミュニケーション・コンサルティング会社のフライシュマン・ヒラード・ジャパンをリテインし、BMIの構築にも参画してもらった同社の徳岡晃一郎氏の力を借りながら、さらに意識的にマーケティング活動を展開した。

　野中氏と筆者とのBMI談義を記事化したパンフレットを作成して、取引先や投資先企業・機関投資家の潜在顧客に配布したり、アジアのPEファンドや機関投資家ら千社以上が一同に会するSuper Return Asia 2014というコンファレンスでスピーチを行った（その後2018年の当コンファレンスにも登壇）他、インターネット上のメディアへの露出も図った。BMIは、他のバイアウトファンドとの差別化ポイントとして非常に分かりやすく、機関投資家に対するアピールポイントとして活用したり、ソーシング時には投資先候補企業に対してBMIを基軸にした成長戦略シナリオを提示したり、現在に至るまであらゆるところで活用している。もちろん、投資後に投資先企業の現場で実践し、ポラリスの手法として定着させつつ、日々洗練を図っていることは言うまでもない。

　こうした活動の集大成として、2017年1月には徳岡氏との共著というかたちで、筆者にとって2冊目となる「しがらみ経営」を出版した。

　ブランドマーケティング活動にも従事しながら、ポラリスはこの時期

に2号・3号ファンドの投資を着実に積み上げる（7年間で10件）一方で、1号・2号ファンドの投資案件のエグジットも積極的に進めていった（同12件）。特に2号ファンドは、満足のいくリターンを投資家に還元することができたと思う。その結果、2016年12月に組成した4号ファンドは、最終的に3号ファンドの約1.5倍の750億円という規模を達成することができた。

## (5) 第Ⅲ期の総括

　バイアウト冬の時代と言われる第Ⅲ期を総括すると、業界全体の投資活動がスローダウンした観は、確かにある。バイアウトが金融ビジネスのひとつである以上、株式市場や金融業界動向の影響を被ることは免れない。しかし、投資対象が非上場企業である分、株価の低迷などにダイレクトに左右される度合は相対的に低い。上場企業の株価が下がれば類似企業のバリュエーションも下がって、割安で企業を買収できる可能性が拡がる。一方株価が上がれば投資先企業のエグジットの際のバリュエーションが高くなって、キャピタルゲインが増えることになる。もちろん、逆に不利に作用することもある。従って、やはり「時機を読むこと」が大切であり、市況の動向を見ながら投資実行とエグジットの間合いを見計らい、ポートフォリオマネジメントを柔軟に行っていくことが重要と思われる。

　一方、投資先企業の業績そのものも、当然ながら国内外の経済動向や業界の競争環境の変化等の影響を受ける。業績推移をきめ細かくモニタリングしながら、バリューアップ施策を能動的に実行していかなければならない。

　この時期に撤退やファンド規模縮小を余儀なくされたファンドと、難局を乗り切ったファンドとの違いのひとつは、こうしたオペレーション

の巧拙にもあったのかもしれない。

## ４．バイアウト第Ⅳ期（2016〜2021年）

　第Ⅳ期は、2016年１月の日本銀行のマイナス金利政策導入をはじめ、世界的に金融緩和が進んだ結果、機関投資家が、オルタナティブ投資のひとつであるバイアウトファンドへの投資を活発化させていった時期である。産業界においても、それまでのバイアウトファンドの地道な活動により、ファンドに対する信頼感やその機能に対する理解の深まりとともに、事業承継や企業再編の手段としてファンドを活用する気運が高まっていった。しかし2020年初頭に発生した新型コロナウィルス感染症（コロナ禍）の世界的な流行は、人びとの社会生活やバイアウトファンドを含むあらゆる企業活動に甚大な影響を与えた。こうした経済社会環境の変化と、その中でのポラリスの成長と試練の軌跡をたどってみることにする。

### （1）産業界におけるバイアウトファンドの「市民権」の獲得と限界

　第Ⅳ期の大きな特徴は、バイアウトファンドが投資案件数・投資金額ともに拡大を見せたことである。長引く「失われた20年」からの脱却を図るべく、一方で2015年６月に制定されたコーポレートガバナンス・コードの遵守や同年９月に国連で採択されたSDGsの企業活動への織り込みの必要に迫られ、従来は保守的であった日本の大企業も、変革に向けて徐々に重い腰を上げ始めた。そして、経営効率化や事業の選択と集中による事業再編を進める際に、バイアウトファンドの活用が選択肢のひとつとして挙がるようになった。つまり、バイアウトファンドが事業の成

長支援パートナーとしてその存在価値を認められるようになったのである。

　その結果、日本を代表する大企業は、たとえ業績が好調であっても、自社のコアコンピテンシーや将来の成長戦略とベクトルの異なる子会社や事業ユニットは非コアと位置付けて切り離す、という大胆な決断を下すようになり、売上規模の大きい非コア事業を売却するケースが増えていった。一例を挙げると、東芝が東芝メモリ（現キオクシア）をベインキャピタル他に約２兆円で売却、日立製作所が日立国際電気をKKR・JIP連合に2,150億円で売却、またパナソニックがパナソニックヘルスケアをKKRに1,650億円で売却、日産がカルソニックカンセイ（現マレリホールディングス）をKKRに約5,000億円で売却、等である。

　しかし、これらのケースの買い手はいずれも外資系PEファンドであった。1,000億円超の大型案件に単独で対応できる本邦系ファンドがなく、外資系に頼らざるを得ないのが日本のPE業界の実情なのだ。また、外資系ファンドは、規模の大きな投資先企業に対して、そのグローバルなネットワーク力を駆使した海外事業の拡充を成長戦略として打ち出すことが多い。本邦系ファンドの場合、グローバル展開の支援という点で劣後する観は否めない。ただ一方で、国の安全保障上の規制のために外資系ファンドによる買収が事実上困難となるケースもある。第Ⅳ期に始まった東芝の非公開化案件では、東芝が手掛ける原子力事業が、「外国為替及び外国貿易法」上の「コア業種」として、海外投資家からの出資が厳しく規制されて難しくなった。最終的に、JIPが中軸となって複数の日本の事業会社と組成した国内連合によるTOBが成立し、2023年12月20日に東芝は非公開化された。このように、日本企業の事業再編・成長支援に日本のファンドが資金提供するという基本的な構図は、国防という観点からも重要である。ましてや、産業金融の雄を目指していた人間にとっては、日本を代表する優良企業の大胆な戦略実行に対して本邦系

ポラリス・キャピタル・グループの20年にわたる取り組みから振り返る　113

ファンドが手を差し伸べることができないのは、歯がゆさを通り越して由々しき事態に映る。そのためには本邦系のバイアウトファンドの規模拡大が、大きな課題のひとつであると認識している。

## （2）ポラリス 4 号ファンドの組成、投資・バリューアップ活動の進展とコロナ禍

上述の通り、ポラリスは、第IV期の初頭に750億円の 4 号ファンドを組成した。3 号ファンドの1.5倍という規模拡大に成功した背景には、長く続く株価低迷の中で、機関投資家が徐々にオルタナティブ投資への配分を拡大し、その一環としてバイアウトファンドもポートフォリオに組み入れ始めた結果、投資家の裾野が広がったことが挙げられる。もちろん、第III期におけるポラリス 2 号・3 号ファンドの投資回収活動の着実な積み上げが評価された面もあるが、そうした実績が、既存投資家のみならず、新規の投資家にとっても大きな安心材料となったと考えられる。

投資活動においては、3 号・4 号ファンドを原資として、2016年に 5 件、2017年・2018年に各 2 件、2019年に 4 件と、過去に例を見ない速いスピードで資金投入を進めていった。後で振り返ってみると、こうした急ピッチな投資は、人的リソースが限られる中でハンズオン経営を実行する際の足かせとなる側面もあったと考えられる。投資直後の最初の100日は、筆者自身やポラリスの投資チームのメンバーが投資先の経営陣や現場のリーダーたちに集中的にインタビューを行い、企業価値向上戦略の方針について話し合って、「100日プラン」と称する計画書を策定する。BMI をベースとする具体的実行プランとして、企業価値をどのように、いくらまで高めるか、部署レベルまでブレイクダウンした具体的な数値目標と施策を設定し、経営陣及び従業員たちと株主であるポラリスで合意するのである。この100日は、ポラリスのメンバー数名が投資先

にほぼ常駐することも珍しくなく、両者が膝詰めで徹底的にお互いの意見をぶつけ合い、折り合いをつけることによって、信頼関係を築き上げる重要な期間である。戦略策定のために外部のコンサルティング会社を起用することもあるが、そこでもポラリスが仲介役となってワンチームの気運を醸成させる。つまり、投資後の最初の100日は、ポラリス側の人的な工数を非常に多く割かなければならないのである。従って、同じタイミングで複数の投資が実行されると、どうしても１件あたりに割り振る人的リソースが手薄にならざるを得ない。

　またこの時期、大企業が事業の選択と集中を進め、非コア事業を積極的に売却していったこともあり、３号ファンドの後半及び４号ファンド全般のポートフォリオの中でのカーブアウト案件の割合が、結果的に非常に高くなった。こうした状況は、分散投資の観点からは必ずしも望ましいかたちとは言い難い。

　それでも、コロナ禍が流行する前の第Ⅳ期の前半までは、BMI の現場実践によって、投資先企業の企業価値を着実に向上させていった。例えば、2016年に投資した淀川変圧器は、受変電・発電設備機器、各種変圧器、キュービクル等の製造、販売、レンタル事業者として、高い技術力、提案営業力およびオーダーメイド対応力を武器に、業界随一の実績を築き上げていた。買収後は、オーナー経営から組織的経営へと目指すべく体制を Redefine し、複数の経営人財の投入やビジネスモデルに適した KPI の再設定・セグメント別収支管理・案件パイプラインの見える化など計数管理体制の整備を Explore した。また、アカウントマネージャー制度の導入による重要顧客の深耕など、顧客との Reconnect も図り、業界のリーディングポジションを盤石化させた。2018年、オリックスグループ傘下のオリックス・レンテックにエグジットし、同社との連携による商品ラインナップの拡充等、様々なシナジーを創出し、更なる企業価値向上を図ることとなった。同じく2016年に投資した Aimedic MMT は、整

ポラリス・キャピタル・グループの20年にわたる取り組みから振り返る　115

形外科向け医療機器の製造・販売・アフターサービス事業を営んでいる。
ここでは、当社が培ってきた業界内の医師やオピニオンリーダーとの緊
密な関係という価値を Redefine し、主力製品だけでなく新たな製品ライ
ンナップを拡充してクロスセリングを行う戦略を立てて業績を拡大させ
た。また、従業員に対する経営理念の浸透や人事制度の整備によるモチ
ベーションの向上を図る、従業員との Reconnect や、営業人員の医師と
の面談数などのアクション KPI の徹底管理や製品開発パイプラインの見
える化などの Explore も推進した。2019年に、医療機器への新規参入を
企図するバンドー化学株式会社にエグジットした。

　ところが、2020年初頭から世界中を混乱に陥れたコロナ禍が、我々の
投資先にも甚大な影響を及ぼすことになる。まず、スイーツの製造・販
売の BAKE や清涼飲料等の製造・販売のエルビーなど、食品リテール系
の案件が苦戦を強いられた。貸切型の婚礼施設運営などのブライダル事
業及びレストラン事業を運営するノバレーゼも、IPO に向けた準備を進
めていた矢先に、コロナ禍による外出禁止で未曾有の打撃を受けた。加
えて、2021年秋からの急激な円安が、国内用携帯端末製造の海外移転を
進めていた FCNT の業績を急速に圧迫することになった。

　一方で、コロナ禍や円安など外部の社会経済環境に比較的左右されに
くい投資先もある。例えば、2019年1月に投資実行したトキコシステム
ソリューションズは、計量機・計装機器の開発・製造・販売から、エネル
ギーステーション・プラントの設計・施工やメンテナンスを手掛けてい
るが、永年培ってきた危険物取り扱いのノウハウ・技術を元に既存事業
基盤の拡充・強化を図りつつ、事業の Redefine として、IoT 技術を活用
した次世代サービスステーションや水素ステーションなどの事業基盤を
確立したり、東南アジアを中心とした海外展開を加速させたりした。同
じく2019年3月に投資した HITOWA ホールディングスが手掛ける事業
は、介護事業、保育事業、ハウスクリーニング・訪問マッサージ等のフラ

ンチャイズ事業等、高齢者のケアや女性活躍推進・子育て支援といった、今の時代の喫緊の社会課題に対応したものである。時流を捉えたニーズに応えるべく、FC加盟店、介護施設、保育施設の規模を拡大する一方で、Redefineによる人材事業の売却等事業ポートフォリオの再編、Exploreとして運営効率の改善に向けたKPIモニタリング体制強化、CRMの強化、DX関連施策の推進などを行い、着実な事業成長を果たした。

## (3) バイアウトを越えたPEファンドに向けた多角化

　ポラリスでは、バイアウトファンドに留まらず事業を多角化し、広義のPEファンドとしての発展を目指している。グロース投資を行うべく、サファイア・キャピタル株式会社を設立し、2019年6月にサファイヤ第1号ファンドを組成した。また、地域的な拡大を企図して、2018年6月にAltair Capital Advisors Pte. Ltd.をシンガポールの業界経験者と共同で設立し、シンガポールやマレーシアを中心とするASEAN地域の中堅・中小企業を対象に、事業承継案件等を手掛けるバイアウトファンドを組成した。こうした試みはまだ小規模ではあるが、従来のポラリスファンドの運営とは異なる知見や経験の蓄積と実績作りを、地道に進めていきたいと考えている。

　なお、ポラリス自体の運営を越えた業界活動として、2019年9月に日本プライベート・エクイティ協会（JPEA）会長に就任したことも付言しておく。JPEAは、2005年にAPやユニゾンら御三家を中心に設立され、当初会員は8社であった。JPEAの目的のひとつは、日本におけるPEの知名度を高めることである。筆者は、会長就任以来、事業会社や業界関係者に対するPRや啓蒙活動を積極的に進めた。また、PE会社のみならず、銀行や証券、会計士、弁護士、人材紹介会社などファンドビジネスになくてはならないパートナー企業にも賛助会員として加盟しても

ポラリス・キャピタル・グループの20年にわたる取り組みから振り返る　117

らい、「PE」というエコシステムの形成に努めた。一般的にファンドマネージャーは一匹狼的傾向があるが、PEファンドとして活躍のフィールドを広めるためには、ファンド業界全体の知名度向上とその裾野の拡大を組織的に推進することも重要である。任期満了により、2021年9月に会長職を退いたが、JPEAの活動は引き続き注力したいと考えている。

## (4) ポラリス5号ファンドの規模拡大と投資活動の教訓の活用

　コロナ禍の収束の目途もまだ見えなかった2020年11月、ポラリスは5号ファンド（497億5千万円）と海外ファンド（1,002億5千万円）を合わせ、1,500億円の資金調達を達成させた。750億円だった4号ファンドの2倍であり、本邦系のバイアウトファンドとしては最大規模である。図表3-1に、ポラリスがこれまで組成したファンドの概要を示す。

図表3-1：ポラリスのファンド概要

《組成ファンドの変遷（億円）》

| | 1号ファンド | 2号ファンド | 3号ファンド | 4号ファンド | 5号ファンド |
|---|---|---|---|---|---|
| 国内投資家（黒字）／海外投資家（白字） | 296 | 319 | 520（391／129） | 750（376.5／373.5） | 1,500（497.5／1002.5） |
| 設立年月 | 2004年11月 | 2007年11月 | 2012年7月 | 2016年12月 | 2019年11月 |
| 投資先数 | 10社 | 8社 | 10社 | 7社 | 8社 |

出所：ポラリス・キャピタル・グループ作成

　当初、既存の機関投資家の一部からは、2倍の規模は無理、ファンド業界の常識と言われる1.5倍程度に留めたようがよい、といった声も聞

かれた。しかし、大企業の事業再編意欲の高まりに伴う大型案件に対応できるのが外資系ファンドしかないという、日本のバイアウトファンド業界に風穴を開けるには、思い切った規模拡大が必要である。繰り返し述べているように、PEファンドを、新たな時代の産業金融の雄として、日本の経済界になくてはならない存在として発展させたいと考えた筆者は、一計を案じた。サイドカー方式というもので、メインのファンドの隣に共同投資用のサイドカーファンドを設定し、メインファンドが一定規模以上の投資を実行する場合、サイドカーファンドからも投資する仕組みである。サイドカーファンドでは、GPに対する管理報酬もキャリーも設定しないので、投資家はキャピタルゲインを全て享受することができる。この方式を活用して、1,500億円のうち、1,200億円はメインファンドに、300億円はサイドカーファンドにコミットしてもらうことにしたのである。メインファンドの規模だけを見れば、4号ファンドの750億円の1.6倍であり、「ファンド業界の常識」の許容範囲に留まっていることになる。

　後日談となるが、結果的にサイドカー方式は、投資家からの評判はさほどよくなかった。なぜなら、大型案件のときだけ引き出されるという条件がつくため、メインファンドの投資が進捗してもサイドカーファンドの方の資金が使われないまま残る可能性があるからである。サイドカーファンドは、メインファンドに比べて管理手数料やキャリー配分が大幅に軽減されているとは言え、たとえ資金が使われなくても、投資家はコミットメント金額を留保しておかざるを得ず、運用効率の悪化につながりかねない。また、投資家にとって複雑な事務処理が必要となり、煩雑極まりないとの指摘もある。従って、6号ファンドでは、この方式は採用しない予定である。

　いずれにしろ、1,500億円という資金を確保したポラリスは、従来よりも大規模な案件を手掛けることが可能となった。折しも、5号ファンド

が組成された頃から、上場企業の非公開化案件が増加し始めた。2020年11月のニチイ学館の非公開化は、上場維持コストの削減やアクティビスト株主からの圧力回避のための手段として、あるいは外部株主の短期志向から解放されて長期的視点に立った事業戦略の立案実行による成長を目指して、行われるものとされていた。しかし、2022年4月からの東証再編による新市場区分適用開始を前に、改めて非公開化の選択肢がクローズアップされるようになったものと考えられる。ポラリスでも、2024年4月現在、5号ファンドで総合メディカル、スペースバリューホールディングス、ウェルビーのTOB・非公開化を実現している。但し、4号ファンドのポートフォリオがカーブアウト偏重となった反省から、5号ファンドではこれまで以上に分散投資を意識し、2024年4月までに投資した8案件の内訳は、非公開化3件、事業承継3件（うち1件はグロースバイアウト[4]）、カーブアウト2件（うち1件はグロースバイアウト）、となっている。また、改めて業種・業態に即したきめ細かい企業価値向上施策の実施や、投資案件の集中による人的リソースの配分不足の回避のために、投資グループとは別個にバリューアップグループを新設した。ここに、事業会社やコンサルティング会社の出身者などを配して投資先企業のバリューアップに専念させ、投資グループのメンバーと協力しつつ一定の牽制力も働かせ、両者で投資先企業の価値最大化を図る体制を強化していった。

---

[4]　グロースバイアウトとは、バイアウトファンドが行うグロース投資の意味である。

## (5) 第Ⅳ期の総括

　バイアウト第Ⅳ期の前半は、長期化する金融緩和の流れの中でバイアウトファンドへの資金投入が進むとともに、企業側でも事業再編や事業承継にファンドを活用する意味への理解が深まり、実際の運用が積極化していった時期であった。ところが、コロナ禍を契機に、環境の急激な変化により突然の業績悪化に直面する企業が続出し、バイアウトファンドでも投資先企業の舵取りに苦労するケースが発生した。コロナ禍によるビジネス環境の悪化は、この時期から世界的潮流となっていったSDGsへの対応や日本版コーポレートガバナンスの強化を含め、企業に大胆な変革を促すことになった。折しも、バイアウトファンドは日本において20年の活動を積み重ね、変革を志す企業にとって有用なパートナー候補と見做されるようになった。第Ⅳ期は、バイアウトファンドがようやく一定の「市民権」を得た節目の時期であったと言えよう。

　ファンド運営という観点から見ると、第Ⅱ期に組成された本邦系ファンドのうち、ポラリスを始めとしてファンドの組成を重ねて徐々に規模を拡大するGPも増えて行った。複数のファンド傘下の複数の投資先企業を同時並行で経営する場合、そのビンテージや投資期間中の経済環境から受けるプラスマイナス様々な影響を、個別企業ごとに、またファンドのポートフォリオマネジメントという観点から、多面的に分析して適切な対応を打っていく必要がある。ポラリスでは、第Ⅲ期に開発したBMI手法を活用して鋭意投資先企業の企業価値向上に邁進し、投資リターンの最大化を図ったが、成功した案件も不本意だった案件も混在した。そこからの学びを次に活かすというサイクルを高速化させる、まさにExploreの考え方を、ファンド運営そのものでも実践した時期であった。

ポラリス・キャピタル・グループの20年にわたる取り組みから振り返る

## 5．バイアウト第Ⅴ期（2022年〜）

　第Ⅴ期は、第Ⅳ期後半の流れの延長で、大企業の非公開化案件などがさらに活発化している。そこにバイアウトファンドが関わる割合も増加しており、2022年に実行された19件の非公開化のうち、ファンドと経営陣によるMBOは13件と、過去最高を記録した。このようなバイアウトファンドの活用は、今後も増加していくであろう。なぜなら、企業が置かれた状況に鑑みると、バイアウトファンドの存在意義はますます高まると考えられるからである。それに伴い、バイアウトファンドが取り組むべき今後の課題も見えてくる。本節では、ポストコロナの現状を確認しつつ、バイアウトファンドのさらなる発展に向けた最近の取り組みについて概観することとする。

### （1）企業の現状とバイアウトファンドの基本的役割

　コロナ禍が収束して社会経済状況が安定化し始める中、難局を乗り切った企業は、さらに筋肉質な経営体制に向けた変革の手綱を緩めてはならない状況にある。DXやAIなどの技術革新や、地球環境などの社会課題解決のための事業を自社の成長戦略に組み込み、持続的成長の道筋をつける努力はどの企業にも欠かせない。また、SDGsにも謳われている人権尊重、少子高齢化による労働力不足の解消、そして多様な人財の活用によるイノベーション創出、という一石三鳥を狙ったダイバーシティ＆インクルージョンの実現や、コーポレートガバナンスのさらなる強化も、喫緊の課題である。しかし多くの企業は、目の前で営んでいる現業、そこに関わっている取引先・消費者・従業員や、これまでの成功体験そのものなど、様々な「しがらみ」に囚われて、ややもすると変革の推進力よりも抵抗力のほうが勝りかねない。

その点、バイアウトファンドは、中立的な第三者の立場を利用して、企業価値という定量的・客観的な指標の向上のために必要な戦略を合理的に検討し、是々非々で推進することができる。これが、上場企業の経営陣がバイアウトファンドと組んで非公開化を実行する大きなモチベーションである。

ポラリスでは、「しがらみマネジメント」と称して、投資先企業の様々な「しがらみ」を特定し、BMIを活用してそこからの脱却と成長への飛躍を図ってきた。コロナ禍は、これまでの商慣習や業務の進め方はもとより、「決まった時間に会社に出勤する」といった社員の基本動作までをも含む、あらゆる「常識」、すなわち「しがらみ」に気づく目覚ましアラームの役割を果たしたとも言えよう。

こうした観点から考えると、企業の事業再編や成長戦略推進にとって、バイアウトファンドの存在意義は、高まりこそすれ低まることはないと考えられる。

## (2) 投資先のバリューアップのためのDX推進

ポラリスでは、第Ⅳ期の後半に設置したバリューアップグループが投資グループと協働して、特にDXによる投資先のバリューアップ施策に力を入れている。投資実行前のDDの段階から、ポラリス内で作成した「ベストプラクティスリスト」を用いてDXによる新規事業や新サービスの可能性や業務プロセスの効率化や抜本的改善の余地を検討し、バリューアップにつながる施策があるかどうかの見極め、ありそうな場合はその投資額と効果の試算を行う。そして、投資直後の100日プラン策定段階で、具体的な施策内容と投資・効果の試算を精緻化し、実行計画を策定する。その後はシステム構築のベンダー選定を支援し、計画の進捗状況をモニタリングしながら、適宜サポートを継続する。直近の事例と

ポラリス・キャピタル・グループの20年にわたる取り組みから振り返る

して、総合メディカルにおいては、ヘルスケアデータを使ったサービス提供を行うためのデジタルプラットフォーム構築を推進した。また、スペースバリューでは、BIM（Building Information Modeling）プラットフォームを開発し、BIM を活用した製図の効率化やリードタイム短縮を実現した。

バイアウトファンドとして、これまでも様々なバリューアップ施策をハンズオンでサポートしてきたが、特に DX や AI などは、活用の必要性は認識しているものの具体的な知識やノウハウが圧倒的に不足している企業が大多数であり、バイアウトファンドのサポートが非常に有用となる。

## （3）ESG 投資について

ESG 投資に関しては、もともと2006年に国連が機関投資家に対してESG を投資プロセスに組み入れる PRI を提唱したことをきっかけに広まり、欧州を中心とする機関投資家から PE ファンドに対する要請が高まった。所謂サステナブル投資は、グローバルレベルで年々増加しており、今や必然的な流れとも言える。日本では、2015年に GPIF が PRI に署名し、ポラリスも2016年に署名している。

ポラリスファンドにおける具体的な活動として、特に2022年以降、環境面では、投資先企業の脱炭素経営の強化に取り組んでおり、温室効果ガス排出量の算出、開示、削減プランの策定を推進している。ガバナンスについては、ESG 以前にバイアウトファンドの投資先経営のイロハとして従前より注力している。

ソーシャル面では、投資先の社内人財の活用や外部人財の登用など、人的資本の価値向上に努めている他、ダイバーシティ推進の仕組み作りや KPI の設定も、投資先企業に対して横断的に実施している。

ESGについては、海外投資家の要請に応えるかたちでESGマインドを投資先企業に伝播・浸透させるにとどまらない。特に、労働安全衛生の改善・働き方改革・ダイバーシティ推進などを株主主導で推進し、企業の採用力や社員のエンゲージメント向上に努めることが、日本の少子高齢化による労働力不足解消と生産性の向上という社会課題に対して、バイアウトファンドが提供できる解決策だと考えている。

なお、ポラリスは、2020年4月に京都大学の経営管理大学院・経済学部・大学院経済学研究科に寄附講座を開設し、筆者も客員教授として運営にあたっている。こうした活動も、広い意味での「ソーシャル」であり、バイアウトファンドの知名度の向上、ひいては優秀な人財の採用に寄与するものと期待している。

## (4) 見えてきた課題

コロナ禍やウクライナ問題など経済社会を取り巻く環境変化のスピードが速まり、解決すべき社会課題が益々増加・多様化する中、日本におけるバイアウトは、創成期から四半世紀の実績を積み重ねてさらに活動を拡充させている。同時に、今後取り組んでいくべき大きな課題も明らかになってきた。

第一に、DXやESGなど、全ての日本企業が本格的に推進していかなければならない取り組みを、ファンドという立場から鋭意支援、あるいは先導していくことである。「失われた30年」からの脱却の兆しが見えてきたとはいえ、日本企業の多くはまだまだ変革の余地が大きく、そのスピードを加速させていく必要がある。バイアウトファンドは、そうした企業に対して資金面・人財面での投資を行い、名実ともに経営権を握る立場から戦略の立案実行を促す牽引車の役割を果たせると考えている。より長期的な視点で見れば、DXやESGに留まらず、今後の技術革新

ポラリス・キャピタル・グループの20年にわたる取り組みから振り返る 125

や新たな社会課題などの時代の潮流に応じたテーマを機敏に捉え、企業価値向上施策につなげていく先見性と機動力が、バイアウトファンドに益々求められることになろう。

第二に、前節でも述べたように、ファンド規模の大型化を検討する必要性が高まっている。企業において、聖域なき事業の集中と選択や非公開化といった思い切った意思決定の素地が整い、バイアウトファンドの活用意欲が高まっている。そのニーズに呼応して、本邦系のバイアウトファンドとしても、大型案件に対応できるファンド規模を確保することが必要だと思われる。

第三に、バイアウトファンドとしての規模を拡大するだけでなく、その近隣領域であるグロースバイアウトの拡充に取り組むという課題が挙げられる。PE ファンドのうち、VC は、バイアウトファンドより古い歴史を持ち、シードからミドルステージまでのスタートアップ企業への投資には注力してきたものの、レイターステージのスタートアップ企業に対するグロース投資は、まだまだ手薄である。今後、バイアウトファンドが日本企業の持続的成長と経済発展を支えるパートナーとしての地位をさらに高めていくためには、VC〜グロース〜バイアウトというシームレスなサポート体制を構築していくことが有用ではないかと思われる。

第四の課題として、官民ファンドの役割とその民間ファンドとの棲み分け・協業の在り方という点に触れておきたい。バイアウト第Ⅰ期以降、様々な官民ファンドが組成されてきたが、当初は、2003年設立の株式会社産業再生機構を筆頭に、日本の産業の再生と信用秩序維持に必要な、しかし民間がリスクを取りづらい再生案件をメインにしていた。その後、民間ファンドの呼び水の役割を果たすという目的のもと、バイアウトやグロース投資も実行するようになった。また、東芝の非公開化案件のように、国防等の政策上外資規制が必要な案件の投資を担うという役割もある。序章で述べられているように、リスクマネー供給という意味にお

いて官民ファンドの役割は大きい。とはいえ、民間のみで巨大な資金を運用している米国のPEファンド業界と比較した場合、日本もいつまでも官に頼るのではなく、民間のPEファンドの規模増大という正攻法で努力しなければならない。官民ファンドと民間ファンドとの関係については、PEファンド市場の拡大という観点で課題の一つであると考えられる。

## (5) 第V期の総括

バイアウト第V期はまだ途上にあり、2024年初頭からの日本の株式市場の歴史的な急進のインプリケーションを含め、まだその総括を行うタイミングには至っていない。バイアウトファンドそのものとしては、大企業の非コア事業のカーブアウトやMBO非公開化のパートナーとして存在感を増していく中で、その存在意義をさらに高めるための課題を抽出し、解決に向けた取り組みを積極化させる時期に来ていると思われる。それら今後の課題や展望については、第9章で詳しく述べることとしたい。

### 参考文献

● 幸田博人・木村雄治「ポストコロナ時代のプライベート・エクイティ」. 金融財政事情研究会. 2022年

● 野中郁次郎「イノベーションの本質－知識創造のリーダーシップ－」. 学術の動向　2007年5月号, P60-69

ポラリス・キャピタル・グループの20年にわたる取り組みから振り返る　127

パート：Ⅱ

PE ファンド運営会社の"経営"とは

第**4**章

# PE会社の基本的な
# ビジネスモデル

飯沼良介　木村雄治

## はじめに

　バイアウトファンドは、通常、上場株式や上場債券などの伝統的な資産に比べて安定的に高いパフォーマンスを実現している。日本においても、バイアウトファンドの創成期から今日までファンド運営を継続しているPE会社を中心に、市況に関わらず高いリターンを上げているケースが多い。本章では、高いパフォーマンスの源である、PE会社に共通で見られる「基本的なビジネスモデル」を紹介する。

　投資事業有限責任組合などを中心とした一般的な仕組み、ファンドの業務執行を担う無限責任組合員（GP）、GPを運営するPE会社、ファンド出資額の大半を占める有限責任組合員（LP）、の順に展開したうえで、最後に、バイアウトファンドを貫く原理であるアラインメント・オブ・インテレスト（利害の一致）の重要性を通じて全体を振り返ることとする。

## 1．バイアウトファンドの一般的な仕組み

　バイアウトファンドは、ファンドの業務執行を行うGPと機関投資家などのLPが締結する組合契約に基づいて運営される。LPは、投資ビークル、すなわち投資のために用いる法的主体への出資を確約し、投資案

件毎に資金を供与、GPはその資金を投資に充てて投資先の企業価値向上の活動を行い、最終的に株式売却して得た利益を、LPとGPの間で分配する。

## （1）ストラクチャー：投資組合・GP・LP・投資先

　典型的なバイアウトファンドは、リミテッド・パートナーシップ（有限責任事業組合）として組成される（図表4-1参照）。米国の場合、デラウェア州法に準拠して設立されたリミテッド・パートナーシップが一般的である。日本国内で組成されるバイアウトファンドについては、かつては、民法上の組合や匿名組合なども投資ビークルとして採用されていたが、投資事業有限責任組合法が成立した1998年以降、同法に基づく投資事業有限責任組合が普及している。現在、この仕組みが広く採用されている理由は、以下の3点である。

　第一に、出資者であるLPの責任が限定されていることである。投資事業有限責任組合の組合員は、GPとLPにより構成される。GPは、組合の業務を執行し、組合の債務の全部について弁済する責任を負う一方、LPは、組合の業務執行権限は有しないが、組合の債務弁済責任は、それぞれの出資額を限度としている。

　第二に、税務上のメリットが挙げられる。投資事業有限責任組合においては、投資収益が組合レベルで課税されず直接組合員に分配されて組合員が税務申告を行う、いわゆるパススルー方式がとられる。従って、株式会社などを投資ビークルとした場合と異なり、GPおよびLPは二重課税を回避することができる。

　第三に、バイアウトファンドを運用するGPに対するインセンティブの仕組みを設定できる点である。一定以上の投資運用成績を上げた場合は、GP・LPの出資比率にかかわらず、GPが一定の成功報酬を得るという取り決めを組合契約の中で定めることができる。株式会社の場合、利

PE会社の基本的なビジネスモデル　131

益配当請求権などが各株主の持株数に応じて取り扱われることと、対照的である。

　以上、LPが負担するリスクの限定、税務上のメリット、運用者へのインセンティブ、の3点が、投資事業有限責任組合を選択する理由である。バイアウトファンドに限らず、VCやグロースキャピタルなど、未公開株式を投資対象とするPEファンドも、一般に、投資ビークルとして投資事業有限責任組合を選択している。

図表4-1：バイアウトファンドのストラクチャー

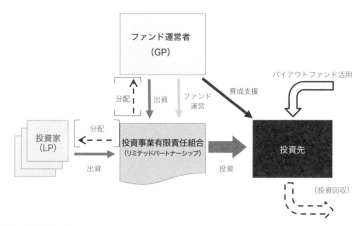

出所：筆者作成

## （2）投資コンセプトと存続期間

　バイアウトファンドは、基本的に成熟段階にある非公開企業を投資対象とし、かつ、株式の過半数から100％を取得（マジョリティ投資）して経営権を掌握したうえで企業価値向上を図る。成熟企業は、既に一定の事業基盤があるものの、さらなる成長に向けた次の一手が見出せない踊り場にあり、自社の強みを活かした成長戦略を描いて実行できれば再び

成長軌道に乗って企業価値を向上させる潜在力をもつ場合が多い。バイアウトファンドは、その潜在力に投資価値を見出してサポートするのである。また、比較的キャッシュフローが安定しているため、借入の活用など、バイアウトファンドの典型的な企業価値向上手法と親和性が高い。

　分散投資の観点から、基本的にはあらゆる業種（セクター）を投資対象とするが、PE 会社によっては得意とする特定の業種に重点的に投資したり、逆に金融・不動産など一定の業種を除いたり投資対象地域を国内に限定したりするケースもある。

　主要な投資類型は、①オーナー系企業の事業承継に伴うオーナー持分の買取り、②大企業の事業ポートフォリオの見直しに伴う子会社／事業部門のカーブアウト、③上場企業の資本政策見直しなどを目的とした非公開化、④金融投資家が保有する株式の買取り（セカンダリー・バイアウト）、の４つである。

　投資する企業の数に関しては、組合契約の中で投資対象会社１社当たりの投資金額の上限をファンド総額の一定割合（15％前後）と定め、投資対象の集中を制限することが一般的である。その結果、ファンドの規模にもよるが、１つのファンドについて通常10社程度となる。投資先の数を制限することは、経営権を握る支配株主として、バイアウトファンドが業務運営に十分な目配りを行き届かせる意味でも重要である。

　ちなみに VC は、事業基盤が整っていないスタートアップ企業を投資対象としており、１社ごとの回収可能性が低い一方で成功した場合は高いリターンが期待できるため、相当数の企業に対してマイノリティ出資するかたちでリスク分散を図る。バイアウトファンドは、少数の企業に対してマジョリティ出資を行う分、投資類型や業種（セクター）での分散を図りつつも、投資先１社あたりの成功率を着実に上げる必要があり、分散投資の考え方や投資先への関与レベルが異なっている。

　なお、１社当たりの投資金額の上限を超える案件が発生した場合、他

PE 会社の基本的なビジネスモデル　133

の投資家とコンソーシアムを組むことがあり、大口の LP が共同投資家となるケースも近年増えてきている。LP にとって、GP に対する管理報酬を支払うことなくキャピタルゲインを享受するメリットがある。

　バイアウトファンドの存続期間は組合契約で規定されており、新規投資が可能な投資期間として設立から 5 年間、その後に投資回収を進める回収期間として 5 年間、合計10年間に設定するのが通例である。存続期間の満了までに投資回収が完了できない場合に備え、LP の過半数の承認などを要件として 1 年間の期間延長を 2 回まで可能とする条項を組合契約で定める例もある。

　存続期間が限定されていることもあり、PE 会社はファンド毎に GP を設立する。GP を通じて、投資を実行し、投資先の企業価値を向上させた後、IPO や M&A により投資を回収したうえ、投資家に分配する。存続期間が終了すると、ファンドは解散し清算する。通常 PE 会社は、1 つのファンドの投資期間が満了する前から後継ファンドの組成に着手し、設定期間の異なるファンドを複数運営することになる。投資期間満了の前であっても、当該ファンドの相当額（ファンド総額の70％以上など）の投資を実行し一定水準以上のパフォーマンスが見込める場合は、後継ファンドを組成することができる旨を組合契約で規定することが多い。後継ファンドを組成した場合、既存のファンドの投資期間は終了となる。

　投資期間終了までに出来るだけ早く投資実行したほうがよいというわけではなく、時間的な分散を意識することも重要である。不況期に割安な投資を実行し、好況期にマルチプルが向上したタイミングで投資回収できれば理想であるが、現実的には難しい。マクロ経済環境は、例えば、リーマン・ショックや東日本大震災、新型コロナウイルスなど、GP や投資先にとってコントロール困難な要素に左右される時期もありうる。従って、投資期間中にコンスタントに投資実行することが、時間分散の利いたポートフォリオを実現し、投資リターンを安定化させることに寄

与すると考えられる。

　このように、投資活動においても時間分散の考え方を取り入れ、投資回収の進捗に応じて連続的に新たなファンドを組成し、複数のファンドを同時並行的に運用することが、ファンドの持続的成功のために不可欠である。

## (3) 資金提供：GP および LP

　組合員がファンドに拠出する資金は、「コミットメント」もしくは「出資約束金額」と呼ばれ、ファンド組成の際に設定され、組合員は組合契約に従って一定の資金を拠出することを確約する。資金のほとんどは LP が出資するが、GP も、バイアウトファンドの創設者としてファンド募集総額の 1 ～ 2 ％を自ら拠出することが一般的であり、これを「GP コミットメント」と呼ぶ。巨額の資金運用を委託する LP に対して、GP が相応な金額を拠出することで不退転の決意でファンド運営に取り組む意思を示すことは、LP と GP の利害を一致させる観点でも重要である。

　確約されたコミットメント総額は、ファンド組成時に一括して全額出資されるのではなく、投資案件やファンド経費などの資金需要が発生する都度、必要な金額だけを GP が組合員に請求して払い込んでもらうキャピタルコール方式が通例である。この方式により、不要不急の資金をファンド組成当初からずっとプールすることが避けられ、計算上の出資金額を小さくして IRR を上げるメリットがある。なお、キャピタルコール方式に則って組合員が拠出した金額は「出資履行金額」と呼ばれる。

PE 会社の基本的なビジネスモデル　135

## （4）ファンドの収益（キャピタルゲイン）とその分配

　ファンドの収益は、エグジットによって回収した金額から投資元本と必要経費を差し引いたキャピタルゲインである。収益は、組合契約の中でLPとGPの配分比率があらかじめ定められており、LP80％：GP20％が通例であり、GPに対する分配はキャリード・インテレスト（キャリー）もしくは成功報酬と呼ばれる。

　また、LPに一定の利益を保証するため、あらかじめ6～8％程度のハードルレートが設定されており、収益の累積額が投資元本とそのハードルレート相当分の金額を越えるまでは、回収によって得られる収益は全額LPに対して、各LPの持分に応じて分配される仕組みになっている。ハードルレートを超えると、GPへの配分が始まる。その際、GPキャッチアップがフルに寄与する規定が定められている場合は、既定の配分比率に基づいた成功報酬の金額に達するまではGPに全額が配分され、その後本来の配分比率でLPとGPが収益を分かち合うことになる。なお、組合規定上、GPキャッチアップがなく、ハードルレートを超えた時点で直ぐにLP80％：GP20％に配分するなどのバリエーションがある。GPキャッチアップがない場合、GPに不利な配分になることは、図表4－2の左右の比較の通りである。

　なお、投資回収した金額が、他の投資案件に再投資されることは稀である。投資後短期間（1年以内など）に回収した資金を再投資に充当することはある。一般の事業会社とバイアウトファンドが異なる点である

　なお、上述したファンドの必要経費とは、GPに支払う管理報酬を指す。管理報酬は、組合契約に基づいて、ファンドの存続期間中毎年一定金額をGPが組合員から徴求するものである。詳細は、以下の第3節を参照されたい。

図表4-2：キャリード・インテレストの配分

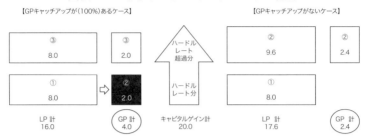

出所：筆者作成

　キャリード・インテレストの配分を、投資案件ごとに行うか（ディール・バイ・ディール）、全投資案件を通算したファンド全体で行うか、の問題もある。海外では、前者は米国で、後者は欧州で、顕著と言われる。投資案件ごとに配分した場合、ハードルレートを大きく超える回収案件ではLPもGPも配分比率に従って収益を得るが、元本割れの案件ではLPが損失を被り、最終的に合算したファンド全体の収益がハードルレートを超えなかった場合、LPが本来得るべき収益を受領できないことになる。こうした事態を避けるため、ファンドの清算時に、GPに適宜キャリード・インテレストを返還させるクローバック条項を定め、税務面にも配慮した手当てを行っている。他方、ファンド全体で配分する方式では、このような問題は生じない一方、GPがキャリード・インテレストを受け取るタイミングが後倒しになる難点がある。

　ハードルレートやGPキャッチアップの水準を含め、キャリード・インテレストの配分ルールは組合契約の重要項目であり、LP・GP・投資先のアラインメント・オブ・インテレスト（利害の一致）に繋がる。

# ２．PE会社の資本構成

　バイアウトファンドを運営する GP を傘下に有する PE 会社は、その設立経緯などにより資本構成に特徴があり、「独立系」、「金融系」、「外資系」の３つに分類できるだろう。第１章や第３章でみた通り、1997年に設立されたアドバンテッジパートナーズを皮切りとする「御三家」のような「独立系」に続き、IT バブル崩壊の2000年代前半に「外資系」ファンドなどが日本の PE 市場に参入した。さらに、銀行や証券会社、生損保会社などを親会社とする「金融系」のファンドも複数設立されている。金融系の中には、後に MBO による独立を果たし、現在は「独立系」として位置付けられているファンドも少なくない。

　資本構成の違いは、LP 投資家の構成や投資スタイル、ファンドの規模、さらには期待されるパフォーマンスなどに影響を及ぼすものである。


## （1）独立系：経営陣（創業者など）

　特定の母体や系列を持たずに、創業者、もしくは複数の創業メンバーによって設立された PE 会社である。「御三家」をはじめ、「独立系」PE 会社の創業者の多くは、投資銀行や証券会社などの金融業界やコンサルティング会社、事業会社の出身者である。

　「独立系」は、特定の母体組織の意向に左右されない中立的な立場を投資家や投資先の候補にアピールできること、創業者個人のリーダーシップの下、同じ志やインセンティブを分かち合う団結力あるチームを構成しやすいこと、などのメリットがある。一方で、コアとなる大口 LP 投資家が存在しないこと、案件発掘の際に投資候補先から信頼を得にくいこと、などのデメリットが挙げられる。2000年前後の経済・金融環境も背景にあるが、PE 市場の黎明期に創設された独立系バイアウトファン

ドのポートフォリオの中で再生案件が大きな割合を占めたのは、彼らにとって投資案件発掘のハードルが相応に高かったことも一因であろう。

　現在は「独立系」に属するPE会社のいくつかは、「金融系」から転じた経緯がある。日本にバイアウトファンドが定着していく過程において、上記メリットがデメリットを上回る局面にあると判断した「金融系」PE会社が、親会社からのMBOによって「独立系」PE会社にシフトしたものである。

　「独立系」PE会社に不可避の課題が、創業者が保有する持株の承継である。黎明期から20年を経て、創業者が年齢を重ねるに伴い、対応が必要となっている。複数のファンド運営によってPE会社に内部留保が蓄積され、株式評価額が高まるなか、自社での買取りや、後進の経営陣や従業員への譲渡による対処が難しい場合、戦略的パートナー会社への一括譲渡やPE会社自体のIPOも選択肢になる。


## (2) 金融系：親会社（銀行・証券・商社など）

　メガバンクや地銀、大手証券会社、商社、損保などにより設立された「金融系」PE会社は、「独立系」と対極のポジションにある。その多くは、特に設立当初は、親会社100％出資の下、親会社からの出向者を主体として運営される。ファンド組成の際、親会社からのアンカー出資が中核となることに加えて、他のLP投資家の募集や投資案件の発掘においても、親会社のブランドや人的ネットワークが強力なサポートになる。

　一方、親銀行の融資先や、その関連企業に投資するなど、母体組織とバイアウトファンドが利益相反関係になる場合、母体組織に有利な取引条件で投資実行される懸念から、海外機関投資家を中心に「金融系」を敬遠する投資家も少なくない。日本の機関投資家によるバイアウトファンドへの資産配分がまだ限定的であるなか、ファンド規模を拡大するた

PE会社の基本的なビジネスモデル　139

めには海外機関投資家からの資金調達を積極的に行う必要があるが、その際には親会社からの独立が避けて通れない検討課題になる。

## （3）外資系：欧米系 PE 会社の日本〜アジア展開

　日本に20年先行した外資系ファンドは、海外機関投資家のLP出資を背景として、日本のバイアウトファンドを桁違いに上回る規模で展開している。近年の日本の大企業カーブアウトや非公開化の大型案件の大半においても、外資系ファンドが投資主体となっている。投資対象地域を日本に限定するファンドを組成する外資系は少なく、グローバルやアジアを投資対象地域とするファンドの一定割合を日本に配分するケースが多い。

## （4）役職員による出資

　「独立系」PE会社では、創業メンバーではない経営陣や主要なプレーヤーである従業員も株主となるケースがある。多くの場合、増資引受ではなく、創業メンバーが引退する際に譲り受けたり、一旦自社で買い取った後で割り当てられたりしたものである。PE会社は、継続的にファンド運営ができている限りはそこから得る管理報酬によって通常の運営費用を賄える上、迅速な意思決定を続けるために出資者を必要以上に増やさないことが優先されるため、増資のニーズは小さいのである。

　経営陣や主要な従業員に対して割り当てるか否かを含め、どのような出資比率を構成するかは、創業者が置かれている立場やファンドの運営方針などを踏まえた、創業者の考え方によるところが大きい。適切な出資比率で運営できれば、創業者のリーダーシップや迅速な意思決定の強みを損なわずに、役職員のインセンティブの一本化も伴って、ファンド

のパフォーマンス向上に繋がるものと期待される。

## 3．PE会社の収益構造

　GP に支払われる管理報酬（通例、2％）や配分されるキャリード・インテレスト（通例、LP80％：GP20％）については、「1．バイアウトファンドの一般的な仕組み」で言及した。両者を合わせもつ報酬体系は、海外では" Two and Twenty" とも言われる。このような収益構造の下で、PE 会社がバイアウトファンド業務を継続的に行う時系列についても紹介する。

### (1) 売上①：管理報酬

　GP は、ファンド運営に関わる経費を賄うために、ファンドから管理報酬を得る。これが、GP を運営する PE 会社の主たる売上となる。固定料率を乗じた報酬が、四半期毎の前払いなどで定期的に支払われることにより、安定したファンド運営が可能となる。報酬算定のベースとしては、出資約束金額、出資履行金額、未処分投資残高、ファンドの純資産額などがあり、投資期間経過後は逓減されることが多い。一般的に、投資期間中の管理報酬はコミットメント総額の 2 〜2.5％であり、安定的に収益を受け取れるため、投資案件の質を無視してでも早期に投資を積み上げようとするインセンティブは働きにくい。回収期間になると、エグジット済の案件の投資額を差し引いたファンドの純資産の 2 〜2.5％となる。管理報酬を投資活動の量とリンクして取り扱う考え方であり、投資期間経過後にコミットメントの未消化分を対象外とすることにも合理性があろう。

　ファンドの規模に応じた料率設定もポイントである。大型のファンド

PE 会社の基本的なビジネスモデル　141

は、料率を下げて高すぎる報酬を回避する必要がある一方、比較的小さいファンドは、料率を上げてコストをカバーする必要がある。

　多くの国内バイアウトファンドにおいては、管理報酬は出資約束金額の内数として取り扱われている。これは、コミットメントに関するLPの社内決裁が固定額で承認されており、不確定な管理報酬の上乗せに対応できないことによる。管理報酬がコミットメント総額の2％、存続期間10年のファンドの場合、簡易に計算すれば、コミットメント総額の最大20％は実際の投資には使えないことになる。

## （2）売上②：キャリード・インテレスト（成功報酬）

　投資回収によって得たファンド収益のGPへの分配は、日本においては、従来はあくまで報酬として支払われるのが一般的であったが、近年は、キャリード・インテレストとして、キャピタルゲインの分配の一環として支払う、海外と同様の取扱いのものもみられる。

　第1節で述べた通り、ハードルレートを超えるまではLPに全額配分され、その後にGPに配分される仕組みやクローバックによる手当ては、GPよりもLPを優先し、一定以上のリターン還元を図るストラクチャーの中核を構成している。そのためGPには、ハードルレートを上回るリターンの実現に向けて極めて強いインセンティブが働く。さらに、特にファンド全体で配分を行う方式においては、早期にエグジットすることによりキャリード・インテレストの配分を早期化するインセンティブも働くことになる。長期性の負債を有する投資家などの主要なLPがMOCをIRRより優先するなか、両者の均衡点を探ることがファンド運営上の要点の一つである。

## （3）バイアウトファンド業務の時系列

　PE 会社は、存続期間10年の単一ファンドを組成・運用してその存続期間終了とともに清算する一過性の組織ではなく、持続的に活動する経済主体として、複数のファンドの組成・運営を継続的に行う前提で設立される。資本金は、LP投資家を勧誘して初号ファンドを組成するまでの間の運転資金を上回る必要がある。ファンド組成後は、GP としての管理報酬で必要経費を賄い、投資期間内に投資案件を積み上げ、投資実行⇒投資管理⇒投資回収、の三つの投資プロセスを経て、キャリード・インテレストを享受することになる。

　ファンド組成時から得られる管理報酬が投資期間後は逓減していくこと、キャリード・インテレストの配分が主に回収期間で後倒しになることから、１つのファンドの投資期間満了前に後継ファンドを組成することが、継続的な運営のための課題である。コミットメント総額の一定割合（70％など）を消化していなければ後継ファンドの組成が LP から承認されないうえ、投資枠の未消化分は GP の投資実行能力不足と見做されLPからのマイナス評価となり、後継ファンドの募集にも影響する。投資実行のスピードとタイミングは、対象業種や投資類型の分散とバランスの下で両立させることが肝要であり、PE 会社の経営手腕が問われる。

　投資案件毎には、投資実行⇒投資管理⇒投資回収の三つのプロセスを経るが、PE 会社全体としてみると、図表４-３の通り、複数のファンドが併走し、募集・投資実行・管理・回収の活動がほぼ同時に進行するイメージである。適切なペース配分の下でマイルストーンを着実にクリアしていくことも、持続的な成功に向けた経営課題である。

PE 会社の基本的なビジネスモデル

図表4-3：PE 会社による継続的なファンドの組成・運用

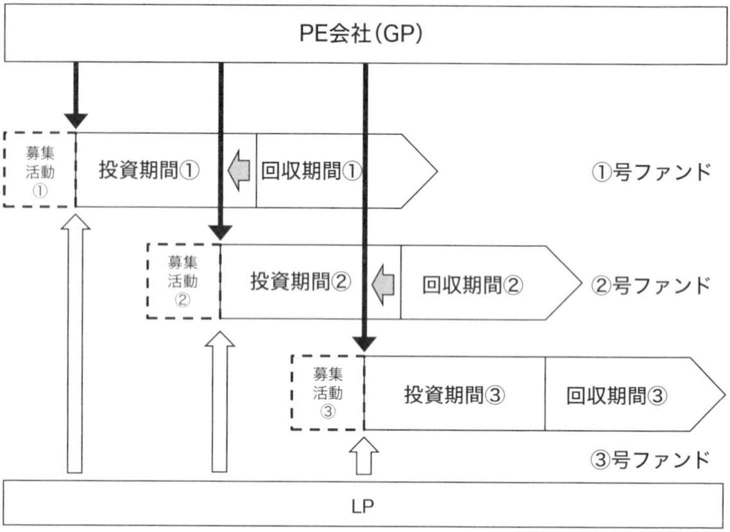

注：後継ファンドが組成されると、既存のファンドの投資期間は終了する（上図の ◀ ）。

出所：筆者作成

## ４．LP投資家

　LP は、国内外の機関投資家であり、ファンドへの出資額のうち98～99％を占める。バイアウトファンドへの投資は流動性に乏しく長期にわたるため、適合性のある投資家に LP を限定するよう投資家保護の法的な仕組みが導入されている。LPは、投資回収までの間、GPから情報提供を受けるだけでなく、GP のガバナンスを担っており、アドバイザリー・ボードによる GP の利益相反行為のモニタリング、キーパーソン問題への対応などを行う。

## （1）内外機関投資家の属性

　LP投資家は、内外機関投資家が主体である。主に以下の３点が背景にある。

　①多額の運用であること。バイアウトファンドの規模は数百億円などに上る一方、投資家を特定少数に絞ることから、通例、最小投資額は数億円を上回る。

　②長期性の運用であること。バイアウトファンドは、未上場株式に投資し、流動性を犠牲にする代わりに高い運用利回りを追求する。LP出資のプロセスとしては、投資元本と管理報酬とを含むキャッシュアウトが先行し、投資回収に伴う分配はファンド存続期間の後半に集中する、いわゆるＪカーブを描く（図表４‒４参照）。バイアウトファンドに対する出資持分を売却しうる流通市場も、日本では未発達である。このような特性から、長期性の負債を有する年金基金や、返済が不要な資金を運用する大学寄附基金（米国のエンドウメント）などはLP出資への適合性が高い。

　③運用に高度な専門性が要求されること。Ｊカーブを克服する上で、相応に多くのバイアウトファンドに継続的に投資して分散を効かせる「投資プログラム」を構築することが望ましい。プログラムの構築に際しては、有力なバイアウトファンドの選定、キャッシュフロー管理、パフォーマンス計測など、さまざまな知見を組み合わせる必要がある。

PE会社の基本的なビジネスモデル　145

図表4-4：Jカーブ／バイアウトファンド投資のキャッシュフロー

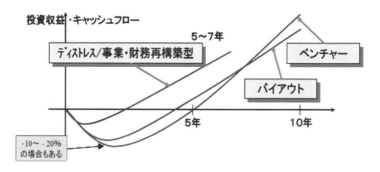

出所：三菱UFJ信託銀行「プライベートエクイティ投資の新潮流」（2008年8月）

　LP投資家のタイプを国内外で比較すると、海外バイアウトファンドのLPは年金基金やSWF、大学の寄附基金などのアセットオーナーが大半を占める一方、国内バイアウトファンドのLPは事業会社や銀行・証券会社・生損保が中心で、年金基金などは限定的である。日本のバイアウトファンドの多くが金融機関によって設立された経緯を反映していよう。年金基金の規模に比べてバイアウトファンドが小規模に留まっていることもあり、機関投資家の側で専門性の高いファンドマネジャーが育成できていないことも指摘されている。

　他方で、一部の日本のバイアウトファンドは、海外機関投資家からLP出資を獲得して規模を拡大している。また、2010年代半ばに入り、国内最大級の機関投資家などもPE投資に参入しており、今後のバイアウトファンドに対する投資拡大に期待が集まる。

## （2）金融商品取引法上のLP投資家の位置づけ

　バイアウトファンドのLPは、国内外の機関投資家や銀行など、特定

少数のプロフェッショナル投資家であり、個人など幅広い一般投資家は対象とならない。

　金融商品取引法は、プロ投資家向け商品の開発を阻害しないよう、プロ投資家とアマチュア投資家を区分して規制を柔構造化している。具体的には、①銀行など「適格機関投資家」1名以上とそれ以外の者49名以下の「適格機関投資家等」を相手方として行うファンド持分に係る私募、②「適格機関投資家等」のみが出資したファンドに係る運用業務、を「適格機関投資家等特例業務」と定義づけ、金融商品取引業の定義から除外し、登録を受ける必要がなく届出で足りるとする。特例の要件を満たさない場合は、自らファンド持分の募集を行うファンドの自己募集は第二種金融商品取引業と位置付けられ、業として行う場合は金融商品取引業の登録を受けなければならない。また、ファンドの資金を有価証券などで運用する場合も金融商品取引業者としての登録が必要になり、投資運用業の特則（最低資本金5,000万円など）が適用される。一方、特例の要件を満たす場合は、事前に内閣総理大臣に届出しなければならないものの、登録に比べて手続きの負担は小さい。国内で組成されるバイアウトファンドは、通例「適格機関投資家等特例業務」として運営されている。なお、適格機関投資家以外の者で出資可能な者は一定の「特例業務対象投資家」に限られ、資産要件など投資家保護が図られている（金融商品取引法28条、29条、63条など）。

　また、ファンドの持分（集団投資スキーム持分）は、投資事業有限責任組合の持分を含め、有価証券（いわゆる第二項有価証券）とみなされ、金融商品取引法に基づく開示義務の対象となるが、持分を取得する者が500名以上の場合に限られる。実務上は、持分を取得する者を500名未満とするため、バイアウトファンドを募集する際に相手方に目論見書を交付する必要はない（金融商品取引法2条、3条など）。

PE 会社の基本的なビジネスモデル　147

## （3）LP による GP のガバナンス（アドバイザリー・ボード、解任など）

　LP による GP のガバナンスは組合契約で規定されており、LP は、基本的にファンド運営に直接関与せず、一定の事項につき承認権限を有するにとどまる。四半期毎の報告や年1回程度開催される組合員集会の機会に GP から情報提供を受ける。会計帳簿などの閲覧や書面による質問も、LP の権利として認められている。

　アドバイザリー・ボード（諮問委員会。LPAC）を組成し、出資約束金額が上位のLPから委員を選任することも一般的である。GPとLPの間で利益相反のおそれがある行為については、アドバイザリー・ボードの同意を必要とする。利益相反行為の典型例としては、①GPやその関係者がファンドと取引するケース、②GP が投資先からアドバイザリー・フィーなどの収益を得るケース、③GP が、投資対象を共通とする他のファンドを組成するケース、である。③については、投資案件の競合やいずれかのファンドに対する恣意的な割り当てを回避するため、コミットメント総額の一定割合（70％など）を超える金額の投資が実行されるまでは後継ファンドの組成を禁止する場合が多いが、アドバイザリー・ボードの同意があれば組成の禁止が解除されることもある。なお、Institutional Limited Partners Association[1]が規定している ILPA Principles 3.0という原則では、GP の報酬や費用、キャリード・インテレストの計算を、アドバイザリー・ボードが定期的に調査するものとしている。

　GP の業務運営に問題がある場合、投資期間の早期終了や GP の解任、ファンドの解散なども、LP が採りうる手段である。投資期間の中断・早

---

[1]　Institutional Limited Partners Association（ILPA）は、PE 投資に関わる投資家の為に情報提供等を行うグローバルな業界団体で、メンバーは600社近くとなっている。

期終了の発動要件に、キーパーソン条項がある。LPは、GPの中の特定のメンバーの関与を信頼してファンドに出資することが多く、その者がファンド運営から離れることは出資の前提を欠くことになるため、キーパーソンを1名ないし複数名定めておき、そのうち一定数が関与しなくなった場合に発動される。GPの解任については、GPの帰責事由ごとに具体的に必要な同意の割合を定める、帰責事由がない場合は同意の割合を全会一致に近づける、といった実際的な取扱いが見受けられる。

## 5．LP・GP・投資先のアラインメント・オブ・インテレスト（利害の一致）の重要性

バイアウトファンドの成功のために、資金の出し手であるLPと、ファンドを運営するGP、そしてファンドの投資先企業の「アラインメント・オブ・インテレスト（利害の一致）」を実現させ、企業価値の向上とキャピタルゲインの最大化に向けて関係者が全力で取り組む体制を構築することが不可欠であり、バイアウトファンドのビジネスモデルを貫く原理である。

以下、第1〜4節と重複する部分もあるが、GPの強いコミットメントを引き出すインセンティブおよび利益相反の適切な軽減など、アラインメント・オブ・インテレストのための具体的な仕組みについて、改めて述べることとする。

### （1）GPによるLP出資（GPコミットメント）

GPは、ファンドの創設者としてコミットメント総額の1〜2％を自ら拠出する。経済産業省が作成した「投資事業有限責任組合モデル契約」の解説にもあるように、自らも一定割合以上のリスクを負担することに

PE会社の基本的なビジネスモデル　149

よりLPと利害を一致させることが、ファンド運営上不可欠である。GP
コミットメントは、GPの役職員が不退転の覚悟で臨むという気概を示
すものともいえる。GPの負担割合が、例えば5％など、高ければ高い
ほど利害の一致に一層適う、との考え方もあろうが、ファンド規模が大
きい場合、PE会社や、その株主であるスポンサー、役職員個人が負担
しうる金額に限度もあり、コミットメント総額の1～2％が現状の相場
である。

## (2) キーパーソン条項、Change of Control 条項

ファンドの存続期間にわたりGPの投資活動において重要な1名ない
し複数名のキーパーソンのコミットメントをファンド継続の前提条件と
するのが、キーパーソン条項である。キーパーソンが積極的に関与しな
くなった場合、ファンド運営が中断され、LPには管理報酬の支払義務が
なくなり、さらに、残ったメンバーの資質が十分でなく補充もできない
状態が続けば早期にファンドを終結させることとなる。ただ、ファンド
の清算は、投資先の売り急ぎによるキャピタルゲインの減殺や損失につ
ながりかねないため、LPの3分の2以上の賛成など重い要件を満たす
必要があり、実際に早期終結させるケースは少ない。

同様の趣旨で、Change of Control 条項が設けられることがある。PE
会社が保有するGP持分の過半数などの一定割合が、GP関係者以外の第
三者に譲渡された場合、ファンドの中断や早期終結を発動するものであ
る。

上記の条項はアラインメント・オブ・インテレストを図る仕組みである
が、適切でない（または時間の経過を経て適切でなくなった）キーパー
ソンを退出させて別の人物に入れ替えることが困難になるという弊害も
ある。GP（PE会社）が「個人商店」になりがちな要因の一つとも言え

よう。

## (3) ハードルレート

　キャリード・インテレストの配分において、まずは、ハードルレート（6～8％程度）までをLPに全額配分し、ハードルレートを超えてからGPへの配分を開始する取り決めである。GPがキャリード・インテレストを得るためには、少なくともハードルレートを超えるリターンを実現するまでは頑張らなくてはならないというインセンティブを引き出すことに繋がる。高すぎるハードルレートは、特に未達の見通しが確実になるとGPの活動意欲を阻害し「諦める」ことを促し、かえって低いパフォーマンスになりかねない。他方、低すぎるハードルレートは、容易にクリアでき、パフォーマンスを最大化しなくてもGPはキャリード・インテレストを獲得できる一方、LPの収益は下押しされる。このように、固定料率のハードルレートは、強いインセンティブとなると同時に副作用も内在しているが、従来からバイアウトファンド設計上のスタンダードとなっている。

## (4) キャリード・インテレスト

　キャリード・インテレストは、GPにとっての強いインセンティブであり、既述の通り、アラインメント・オブ・インテレストの観点から非常に重要である。GPへの出資をリミテッド・パートナーシップの形態を通じて行うことにより、GPが獲得したキャリード・インテレストを、出資割合と異なる比率で再配分することが可能であり、実例は多い。さらに、GPとして得たキャリード・インテレストを、PE会社内でキーパーソンに限らず幅広い役職員に配分することは、個々人に対するインセンティ

ブとなり、より多くの役職員を「利害の一致」の中に取り込み、また組織としての結束力やチームワークを高めるドライバーとして機能する。

但しその際には、一般の役職員のインセンティブや投資活動に対する貢献度に応じた報酬と、創業者やキーパーソンが担うゼロベースからのファンド立ち上げの苦労や10年という長期間に亘りコミットメントし続ける重責に対する報酬とのバランスを、適切に反映した配分比率を検討することが肝要である。この点については、創業者の考え方や設立経緯などによってPE会社ごとに設計思想が異なるものと思われる。

## (5) 投資先企業の役職員に対するインセンティブ

GPの役職員に加えて、投資先企業の役職員に対しても、業績連動賞与の導入やストックオプションの付与によってインセンティブを働かせるケースが多い。バイアウトファンド投資におけるアラインメント・オブ・インテレストの一環として特徴的である。また、MBO非公開化のケースなどで、投資先企業の株式の一部を経営陣などに保有させることもある。経営陣が名実ともにGPと同じオーナー経営者となり、IPOした暁には大きな利益が得られるため、強力なインセンティブとなる。但し、GPが株式の100%を保有しているほうが、M&Aによるエグジットは容易となる。従って、あらかじめエグジットの際のドラッグアロング（強制売却権）などを株主間契約で取り決めておくことが不可欠である。

## (6) 利益相反行為への対応

GPによる後継ファンドの組成や投資案件の割り当てなど、利益相反のおそれがある行為は、アドバイザリー・ボードの同意が必要である。利益相反の例として、GPが投資先からアドバイザリー・フィーなどの収

益を受け取る行為があるが、その背景には管理報酬の低さなどが誘因となっている場合もあり、利益相反行為そのものだけではなく、その背景にも目配りが必要である。ILPA Principles 3.0は、GP の利益相反行為の特定やモニタリング、適切な軽減のため、書面によって「規則と手順」を定め、開示すること、および、GP がファンドマネジャーとして得る便益を少なくとも年一回は開示すること、を要求している。GP の忠実義務や競業避止義務（Non-Competition 条項）など、組合契約における一般的な条項も、利益相反行為の抑止を図るものである。

## 参考文献

● 経済産業省「投資事業有限責任組合モデル契約」（2010年11月）

● Institutional Limited Partners Association, "ILPA Principles 3.0", 2019

● ジェームズ・M・シェル著、前田俊一訳 「実務者のためのプライベート・エクイティ・ファンドのすべて」（東洋経済新報社、2001年4月）

● 添田眞峰著 「プライベート・エクイティ投資～その理論と実務～」（シグマベイスキャピタル、2004年11月）

● トーマス・メイヤー／ピエール・イビス・マゾネット著、小林和成／萩康春訳「プライベート・エクイティの投資実務－Jカーブを越えて－」（きんざい、2013年4月）

● 黒沼悦郎著 「金融商品取引法入門」（日本経済新聞出版社、2018年3月）

● 波光史成／山田裕亮／松下憲著 「成長と承継のための PE ファンド活用の教科書」（東洋経済新報社、2018年9月）

● 福田匠著 「プライベート・エクイティ・ファンドの法務」（中央経済社、2019年8月）

● 幸田博人編著 「プライベート・エクイティ投資の実践 オープンイノベーションが企業を変える」（中央経済社、2020年3月）

PE 会社の基本的なビジネスモデル 153

- 幸田博人／木村雄治編著、八木香協力 「ポストコロナ時代のプライベート・エクイティ」（きんざい、2022年3月）

- グロービス・キャピタル・パートナーズ著、福島智史編著 「ベンチャーキャピタルの実務」（東洋経済新報社、2022年12月）

第5章

# PE会社の「顧客」と競争力の源泉

## 小林和成　木村雄治

## はじめに

　前章ではPE会社の基本的なビジネスモデルを見てきた。本章では、それをベースにPE会社の「顧客」とそれに対する競争力の源泉について検討する。PE会社の顧客は狭い意味では投資家になるが、ここでは投資家以外の関係者、すなわち投資先企業、経営者、LBOファイナンス等を提供する金融機関、案件のソーシングやエグジットに関わる投資銀行・仲介会社、その他コンサルティング会社等を含めて考える。

　また、日本のPE会社の経営の特徴に関しては次章で触れるので、本章では一般論を中心に米国等の先進市場での変化についても取り入れて整理を行う。

## 1．PE会社の顧客

　図表5-1は、PE会社に関係する「顧客」を整理したものである。

図表5-1：PE 会社の「顧客」の関係図

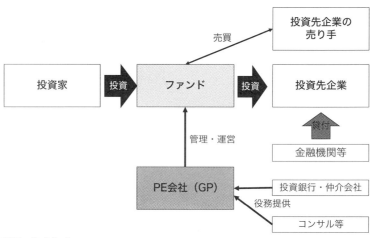

出所：筆者作成

## （1）投資家（LP）

　投資家は、PE 会社に対して資金を提供し、その運用に対して管理報酬・成功報酬を支払うという意味で狭義の「顧客」である。PE 会社は顧客から預かった資金の運用に関してフィデューシャリー・デューティ（受託者責任）を負う。

　投資家が PE 会社に求めるものは、「持続可能」で「ベンチマークより高く」、「安定的な」投資リターンである。「持続可能」というのは、バイアウト投資の性格に鑑み、競争優位性に裏打ちされた再現性の高い投資を継続して行うことに加えて、近年のステークホルダー資本主義の考え方を受けて ESG やサステナビリティに配慮した投資を行うことを意味している。第１章の歴史の中で触れたような「コーポレート・レイダー」や「ハゲタカ」的な投資でリターンを上げることを、投資家はバイアウトファンドには求めない。「ベンチマークより高い」というのは、投資家

は多数の投資機会の中から厳選投資を行うので、バイアウトファンドに他を上回る超過リターン、所謂アルファを求めるもので、出来れば継続して組成されるすべてのファンドがトップ・クオータイル（上位25％）に入ることを期待している。「安定的な」というのは、ファンドから投資される個々の投資案件のリターンはいろいろな理由で上下にぶれるものの、ポートフォリオを纏めたファンド単位では安定したリターンを上げ、あまり経済・金融環境のサイクルに影響されないという意味である。

　投資家が次に求めるのは、このようなリターンを支えるためのしっかりしたPE会社の組織・運営体制の構築と投資家とPE会社・投資先企業の役職員とのアラインメント・オブ・インテレスト（利害の一致）の適正な確保である。

　バイアウトファンドの場合、前章で説明された通り、投資期間（ファンドからの新規投資の組入れ期間）は5〜6年、ファンドの存続期間は10年（状況により延長もある）という形で長い期間の運用が行われ、加えて投資したファンドの運用が順調であれば、後継ファンドにも投資が行われるので、PE会社と投資家の付き合いは20年以上の長期になりうる。このような長期の間には、投資家側の担当者の変更（人事異動・転職）やPE会社側の組織人員体制の拡充、トップやシニア・プロフェッショナルの引退・交代などが起こるが、継続的かつ密なリレーションシップの維持により安定的な関係は維持される。

　以上が基礎的な投資家との関係であるが、業界の発展に伴い様々な変化も起きてきているので、それらに関しては後程触れる。


## （2）投資先企業の売り手

　バイアウトファンドが投資先企業に投資をする際には、基本的にその企業の既存株主から株式を譲り受けることになる。株式売買の観点では、

ファンドの方が買い手、すなわち「顧客」である。しかし、例えば入札案件では、買い手候補となる複数のファンドや事業会社の中から誰に売るかの決定権を持つのは売り手の株主であり、その意味では売り手のほうが GP にとっての「顧客」という見方ができる。GP が案件ソーシングをする際には、事業承継の場合はオーナー社長に、カーブアウトやスピンアウトの案件では投資対象となる事業会社や事業部門の親会社に、つまり売り手となる株主に提案を行うという点からも、売り手は PE 会社にとって最重要な「顧客」と言える。

　売り手が重視するのは、もちろん株価であり、基本的には高く売れるに越したことはないと考えられる。しかし、売却益だけを目的とする株主はさておき、オーナー社長や親会社など、それまで長年その事業を育ててきた株主としては、次の株主が事業の価値や潜在力を正当に評価し、かつ自分たちの手では成し得なかった成長を実現してくれることを期待するものである。従って、買い手の GP は、投資対象の事業の将来性をどう見るか、投資後にどのような施策を実施して企業価値を向上させようとしているのか、説得力のあるシナリオを提示し、そのような将来価値を織り込んだ正当に高い株式価値を提示することが、「顧客獲得」のキーとなる。また、売り手によっては、日本の雇用慣行に鑑み、売却する事業に携わる社員の雇用の保証に大きな関心を寄せるケースも少なくない。

　GP（PE 会社）は、売り手のこうした「顧客ニーズ」を的確に把握し、適切な提案をすること、さらには、投資後にはその提案内容をもとに着実に企業価値向上に努めて実績を出すことが求められる。そのような有言実行により、売り手からの信頼を勝ち得ることができる。特にカーブアウトやスピンアウトの案件では、親会社とのそうした信頼関係が、「顧客からのリピートオーダー」、すなわち別の子会社の案件につながることになる。

## (3) 投資先企業

　投資先企業は、ファンドにより投資される主体という意味では顧客ではないが、株主であるファンドと一致協力して企業価値の向上に取り組む相手という意味で、広い意味での「顧客」である。

　ファンドが投資先企業を保有する期間は平均すると4～5年ぐらいと短いが、その期間にPE会社のサポートを得ることで自社単独では出来ない様々な経営施策（DX対応やESG対応なども含む）に取り組み、ファンドがエグジットした後も持続的成長が出来る体制に道筋が付けられる。

　PE会社と投資先企業が良い形で企業価値を上げることで、ファンドにとっては良いリターンになることに加え、その後の新規案件取組みの際にもPE会社のレピュテーション（評判）の向上につながる。逆に、PE会社が投資をした後に無理なリストラだけを行ったファンドはリターンを上げるものの投資先企業がガタガタになる、或いはそこまででなくてもファンドが安く買ってすぐに転売してしまい投資先企業に付加価値を与えないような場合は、その案件では儲かったとしてもレピュテーションは下がり、新たな投資に支障を来すこととなる。


## (4) 経営者

　上述の投資先企業で協働した経験を有する経営者の中には、PE会社が手掛ける他の投資案件でも改めて経営に参画する様なプロフェッショナル経営人財が増えてきている。経営者から見た場合、良いPE会社とは、予め合意した経営計画の実行などに関して経営陣に「成果」を求めるものの、一方、そのアプローチは合理的でかつ必要に応じてプロフェッショナルな形でのサポートを行ない、また目標を達成すれば相応の経済的な報酬を提供してくれるものである。非常に優秀で実力のある人財に

PE会社の「顧客」と競争力の源泉　159

とっては、そのような合理的で公正な目標設定と成果の評価・報酬体系がインセンティブとなり、バイアウトファンドが投資対象とする中堅・中小企業でも経営を担うモチベーションとなると考えられる。

　これらの人財も、投資先企業と同様 PE 会社の狭義の顧客ではないが、継続的関係を築くことで、重要なパートナーとなりうる。PE 会社は、個別案件ごとに 4 ～ 5 年の期間の付き合いを断続的に保つこととなるが、実際に投資先企業に派遣していない期間もいろいろな形でアドバイスやサポートを貰えるような人財のプールを拡充することが重要である。尚、PE 会社によっては、そのような人財の中からアドバイザーとして採用（適切なレベルの報酬を支払う形が一般的）したり、場合によっては PE 会社のオペレーティング・パートナーとして迎え入れたりすることもある。

## (5) 金融機関（含、プライベート・デット・ファンド）

　バイアウトの場合、LBO ファイナンス等のレバレッジを活用することが一般的であるため、その様なファイナンスを提供する銀行等の金融機関、メザニン・ファンド、その他プライベート・デット・ファンドなどとの関係も重要である。

　これらも狭義の顧客ではなく、むしろ PE 会社はこれらのファイナンス提供者から見た場合、彼らの顧客という関係になり、その関係は投資案件単位でそれぞれ 4 ～ 5 年の関係となる。一方、PE 会社にとって、継続して手掛ける様々な案件においてタイムリーに競争力のある条件でファイナンスを提供してくれる相手は非常に重要である。個々の案件に関しては、ノンリコースの性格上ファイナンスの元本が毀損するケースも無くは無いが、そのような事態の後でも中長期的に取引を継続し、双方が良い利益を上げられるように良好な関係を維持することは重要である。

## (6) 投資銀行・M&A 仲介会社

　投資銀行や M&A 仲介会社も、新規投資案件のソーシングや既存投資先のエグジットにおいて重要な関係者となる。一般的には、投資銀行やM&A 仲介会社から見た PE 会社は、プロの投資家であり、優良な案件でかつ適切なバリュエーションであれば投資を実行してくれるという意味で安心感のある取引相手である。またファンドは必ずどこかのタイミングで投資案件を売却してエグジットすることから、ここでも重要なビジネス機会の提供者となる。

　PE 会社は、新規投資案件のソーシングに際しては、自社の投資哲学・投資戦略、案件のタイプやセクターに関する強みなどを含めて適切な理解をしてもらい、その上で適した優良案件を紹介してもらえる様なネットワークを構築することが重要である。特に競争が高まってくる市場環境においては、少なくとも最初に声をかけて貰えるよう、相互理解を深め、信頼関係を構築しておく必要がある。エグジットに際しても同様に、IPO 或いはトレード・セールを進めるにあたって投資銀行や M&A 仲介会社の協力が不可欠である。


## (7) コンサルティング会社、その他サービス・プロバイダー

　コンサルティング会社等も、新規案件の際の DD、投資後の企業価値向上の様々な施策の立案・実行などの観点において重要な関係者となる。一部のコンサルティング会社などは、投資後、投資先企業に入り込み PE会社及び投資先の経営陣と協力して企業価値向上に取り組むことになる。

　また、会計士・税理士・弁護士等も、新規案件の際の財務・法務 DDの遂行や投資契約締結、さらにはエグジットの際のストラクチャーの検討や株式譲渡締結時に欠かすことのできない重要な役割を果たしている。

コンサルティング会社や会計士・税理士・弁護士等も、PE会社の考え方や仕事の進め方を理解してもらい、複数の案件を共にすることにより、DDや契約交渉など短期集中で負荷の高い作業を阿吽の呼吸で進めていくことが可能となる。また、そうした協業を通じて、PE会社の投資戦略に見合った案件を彼らから紹介してもらえるような関係性が築かれていく。このように、案件ごとの関係をより長期的・安定的なパートナーシップに向上させていくことが、PE会社との関係は重要である。

## 2．PE会社の競争力の源泉

以上の様な広義の「顧客」との間でPE会社は投資活動を行っている。このような中で優れたリターンを継続して上げていくことは容易ではなく、よくバイアウト投資は「総合格闘技」と言われたり、PE会社は「オーケストラの指揮者」と言われることもある。

では、PE会社の競争力の源泉はどこにあるのであろうか？　本節ではその競争力について整理する。

### (1) "Skin in the game"

"Skin in the game "とは、「自らの資産を投資につぎ込む」という意味で、PE会社の競争力の基礎になる概念である。

前章で説明された通り、ファンドの仕組み上、PE会社（GP）は一定の金額のコミットメントを行い、投資家（LP）と同じリスクを取る。もちろんGPはリターンの観点では成功報酬があるのでリスク・リターンのプロファイルは違うが、自己の資金を投下してリスクを取ることは重要で、形の上での様々な牽制機能よりGPコミットメントのほうが、投資で無理なリスクを取らずリターンを優先する最大の誘因となる。

一部の例外的な PE 会社では、ファンドに占める GP コミット額の割合が最低限の基準の１％などではなく、最大の LP の投資コミット額よりも大きく、ファンド組成額の20〜30％を占める、といったケースもある。PE 会社の株主がその役職員である場合は、GP コミットメントはいわば役職員個々人が供出することになるため、上述のような規律がさらに強く機能する。

もちろん PE 会社の個々人が GP コミットメントの資金を供出しない場合（所謂キャプティブファンドでそのような場合が多い）でも、「他人の資金なのだからいい加減な運用をしても良い」と考える人間は少なく、少なくともフィデューシャリー・デューティを意識した投資活動が行われているが、やはり GP コミットメントがより重要なレベルにある PE 会社ほど[1]投資に対する真剣度が高いのが実態である。

## (2) 運用ケイパビリティ

次に PE 会社の競争力の源泉である運用ケイパビリティについて、主要な項目毎に整理する。

---

[1] 重要度は必ずしも金額の多寡やファンドに占める比率では測れない。PE 会社の個々のプロフェッショナルのキャリアのステージ、懐事情などにも左右される。

PE 会社の「顧客」と 競争力の源泉 | 163

図表5-2：PE 会社の運用ケイパビリティ

出所：筆者作成

① 組織・人財

　PE 会社の中核は人財である。同じ PE 会社の中でもベンチャーキャピタルは個人のキャピタリストの力量に大きく依存する場合があるが、バイアウトファンドの場合は、組織として優秀な人財を確保し、それをチームとして束ねることが出来るかがより重要となる。その為に何が重要かを以下で整理する。

　1点目は、PE 会社の「パーパス」である。PE 会社として、どういう投資を行いたいか、それを通じてどのように「顧客」或いは広く社会に貢献したいかについて、考え方を共有し、それを投資哲学として投資活動のベースとすることは重要である。また、そのような議論などを通じて PE 会社のカルチャーが醸成され、新たに優秀な人財を採用する際にも、PE 会社のカルチャーに合っているかどうかが一つの採用判断の材料となる。

　2点目は、バランスの良いチーム構成である。PE 会社の場合は、「コ

ヒーシブな（凝集力のある）」チームが評価されることから、長年同じメンバーで投資活動を行う傾向が強く、年が経過するに従い全体の年齢層が上がりトップ・ヘビーな組織になることがある。PE会社のファンドの拡大等に伴ってチームも拡大し、特に若手のプロフェッショナルを継続して採用する場合にはこのような問題は生じないが、そこまで組織が成長しない場合は、チーム構成をどうバランスを取るかは課題となる。また、最近の議論としては、いかにダイバーシティを推進するかが重要な課題となっている。ダイバーシティ、特に女性のプロフェッショナルの拡充は、もちろん単純に女性の人数を増やすということではなく、その結果として新たなアイデアや切り口で良い投資が出来るという考え方に基づくものである。

　3点目は、2点目とも関係するが、いかに組織を活性化するかという観点での人財の入替・増強、内部での昇進などである。組織の活性化という観点からは、場合によってはパフォーマンスの劣るプロフェッショナルに離職を促したり、パートナーが引退して優秀な若手のプロフェッショナルの昇格の余地をつくることも必要であるケースがある。一般的に投資家は離職者が多いPE会社に対して懸念を持つが、そのような前向きな人財の入れ替わりであれば問題は無い（むしろ昇格の余地がないことに失望し自ら辞めて独立するような形の離職が起きないように努めるべきである）。

　4点目は、適切なインセンティブ・スキームの導入である。第4章で述べた通り、PE会社において投資の成果を上げたプロフェッショナルに対して適切なインセンティブを付与することは重要である。方法については、ファンド単位であったり、個別案件の成果をより反映させる形であったり、またそのベスティングの方法なども様々なやり方があるが、個々のPE会社の投資戦略等に照らして公平感、透明性のある仕組みを導入する必要がある。

PE会社の「顧客」と競争力の源泉　165

② プラットフォーム

前項で見てきた通り、PE 会社の周りには様々な「顧客」が存在し、そのような関係者とのネットワークをベースとしたプラットフォームは重要である。後述する差別化された投資戦略を遂行するためにも、これはその基盤となる。

また、そのようなネットワークに加えて、PE 会社の内部の基盤として、ミドル・バックオフィス（会計、財務、法務、コンプライアンス等）の機能を充実させ、会計士や弁護士等の外部専門家とのネットワークを構築すると同時に、PE 会社の投資家層・投資家数にもよるが IR 機能を充実させることが重要である。IR に関しては、投資家の数が少なく、また相互によく知っている投資家であれば主に PE 会社のトップなどが対応できるが、投資家の数が増加してくれば、トップの時間の効率的な使用や投資家へのタイムリーで的確な報告などの重要性を考えると、IR 機能の充実が必要である。

更に、投資業務のより効率的な遂行、情報セキュリティへの対応、或いは後述する新たな技術の様々な活用を考えると、IT 機能の充実もプラットフォームの強化の観点から重要である。

投資活動などを通じて、ネットワーク内、或いはより広く業界やビジネス・コミュニティの中で「ブランド」が確立されてくる。PE 会社のブランドは消費財のように「広告」で作り出せるものでもないので、その確立のためには、長い時間をかけた不断の投資活動で地道に良い評価を獲得していくことが重要である。

③ 投資能力

投資能力は、PE 会社の競争力のコアの部分である。これについて、以下ではいくつかに分解して記載する。

166

● 差別化された投資戦略

それぞれの PE 会社は、一方で自己のバックグラウンド、投資経験などをベースにしながら、他方で市場での潜在的な投資機会を勘案して、最適な投資戦略を策定する。一般的に PE 会社はジェネラリストではあるものの、自己がフォーカスする案件のタイプ（事業承継かカーブアウトかなど）、サイズ（企業価値）、セクターなどを明確にする。こうした投資戦略を策定する際には、分散投資によるリスクリターンの安定化を念頭に置いておくことが重要であることは言うまでもない。また、実際の投資活動においても、時間的分散も含め、常に分散の利いたポートフォリオを構築する意識と能力が必要となる。

● 優良案件のソーシング能力

次に投資戦略をベースに、上述のプラットフォームを活用して、優良案件のソーシングを行う。ソーシングに関しては、投資銀行や M&A 仲介会社からの紹介案件が多いのが実態ではあるが、それらに加えてターゲットを絞って直接、対象企業やその親会社に働きかけるなどの努力を行うことでより差別化された形で優良案件へのアクセスが増える。

● 投資後のバリューアップ能力・経験

第 1 章でも触れた通り、市場の成熟、競争の増加に伴って、「安く買って、高く売る」というマルチプル・エクスパンション頼みのリターンは期待できなくなるので、投資後のバリューアップ能力が、PE 会社の最大の差別化要因となる。

これには、投資先企業に対する適切なファイナンスのアレンジ、必要なリストラ（不要な資産の売却、コスト・カット）、フォーカスすべき事業の明確化・そこへのリソースの配分、成長戦略の策定、ガバナンスの強化、優秀な内部人財の登用と追加で必要とな

る経営人財の確保・投入など様々なものが含まれる。また、一般的には短期間で取り組む施策（所謂100日プラン）、中期的に取り組む施策（中期計画）などに切り分け、それに対して適切なKPIを設定、状況をモニタリングすることになる。

● エグジット能力・経験

PE会社は、投資実行前のDDの段階で、あらかじめエグジットの大枠の方向性を定めておくが、その本格的な検討は投資後となる。すなわち、上記のバリューアップ活動に取り組みながら、並行して当初の方向性の見直しが必要ないかを考えながら、具体的なエグジットのタイミングやエグジット方法、そしてトレードセールの場合は売却先に関して検討していくことになる。

エグジットに関しては、投資家に対するリターンを極大化することが重要であるが、他方でエグジット後の新たなオーナーの下で投資先企業が引き続き成長できるかどうかを入念に検討する必要がある。このようなエグジット戦略の策定・遂行に関してもバリューアップ同様、豊富な経験が求められるものであり、PE会社の差別化要因の重要な柱となる。

④ 革新性

第1章の歴史の章で触れた通り、バイアウト市場はサイクルをへて発展・進化している。

PE会社は過去の成功に安住することなく、新たな投資戦略を採り入れていくことが重要である。これには次の様なものが含まれる。

● 新たな投資戦略・投資アイデアへの取組み

例えば、業種やその企業の業態にもよるが「Buy & Build 戦略による企業価値向上」などの取組みが一つの例である。

● 特定のセクターへの知見の蓄積・深堀

第1章で記述の通り、特に米国では競争力を高めるために特定のセクターへの一層のフォーカス、セクター・フォーカス・ファンドへの転換などが進んできている。そこまでいかなくても、従来の投資実績・経験を活かして得意とするセクターでの知見を高め投資を増やすことは一つの方法である。

● テクノロジーの活用（DX、AI 等）

最近は投資先企業においてDXの推進などを行っているが、PE会社においてもDXの推進やAIの活用によって業務の効率化、より良い投資判断のための情報収集などが出来る。

● 業界の最先端の動向への取組み（ESG 対応等）

第7章で詳細に述べるが、ESGへの対応、ESGによる企業価値向上など、常に業界の最先端で起きている新しい流れを積極的に取り込むことによって、より差別化された投資戦略を遂行することが出来る。


## (3) エマージング・マネージャー

最近は、政府の資産運用立国政策の中でエマージング・マネージャー育成の議論も多いので、ここでは上記のPE会社の「顧客」と競争力の源泉の観点から、エマージング・マネージャーに関して考察してみる。

エマージング・マネージャーは、一般的には相応の投資経験を有する個人・或いはチームが独立して新たにPE会社を設立するものを指す。全般的にはこれらのマネージャーのモチベーション及び、潜在的な能力は

PE 会社の「顧客」と競争力の源泉　169

高いが、PE会社の「顧客」である投資家は慎重で保守的な考え方を採ることから、最初のファンドの立ち上げには実績がある個人・チームでも苦労することが多い。

一部の経験豊かな投資家は、積極的に潜在性の高いエマージング・マネージャーの発掘に力を入れていたり、そのような投資家は資金を出すだけでなく、ファンドの組成、運営、或いはPE会社の組織作りなど様々な観点での有益なアドバイスを行ってくれるので、エマージング・マネージャーはそのような投資家と対話しつつ立ち上げに努力することになる。また、特に初期の段階で投資家の考え方や業界におけるPE会社のベスト・プラクティスを学ぶことは将来的にPE会社或いは運用するファンドが大きくなった時にも活かされるものである。

図表5-3は前述の図表5-2との対比でエマージング・マネージャーの運用ケイパビリティの特徴について纏めたものである。

図表5-3：エマージング・マネージャーの運用ケイパビリティ

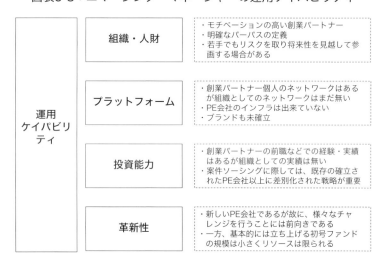

出所：筆者作成

# 参考文献・参考資料

● 日本バイアウト研究所編、『機関投資家のためのプライベート・エクイティ』、きんざい、2013年

● 幸田博人、木村雄治編著、『ポストコロナ時代のプライベート・エクイティ』、一般社団法人金融財政事情研究会、2022年

● 小林和成、「プライベート・エクイティ市場の現状、今後の課題と成長機会」、『金融・資本市場リサーチ　2023年冬号（第12号）』イノベーション・インテリジェンス研究所、2023年

第**6**章

# PE会社の経営の特徴と課題
## 飯沼良介　木村雄治

## はじめに

　第4章においてPE会社の基本的なビジネスモデルを見た上で、第5章ではそのビジネスの直接的・間接的な顧客やビジネスモデルを支える関係者を整理し、それらの顧客に対して訴求される競争力について概観した。PE会社は、上場株式や債券等を扱うファンド会社と同様、基本的には株式という金融資産を運用して運用益を上げる金融会社である。しかし、特にバイアウトファンドを運営するPE会社の場合、株式投資をした後で長期間にわたり投資先企業の経営のハンドルを握ってその企業価値向上に自ら尽力し、しかも、必ずしも同じ業種ではない複数の企業に対してそのようなハンズオン経営を同時並行的に行うという点で、事業会社のホールディングカンパニー的な存在であるとも言える。本章では、金融会社と事業会社の両方の側面を持つPE会社の経営には、一般的な金融会社や事業会社と比べてどのような特徴があるのかを具体的に見ていく。合わせて、一般企業に対するインプリケーションや、今後のPE会社の発展における課題についても簡単に触れておく。

## １．社長の負う責務

　第4章で述べた通り、PE会社の資本構成は大きく分けて「独立系」

「金融系」「外資系」の３つがあり、社長のプロファイルはそれぞれ異なる。「独立系」は、当然ながら創業者が自ら社長を務めるが、「金融系」や「外資系」の場合は、親会社から派遣された、もしくは指名された人間がトップを務める。このような点では一般企業と何ら変わりはないが、いずれのタイプにおいても、一般企業の社長とは異なる点がいくつかある。

　第一に、基本的に社長自らが投資プロフェッショナルとして現場の陣頭指揮を執るプレイヤーだという点である。一般企業の場合、スタートアップであれば創業社長自ら現場を駆けずり回ってビジネスを立ち上げるのが当たり前だが、ビジネス規模が拡大し、徐々に事業基盤が安定して従業員数が増えてくると、社長はマネジメントに徹し、現場のオペレーションは配下の役員などに権限移譲していくのが常套であろう。また、金融会社やコンサルティング会社の社長が自らトップ外交を展開して案件ソーシングを行ったり、事業会社のトップが重要なM&A案件で交渉の前面に立つことはあるが、詳細な契約の詰めや成約後のオペレーションは現場でフォローしていくことになる。しかしPE会社の場合、複数のファンド組成を成功させて一定の経験と実績を積み重ねたとしても、主要な投資案件には社長が直接関与する場合が多い。投資先候補の株主と膝詰めの交渉を行い、投資後は投資先企業の取締役として事業計画策定やモニタリングに携わる。投資先企業の数が増えてくると、全ての取締役に就く時間的余裕はないが、その場合は取締役に就いているメンバーから適宜報告を受け、間接的ながら現場の状況をしっかり押さえておくことになる。このように、運営するファンドの規模に関わらず、投資プロフェッショナルとして現場の最前線に立ち続けるという点が、規模の拡大とともにハンズオンの度合いが減少していきがちな一般企業のトップと異なっている。

　第二の相異点は、第４章で紹介した「キーパーソン条項」により、長

PE会社の経営の特徴と課題　　173

期のコミットメントが求められる点である。キーパーソンに指名される
のは、通常はそのファンドを立ち上げた当事者、すなわち「独立系」で
あれば創業社長（および創業時の主要メンバー）である。一般企業でも、
創業者が社長として長期にわたり経営し続け、特に非上場企業の場合は
生涯現役社長を貫くこともまれではないが、少なくとも上場企業におい
ては、経営トップの長期的コミットメントが契約で規定されている、と
いうことはない。しかしPE会社の場合、ファンド契約上「キーパーソ
ン」となる人間はファンド存続期間の約10年間もの間、実質的にその
ファンドへの個人的コミットメントを求められ、めったなことがない限
り途中で退任することは想定されない。逆の見方をすれば、キーパーソ
ンは、そのファンド統率能力が適切でなくなった場合でも、退出させら
れにくいメカニズムになっているともいえる。

　以上の2点により、PE会社の社長は、一般企業のトップよりも長い期
間続投することがファンドの仕組み上の前提となっており、実質的にも
その間ずっとプレイヤーであり続けることになる。その意味でかなりタ
フな責務を担っており、だからこそ、自ら第一線の投資プロフェッショ
ナルとしての能力や体力・気力の維持向上に努め、"老害"のそしりを受
けないようディシプリンを利かせる必要がある。

　創業社長の場合は、もともとバイアウトビジネスに対する情熱と高い
志を持ってPE会社を設立したわけであるから、このような重責を担う
意思も実力も気力も十二分に具わっていると想定される。その分、創業
社長からバトンを受け継ぐ第二世代に、同等の資質をどの程度求めるの
か、あるいは求めるべきか、難しい問題と思われる。別の見方をすれば、
社長もしくはキーパーソンとなる主要な投資プロフェッショナルの後継
者育成は、新たなファンド組成のタイミングとその先10年という長期を
見据えて、入念に準備しておく必要がある。

　ちなみにグローバルファンド大手であるKKRでは、共同創業者のクラ

ヴィス（H. Kravis）氏とロバーツ（G. R. Roberts）氏が CEO のポジションを後進に譲ったのは、創業から実に45年後の2021年、クラヴィス氏が77歳、ロバーツ氏が78歳の時であった。現在両氏は共同エグゼクティブチェアマンである。世界最大の PE ファンドであるブラックストーンの場合、1985年にピーターソン（P. Peterson）氏と共同で設立したシュワルツマン（S. A. Schwarzman）氏は、77歳（2024年 3 月現在）の今も CEO を務めている。

## 2．ファンド業務を担う人財とその雇用形態

　昨今、人材を「人的資本」と見做し、経営戦略と連動した人財戦略の推進が求められるようになり、上場企業は、2023年 3 月期決算以降の有価証券報告書に人的資本情報を記載することが義務づけられた。少子高齢化による労働力不足が深刻化する一方で、グローバル競争が激化し技術革新が加速化する中、日本の企業は、新卒一括採用・終身雇用・年功序列といった、所謂日本的経営からの脱却を徐々に図りつつある。

　第 5 章で述べた通り、PE 会社においても、その競争力の源泉は人財そのものである。優秀な人財を確保し、堅固なチームを作り上げ、維持していく重要性は、一般企業と変わりない。ただ大きく異なるのは、本来的な意味において、新卒一括採用・終身雇用・年功序列といった伝統的な日本の人事制度とは無縁な考え方がベースにあり、その考え方に沿った運営体制が敷かれているという点である。以下、それぞれのポイントについて詳しく見ていくこととする。

### （1）ファンド業務に求められる能力

　第一に、人財採用は基本的に中途採用であり、一般企業のような新卒

採用は行わない。バイアウトファンドの業務は、大きくフロントとミドルバックに分かれる。特にフロント業務は、以下のような多岐にわたる一連の業務から成る。

＊ファンド募集

＊投資案件のソーシングと投資実行

① 案件のソーシング

② 投資先候補の売り手に対する提案と交渉

③ 投資先候補に対するDD（法務、財務、ビジネス、その他）

④ 投資先候補の事業計画策定と採算シミュレーション

⑤ 投資実行にあたっての売り手及びファイナンス提供者との交渉と契約締結

＊投資後の経営支援・モニタリング

＊エグジット実行

① エグジット戦略の策定

② 譲渡先候補との交渉

③ 株式譲渡契約の締結

これらの業務には、金融やM&Aはもちろん、財務会計、法務、経営やガバナンス、事業戦略等の知識や経験が必要となる。フロントスタッフは、一連の業務を全て執り行うオールラウンダーとなることが求められる。もちろん、実際には投資案件ごとにチームが編成され、パートナー[1]をリーダーに数名のメンバーが協働して取り組むケースが多いので、これらの領域の全てに精通している必要はない。しかし、パートナークラスになるには、特定の専門分野を持ちつつそれ以外の分野に対する理解と判断基準を具えているという意味でのオールラウンダーであることが

---

[1] PE会社によってタイトルは異なる。一般企業で言えば執行役員や取締役クラス。

期待される。従って、PE会社が人財を採用する際には、上記領域のいずれかの知識と経験を有して即戦力となる、かつオールラウンダーになりうる素質をもった人財を厳選することになる。

　また、機関投資家に対するファンド募集や投資先候補やエグジットの譲渡先候補の株主との交渉は、前段で述べたファンドのキーパーソンが筆頭となって行うことになるが、パートナー以下、フロントスタッフもその一翼を担う。そのような交渉場面で、数十億円の多額な資金を託す機関投資家や、事業承継案件で自らの人生を賭けて育ててきた企業を売却しようとするオーナー経営者に対して、社会人1～2年目のスタッフが「安心して資金／会社を任せて下さい」と言っても、説得力に欠けるということは想像に難くない。投資後の経営支援・モニタリングにおいても、フロントスタッフが直接投資先企業の経営陣や従業員に指示する場面も出てくる。株主であるファンドが絶対的主導権を持つとはいえ、資本の論理を振りかざすことなく、投資先企業の現場にファンドと一体となって前向きに企業価値向上を目指してもらえるよう、うまくモチベーションアップして施策の積極実行を促すには、フロントスタッフのリーダーシップ力が必要となる。その意味でも、社会人経験がほとんどない若手が活躍できるエリアは限られてくる。

　一方ミドルバックの業務は、主にファンドのアドミニストレーションやLP投資家に対するIRが中心となる。同時にPE会社としての総務・人事・財務経理・法務やコンプライアンスなども含まれるため、こちらもやはり一種のオールラウンダーであることが求められる。こうした間接部門的業務を少人数で賄う点は、一般の中小企業と同様である。しかし少なくともIR業務において、数千億円～数十兆円規模の資金を運用する機関投資家と信頼関係を築くためには、やはり一定の経験を持つメンバーであるほうが望ましいと考えられる。

　以上のようなファンド業務のネイチャーや、LP投資家や投資先企業

PE会社の経営の特徴と課題　177

の売り手・投資先企業といった顧客に対するバイアウトファンドの立場に鑑みると、新卒を採用してゼロベースから育成していくというアプローチは、そぐわないと言わざるを得ない。

## （2）中途採用について

　上述のように、PE会社では様々な領域の知識と経験を持つ人財を中途採用しているが、そのバックグラウンドは、同業他社の他、投資銀行や証券会社などの金融機関、ビジネスコンサルティング会社、商社を中心とした事業会社、公認会計士、弁護士に大別される。

　PE会社を新たに設立する場合は、創業者が共に働いた経験のある旧知のメンバーや信頼できる人物からの紹介など、自らの人的ネットワークを通じてメンバーを集めるケースがほとんどと思われる。その後、ファンド規模の拡大に伴って人員を増強する場合は、そのような属人的なネットワークに加え、人材紹介会社を使うことになる。採用戦略はPE会社によって異なるが、多くの場合、幅広い層を扱う大手の人材紹介会社というより、ヘッドハンター個人と長期的な関係を築き、バイアウトファンドの投資コンセプトやPE会社としての企業文化及び求める人財タイプをよく把握してもらった上で適切な人物をピンポイントで紹介してくれる、ブティック的なヘッドハンティング会社をリテインしているものと考えられる。

　また、MBAで経営の基礎を学んだ人財は即戦力として期待できるため、バイアウトファンドによっては米国のMBAスクールに所属する社会人学生をサマーインターンとして受け入れるケースもある。通常の採用プロセスよりもじっくりと人財の見極めができるため、採用ミスのリスクを軽減できるメリットがある。

　一般企業でも、近年中途採用が急増しており、2023年度の採用計画に

占める中途採用の比率は過去最高の37.6％となった[2]。また、中途採用する対象についても、従来は同業他社からが多かったところ、足元はDXを含む事業変革の必要性や多様な人財の登用によるイノベーション創出への期待から、異業種・異職種の人財の採用が大幅に伸びている[3]。

PE会社にとっての既定路線である異業種からの中途採用というアプローチを、一般企業も徐々に取り入れ始めている、という見方もできよう。

## （3）完全実力主義

日本企業が永らく標榜してきた新卒一括採用と終身雇用・年功序列・企業別労働組合は、日本的経営の代名詞ともなっている。従来は日本企業の強さの源泉となっていた面もあるが、近年はそれがかえって企業の硬直性の原因となり、健全な新陳代謝を妨げるとして、制度の縮小や廃止の方向に向かっている。ここでも、PE会社はそうした時代の流れの先駆けとなっている。

第一に、年功序列という要素は全くなく、完全実力主義の人事評価が採られている。特にフロントスタッフの場合、投資実行段階からエグジットまでの数年間、同じメンバーのチームが担当し続けることが多く、また最終的な案件の成否は、キャピタルゲインという形で明確かつ定量的に示される。それがキャリード・インテレストとしてGPに配分され、第4章で述べた通り、GPで働く役職員の大きなインセンティブと

---

[2]　日本経済新聞「中途採用比率が最高37％　7年で2倍に、23年度計画」（2023年5月16日）https://career.nikkei.com/nikkei-pickup/002553/

[3]　リクルート「「異業種×異職種」転職が全体のおよそ4割、過去最多に　業種や職種を越えた「越境転職」が加速」（2023年11月29日）https://www.recruit.co.jp/newsroom/pressrelease/2023/1129_12773.html

PE会社の経営の特徴と課題　179

なる。役職員に対するキャリーの配分の考え方はPE会社ごとに異なるが、いずれにしろ、フロントスタッフは、担当案件への貢献の度合いに応じて評価され、金銭的な報酬を受け取る。また、毎年のボーナスや給与のベースアップや昇格についても、こうした実績やマネジメント能力、オールラウンダーとしての潜在力に対する評価がベースとなる。すなわち、実力があれば年齢や在籍年数に関わらず評価される、完全実力主義なのである。言い換えれば、なかなか成果を出せないメンバーは、期待していたような報酬を得られず、昇格面でも後進に追い抜かれることが普通にあり得るのである。

　第二に、終身雇用という考え方もない。就業規則に定年が定められることはあるが、それとて何歳まで雇用を保証するという意味ではない。完全実力主義の人事評価の中で、評価の低いメンバーは自らの限界を認識して自主的に去るケースも少なくない。逆に、自他ともに認める優秀な人財は、退職して自らファンドを立ち上げたり、より好条件の同業他社に転職したりするケースもあろう。PE業界全体の規模がまだ小さい分、同業他社の主要メンバーのプロフィールをお互いわかり合い、名指しのヘッドハンティングも珍しくないのである。PE会社の経営陣としては、有能なメンバーが引き抜かれないよう、キャリーの配分などのインセンティブを整える必要に迫られる。そこには、雇用する側とされる側のいい意味での緊張感がある。中途採用や完全実力主義に裏打ちされたこうした緊張関係が、結果的に他の業種と比べて雇用流動性が高い状況を作り出している側面もある。

　一般企業においても、昨今はジョブ型への移行や成果主義の導入など、旧来型の制度の変革が進んでいる。また、PE会社と同様に歴史が浅く少数精鋭の新興のベンチャー企業などは、日本的経営に囚われない採用・人事評価制度を敷いている場合も少なくない。これらの先駆的な取り組みが日本の伝統的企業（JTC）にとってのロールモデルとなって、変革

が加速することを期待したい。

## 3．人員のターンオーバー

　人財の離職率は、一般企業において人事政策上の大きな課題である。せっかく採用してコストをかけて育成した人財の離職を防ぐため、企業は様々な方策を講じている。PE会社もその例外ではないが、実は離職率の問題は、一般企業とは異なる意味合いでの重要性も持っている。というのは、PE会社の生命線とも言えるファンド募集のプロセスの中で投資家からDDを受ける際に、人員のターンオーバー、すなわち離職者と新規採用者の入れ替わりの度合が重要なチェックポイントとなるのである。

　繰り返し述べている通り、ファンドの成否はその人財にかかっており、チームの安定性は最重要事項の一つである。もちろんある程度の新陳代謝は必要だが、ターンオーバーが高すぎるPE会社は、チームの安定性に疑義を抱かれ、パフォーマンス（投資リターン）の再現につながらないと評価されてしまうのだ。第4章で紹介したキーパーソン条項の存在からもわかる通り、キーパーソンに近いパートナー陣の離脱は特に問題視される。DDの際には、退職者リストを全てオープンにし、場合によっては退職者へのインタビューがリクエストされることもある。なぜ辞めたのか、ファンド運営における問題点がなかったかなど、ファンドのカルチャーや運営方法に起因するような人財流出がないかを徹底的にチェックされる。その結果、最悪の場合はファンド募集に応じてもらえない可能性もある。

　一般企業であれば、取締役の過半数が変わったとしても、株主に会社清算を要求する権利が自動的に発生するようなことはないが、PE会社の場合はそのようなリスクに晒されているのである。ターンオーバーを

PE会社の経営の特徴と課題　181

抑えるためにも、PE会社は公正なキャリーの配分ルールを定め、各メンバーを公正に評価して昇進昇給を実施することが肝要である。上述の完全実力主義は、こうした意味からも重要不可欠なプラクティスなのである。また、人財流出の歯止め策として、退職する際はキャリーの取り分放棄を強制する、報酬を獲得する権利行使を一括でなく数年に分ける、といったルールを設定する場合もある。

しかし何よりも重要なのは、第5章で述べた通り、PE会社の「パーパス」である。ファンドとしての投資哲学やバイアウトファンドを通じた社会貢献の在り方を明確に掲げること、そしてそのパーパスに共鳴し、金銭的報酬だけに左右されることなく、PE会社に対して長期的にコミットする有能な人財を確保し、安定的なチームを作り上げることがPE会社の存続に不可欠である。この点については、一般企業と何ら変わるところはない。

## 4．ゴーイングコンサーンの意味

事業会社は、キャッシュフローの見通しが立たず倒産、破綻することがある。では、PE会社も同様にキャッシュフローの見通しが立たず、倒産、破綻することがあるのだろうか？　PE会社においては、実は一般企業とは若干違った意味での倒産や破綻のリスクをはらんでいる。

第4章で説明した通り、ファンドを設立すると管理報酬が安定的に支払われ、少なくとも約10年のファンド存続期間中は収入が見込まれる。一方、主要な経費は人件費とオフィスの維持費程度であるため、販管費を管理報酬に見合ったレベルに抑えれば、キュッシュフローが回らないという事態に陥ることはない。より具体的に言うと、1号ファンドを組成し、約5年間の投資期間中に投資案件を順調に積み上げてコミットメント総額の一定割合を達成すれば、エグジットによる投資回収が進んで

いなくても2号ファンドを組成できる。2号ファンドの投資が進んで3号ファンドを組成するタイミングは、1号ファンドの存続期間が終わってファンド全体の回収結果が出る時期とほぼ重なり、投資家が期待する成果を上げていれば、無事3号ファンドを組成できる。逆に成果が出ていなければ、それ以降のファンド組成ができず、事業継続を断念せざるを得ない可能性もある。

例えば、1991年に設立された米国のポールキャピタル（Paul Capital）は、世界的に著名なセカンダリーファンドであったが、2014年に10号ファンドの組成に失敗して継続困難となり、「ベテラン投資ファンドのポールキャピタルが解散」という衝撃的なニュースでファンド業界を驚かせた。過去順調にリターンを出していたとしても、直近の2つのファンドの業績が連続して振るわないと、もはやリターンの再現性がなくなったと判断され次のファンドが募集できなくなるということを如実に示す事例となった。

つまりPE会社は、約5年に1度行われる投資家からの厳しい審査に合格したものだけがサバイブできる、シビアな業界なのだ。

## 5．リスクマネー供給の担い手としての役割

投資という観点で考えた場合、事業会社もPE会社も、何らかの「投資」に従事している。PE会社は、言うまでもなく投資会社として、LP投資家から調達した資金を使って、成長の可能性のある様々な企業に対する株式投資を行う。一方事業会社も、事業で稼いだ利益を原資として、さらなる事業成長のために設備投資をしたりM&Aを行ったり、あるいは最近では人的資本への投資、すなわち従業員の給与アップや教育研修の実施などを行っている。その意味ではやはり「投資」をしているわけである。

PE会社の経営の特徴と課題　183

しかし実際には、日本企業における収益の多くは内部留保されたままになっている。2022年度末の内部留保の総額は555兆円となり、11年連続で過去最高を更新している状況である[4]。内部留保された資金は、投資に回る代わりに自社株買いをしたり、配当として支払われることが多い。株主から投資してもらっている立場として、株主還元するという意味では正しい行為ではあろう。しかし、自分が投資する立場として、いかに資金を有効活用するか、という発想が薄いのではないか。

　「投資」、すなわちリスクマネー供給に対する事業会社の考え方が、PE会社とは異なるのではないかと考えられる。リスクマネー供給そのものを生業にしているPE会社と考え方が異なるのは、当然と言えば当然であろうが、要はリスクマネー供給に伴うリスクを回避したいという保守的な考え方が影響しているように思われる。現在儲かっている事業で今後も確実な成長が期待できる場合には進んで設備投資を行うが、うまくいかない可能性のある新規事業への投資には二の足を踏む、投資に見合ったリターンが定量的に読み切れない人的資本への投資にはなかなか大胆に踏み出せない、といった状況が少なくないのではないだろうか。

　しかし、先行きが不透明なVUCAの時代と言われて久しい現在、リスクをとらないリスクのほうが大きいと言われる中で、事業会社がもう少し積極的に投資を行い、お金を回して経済をもっと活性化させることが重要と考えられる。さらに言えば、自社のコア事業に資する投資はもちろん、コアを軸にしながらも新たな領域を切り拓く橋頭保となるような中堅中小企業をM&Aする、といった新規投資もあり得る。その際、PEファンドと共同投資を行ってリスクヘッジすることが有効であろう。既に活発化しているカーブアウトやMBO非公開化に続き、事業会社とPE

---

[4]　毎日新聞「内部留保膨張、狙い撃ち　「企業優遇」　自民税調、危機感　法人税率上げ案」（2023年11月30日）https://mainichi.jp/articles/20231130/ddm/008/020/062000c

ファンドが共同投資する領域の拡大につながる。

リスクマネー供給を生業とする PE 会社の特殊性を、特殊性で終わらせずに、事業会社側がうまく活用して Win-Win の関係を強化することが、日本経済の活性化にも資すると考えられる。

PE 会社の経営の特徴と課題

# PEビジネスの将来像と課題
## 〜日本のリスクマネー供給の
## 将来を語る〜


・座談会収録日：2024年3月28日


・登壇者（五十音順）：

    アント・キャピタル・パートナーズ株式会社

      代表取締役社長　飯沼良介氏

    明治大学大学院グローバル・ビジネス研究科　専任教授　岡俊子氏

    ポラリス・キャピタル・グループ株式会社

      代表取締役社長　木村雄治氏

    パナソニック コネクト株式会社

      代表取締役　執行役員　プレジデント　樋口泰行氏

    株式会社産業革新投資機構　代表取締役社長CEO　横尾敬介氏


・コーディネーター：

    京都大学経営管理大学院　特別教授　幸田博人氏

**（以下、敬称略）**


注：座談会の討論者は個人の立場で参加しており、本稿の内容や意見は
　　討論者個人に属し、討論者の所属する組織の公式見解を示すもので
　　はない。

幸田：この座談会は、「PE ビジネスの将来像と課題～日本のリスクマネー供給の将来を語る～」というテーマで、PE ビジネスとの接点をお持ちである 5 名の有識者にお集まりいただきました。今後、日本の人口減少社会の到来、産業構造の転換、更には経済・社会構造を大きく変革していくことを睨みながら、日本の社会課題を解決する観点からも、リスクマネー供給を増やしていくことの重要性があります。今回 PE をテーマに、「産業の変革をリードするプライベート・エクイティ」という書籍の発刊を予定しています。その書籍の内容との関係で、本日は有識者 5 名の方々から、「PE ビジネスの将来像と課題～日本のリスクマネー供給の将来を語る～」というテーマで、意見交換をさせていただければと思います。

　最初に、皆様から、自己紹介と、リスクマネーや PE との接点やご関心の向きについて、お話いただければと思います。まず、日本プライベート・エクイティ協会（JPEA）の会長を務めている飯沼さんからお願いします。

## 1．自己紹介－PEとの接点とリスクマネー供給の視点

飯沼：2023年 9 月に JPEA の会長に就任いたしました飯沼と申します。私は三菱商事を経てアントファクトリー（現アント・キャピタル・パートナーズ）にジョインして以来、PE に携わって23年目になり、主にスモールからミドル規模の日本企業を対象とするバイアウトファンドを運営しています。JPEA 会長に就任し、こんなにたくさんの仕事があるのか、と思っているところですが、ちょうど産業競争力強化法の改正が行われて中堅企業を盛り上げようというタイミングで、協会としても全面的にバックアップしようということに

なっています。

　23年前に私が PE を始めた頃はまだ PE そのものが黎明期でした。バブル崩壊後、業界再編が必要ということで持株会社の解禁や株式交換の規制撤廃などの法改正があり、PE もその一端を担おうと考えていましたが、なかなかそうした案件がなく、事業承継案件が中心でした。ようやく最近、大企業そのもののバイアウトや子会社のカーブアウトが本格化してきたところで、モメンタムの変化を感じています。今、日本の M&A の13％が PE ファンドであり、事業再編の受け皿として、メインプレイヤーになりつつあると思います。

**幸田**：それでは、次に、産業革新投資機構（JIC）の社長として、官民ファンドの立場で、様々な政策的な観点を含めて、リスクマネー供給について、幅広く取り組んでいる横尾さんから、お願いできればと思います。

**横尾**：横尾です。宜しくお願いします。私は旧日本興業銀行出身で、当時は長期信用銀行として、一般の商業銀行の在り方と大分違って、産業金融を柱に取り組んでいました。若い頃、審査部門担当者のための研修が1ヶ月超あり、そこで叩き込まれたことは、バランスシートや PL（損益計算書）の見方を含め、企業経営そのものであり、そこにおけるお金のめぐり方、デットとエクイティをどう見るかといった、銀行としては、極めて珍しい内容でした。その後たまたま縁があってみずほ証券に転籍した2001年以降、当時アメリカからの PE ファンドという発想もあって、ちょうどその頃に、みずほ証券の部長だった木村さんがファンドを立ち上げたいということで、企画担当常務としてポラリスを2004年に設立しました。

　2019年に JIC の社長を引き受けた理由の一つに、日本の構造的な

PE ビジネスの将来像と課題 〜日本のリスクマネー供給の将来を語る〜　189

問題があります。所謂間接金融中心の構造問題を解決する一つの手段として、エクイティという分野でのリスクマネー供給ということが、政策的にも極めて大事だと思ったのです。それから現在までの4年強、リスクマネー供給について、いろいろな形で幅広く進めさせていただいている状況です。

**幸田**：それでは、パナソニックコネクト株式会社代表取締役執行役員社長・CEO の樋口さん、大企業の事業構造改革的側面や PE との接点、また、リスクマネー供給という視点で、お願いします。

**樋口**：初めまして。樋口と申します。現在パナソニックはホールディングス持株会社に移行しまして、その下にある7つの事業会社の一つであるパナソニックコネクト株式会社を担当しています。パナソニックには新卒でエンジニアとして入社し、12年経って辞めて、ボストンコンサルティンググループ、アップル、ヒューレット・パッカード、それからダイエーの仕事をして、その後マイクロソフトに行き、2017年に25年ぶりにパナソニックに戻りました。

　金融の世界にもいませんし、ファンドにも詳しくないのですが、ダイエーの社長のときに産業再生機構・アドバンテッジパートナーズ・丸紅の3社体制のもとで働いたという接点がありました。パナソニックに戻り、もう一度強い会社にしなくてはといろんな変革をしているところですが、いかにこの20〜30年間、日本企業が変わらなかったかを痛感しています。株主のプレッシャーもさほどなく、社内には戦略のリテラシーも経済的インセンティブもなく、リスクを取りたがらず、変革の難易度が非常に高い、だから変えられない、といったことの連続でここまできています。日本を変えるには、もう資本の論理しかないと思っているところです。

ちなみにPEとのもう一つの接点はポラリスで、パナソニックのセキュリティ事業をポラリスにカーブアウトした経緯があります。今日はどうぞよろしくお願いします。

幸田：それでは岡さん、永年M&A分野に携わり、現在、明治大学ビジネススクールでM&Aを教えておられることもあり、M&A的側面からの有識者として、本日の座談会、宜しくお願いいたします。

岡　：今、ご紹介頂いた通り、私は30年以上コンサルティング会社におりまして、うち20年以上がM&Aコンサルでした。PEファンドとの接点は、コンサル時代に私どものクライアントさんにPEファンドがあったことに遡ります。コンサルタントにとってPEファンドはとても厳しいクライアントで、勉強になるプロジェクトばかりでした。樋口さんがいらしたダイエーのビジネスDDも担当したことがあります。

　普段の事業会社に対するプロジェクトでは、コンサルがいくら提案しても、社内力学で変われない会社が多くあります。そういった会社がPEファンドから資本を受け入れることになり、経営に関する提案を受けると、彼らはその提案をほぼ受け入れていました。資本を持つ人の圧倒的な力をまざまざと見せつけられた感じがしました。その現実を目の当たりにすると、若いコンサルタントたちはPEファンドで働きたいと思うようになり、私がコンサルに携わっていた後半の時代は、若手コンサルタントが一人また一人と、PEファンドに転職していく、そういう時代でした。

　今は明治大学ビジネススクールで教鞭をとっております。昨年秋からPE概論という科目を新設しました。一昨年までは、PEファンドがテーマだと受講者が集まらないと言われ、他の科目との抱き合

PEビジネスの将来像と課題 〜日本のリスクマネー供給の将来を語る〜　191

わせでカリキュラムを作っておりましたが、少人数でもいいからそろそろ本格的に PE ファンドの科目を新設したいと思い、動いたところ、蓋を開けると20〜30人が集まりました。明治大学のビジネススクールは受講者数自体がそれほど多いわけではないので、20〜30人はけっこう多いほうです。そういう状況を見るにつけ、PE ファンドに対する関心の高まりを感じますが、まだあまり理解されていない部分もありますので、PE ファンドについて世の中にもっと理解してもらう活動が必要だと思っています。

　大学以外ですと、数年前から JPEA でナレッジシェア委員会の委員をしており、今年からは監事を仰せつかっています。また、JICの他、いくつかの上場企業の社外取締役もさせていただいております。

　今日はどうぞよろしくお願いいたします。

**幸田**：最後に、木村さん、今回企画されている書籍との関係性も踏まえ、本座談会の企画について、自己紹介、更には、リスクマネー供給の観点を含めてお願いできればと思います。

**木村**：ポラリス・キャピタル・グループの木村です。宜しくお願いいたします。ポラリスは今年 9 月13日に20周年の節目を迎えます。このタイミングで書籍を出し、その中で有識者の皆様と座談会のかたちで PE の将来について議論させていただきたいと考え、貴重な時間をいただきました。

　私は1985年に日本興業銀行（興銀）に入行し、その後20年勤めました。興銀は、産業金融として長期的視点から日本企業をサポートして日本経済社会に貢献するという、商業銀行とはまったく違う銀行でしたが、時が経つにつれ、長期信用銀行の役割やビジネスモデル

が持たなくなり、第一勧業銀行・富士銀行と合併してみずほフィナンシャル・グループになりました。そこで、興銀が担っていた機能を日本のために再構築する必要があるのではないか、興銀のDNAを何とか引き継げないか、と考え、企画担当常務だった横尾さんにご支援いただきながらポラリスというPEファンドをスタートさせました。現時点で、興銀が20年、次の20年がポラリスという非常にわかりやすい経歴です。

この20年、PEの市場環境は相当変わり、PEのビジネスモデルが日本に根付き、それなりに社会的意義を果たす大きな存在になってきているのではないかと思います。2019年から2年間、JPEAの8代目会長としてPE業界の発展のために尽力してきましたが、バイアウトファンドの案件も、事業承継から大企業のカーブアウトやスピンオフ、昨今は戦略的非公開化がPE市場を拡大させています。今後の課題としては、グロースバイアウトを考えていく必要があると思います。これまではLBOが主なバイアウトのスタイルでしたが、これからはPE業界として、企業の成長性にフォーカスした成長産業のサポートにチャレンジしていくべきと思います。まだ課題はあるものの、さらに存在感を増していくべきと思います。

今日ご登壇の皆様との関係を申し上げると、樋口さんとは、ポラリスがパナソニックコネクトのセキュリティーカメラ事業をカーブアウトした案件でご一緒させていただいたご縁があります。岡さんはペンシルバニア大学ウォートン校の1年後輩で、ポラリスの投資案件のコンサルティング等もやっていただきました。飯沼さんは、私の2代後のJPEA会長でPE業界の仲間です。横尾さん・幸田さんは興銀の先輩にあたり、ポラリス創業時およびその後も大変お世話になっております。今日はどうぞよろしくお願いいたします。

PEビジネスの将来像と課題　〜日本のリスクマネー供給の将来を語る〜

幸田：ありがとうございます。今皆さんから自己紹介とPEとの接点や
リスクマネー供給の拡大に向けた課題に係る点もいくつかお話しい
ただきました。私自身は、現在京都大学経営管理大学院・経済学部・
大学院経済学研究科で教えていて、その中に、本日のテーマである
「PEと資本市場」、「ベンチャーエコシステム」の講義などをしてお
り、受講学生は200〜250名と相応の規模です。これらの講義は2019
年にスタートしましたが、最近特に履修生が増えていて、ファンド
ビジネスやスタートアップなどへの関心が大変高まっています。ま
た、JIC及びポラリスの社外取締役も務めていますので、本日、全
体のコーディネート運営をさせていただいています。

## 2．マクロ的な視点からリスクマネー供給を考える

### （1）大企業の立場から見たリスクマネーやPEの意味

幸田：最初にマクロ的な視点から、皆さんの関心をお聞かせいただきた
いと思います。2024年3月現在、日本では、1989年のバブルピーク
以来30年ぶりの歴史的な株高になっています。東証がPBR1倍割れ
問題などをテーマに企業活動の変革への取組みを企業サイドに促し
ていること、海外機関投資家のマネーの流入が中国から日本に変化
したこと、コーポレートガバナンス改革の進展などを含めた株高背
景説明は、一般的にされています。企業としては、投資家からのプ
レッシャーや市場の変化に応じて、スピード感をもって事業ポート
フォリオの見直しや投資の積極化を行う局面に変わりつつある、或
いは変わらねばならない、という認識が大変強くなっています。樋
口さんが、大企業の取組みの難しさに先ほど言及されました。こう
したマクロ的な観点で、大企業をとりまく構造変化、それを踏まえ
た取組みの方向感、さらにはリスクマネーやファンド投資について

お話いただければと思います。

樋口：はい。明らかに、PBR1倍割れ問題や株主からのプレッシャーはあり、日本そのものの競争力を取り戻さなければならない中で、ではどこで闘うか、どう闘うか、といった戦略の議論やポートフォリオマネジメントの意識はすごく高まってきていると思います。かつては、ポートフォリオマネジメントについて役員合宿をしても、散々議論をした翌日には何事もなかったように元通りの仕事をする、みたいな状況が多かったのですが、最近はさすがに実際のアクションを起こそう、というモードになってきています。一番大事なのは、ショートタームのターンアラウンドではなく、ロングタームで本当に持続可能な収益を出せる事業になっているか、そういう闘い方をしているか、という点です。

　デジタル領域ではもう逆立ちしても米国のテクノロジージャイアントには勝てないし、モノづくりはコモディティ化して中国・韓国・台湾や新興国が強くなってきている。メーカーとしてどこで闘うか、というと、部品点数が1万以上ある複雑な製品や、アナログやオプティカル技術との綿密なすり合わせが必要とされるもの、あとはソフトウェア等との組み合わせが必要で、かつB2Bでお客様との緊密な関係の構築によりエントリーバリアが築ける領域など、非常に狭くなってきている感じがします。

　AIやデジタルの大きな潮流の中で、最終的に生き残る道を探す方向にトランスフォーメーション（変革）をしていかなければならない。その前に、足元で利益が出ている事業とそうでない事業を見極めて後者を整理し、もう一度体力を戻す、あくまでその順番で進めるのだ、という思いで取り組んでいます。シーメンスやフィリップなど欧州勢も、日本と同じように、どこで闘うかを一貫して考え

PEビジネスの将来像と課題　〜日本のリスクマネー供給の将来を語る〜

てきていますが、日本では、そういうことを真剣に考えている人が少ない観はあるかもしれません。これからは EV の時代だからそこに参入しよう、といった短絡的なケースも非常に多い。日本全体の戦略リテラシーを上げなければならない、社会のため、人のためだけではなく株主価値をもっと考えて強くならなければいけない、という感覚の経営者は、さほど増えておらず、どうやれば増えるかもちょっとわからない状態です。

**幸田**：ありがとうございます。今のお話に関連して、樋口さんのところで、最近、ブルーヨンダーに巨額な投資（M&A）をされましたが、米国企業との M&A を経て、どういう変化が生じているのか、というあたりを少し補足していただければ有難いです。

**樋口**：これはメーカーの観点ですが、ハードウェアで生き延びられる分野はまだあるものの、だんだん狭まっていて、遅かれ早かれコモディティ化するリスクもあります。1 つのハードウェア製品を見たとき、その付加価値に占めるソフトウェアの割合が増えてきています。しかも、（個々の製品の）上位に位置するスケーラブルなソフトウェアは、収益力が高く、リカーリングになっていて安定的に収益を生み出しますし、クラウドベースのサービスとなるので、ビジネスモデルとして押さえたい領域です。ブルーヨンダーは、サプライチェーンのソフトウェアということで、「モノ」が動く現場での事業を営むパナソニックとの親和性が非常に高い、ということもありますが、それ以上に、事業ポートフォリオの中にソフトウェアのクラウドサービスをとりいれることの意味の方がはるかに大きいです。

　日本からは、あの手のソフトウェアは生まれてこないと断言できると思います。日本人は、ディテールには非常に強いけれど、物事

を大局的に見たり、ビッグピクチャーを描くことが苦手で、かつお客様の力がとても強いので一品一様的にソフトウェアを作ってしまう。とすると、米国で生まれて標準となったソフトウェアパッケージを買う方が早い。ブルーヨンダーの案件は、パナソニック本体とのシナジー追求はセカンダリーな感じでやっています。

幸田：それでは、M&A の視点を含め、日本企業の構造改革というマクロの観点から、岡さん、お願いします。

岡　：樋口さんの「戦略リテラシーを上げることの重要性」という点には、頷くことが多くありました。先ほどカーブアウトの話が出ましたが、企業がカーブアウト案件に積極的に取り組んでいくためには、日本全体の戦略リテラシーを上げていくことが重要だと思います。
　　　企業は、注力分野には多大な経営資源を注ぎこみますが、それ以外の分野は、放ったらかしになりがちです。放っておくよりも、売却したほうがその事業のためになることが多いのですが、企業は事業を売却したがりません。しかし近年、事業売却が少しずつ増え始めています。特に上場企業は、コーポレートガバナンス改革の進展や、PBR1倍割れ企業は何らかの対応策を開示すべきなどのプレッシャーを受けていますので、事業ポートフォリオの見直しについては、買収だけではなく、売却に対しても、真摯に向きあわなければいけないと考えるようになってきています。
　　　これまでは、売却というと赤字事業の売却が多かったのですが、その場合は事業の立て直しが必要なので、事業のことをよくわかっている同業他社が引き取ることが多いです。一方、健全な収益を上げている事業のカーブアウトの場合、昨日まで闘ってきた競合企業の傘下に入れと言われると社員のモチベーションダウンが激しいの

PE ビジネスの将来像と課題 ～日本のリスクマネー供給の将来を語る～　197

で、競合他社は引き受け手になりにくい。そこで登場するのがPEファンドです。最終的には、競合と一緒に企業規模を拡大したほうが業界の発展に資する場合でも、一旦、PEファンドがバッファーの役割を果たすこともあります。ただ、ここで心配になるのは、カーブアウトされる事業が、PEファンドのもとで本当に企業価値を高められるかです。

日本企業における多くの子会社は、日々、親会社にあれこれ文句を言いつつも、ぬるま湯的な環境に甘えています。そういった環境にある子会社は、親会社に「売却する」という決断をされたら、ある日突然、親会社から離れて自立しなければいけません。これまで親会社に寄りかかってきた組織が、すぐに自立できるか、ここに大きなチャレンジがあります。

去年、「『子会社売却』の意思決定」という書籍を出しました。その中で書いたメッセージの一つは、企業にとって売却においては、売る側の情緒が大きく影響するということです。祖業だから手放せない、売上が小さくなると会社の規模が小さく見えるからそう簡単には売却に踏み込めない、といった情緒面から意思決定がなされる。だからなかなか売却につながらなかった。それが、ここ数年で、状況が変わりつつあります。

もう一つは、子会社側も、親会社からいつ引導を渡されても対応できるように、自分たちの事業を最も成長させられるベストな環境はどんな環境かを平時から検討しておくことが重要ではないか、というメッセージです。実は、後者のほうが本書の隠れた重要なメッセージです。それができていると、ある日突然親会社に引導を渡されても、「ではこの会社と話をしてください」と子会社側から提案できるかもしれないし、新しい親会社が自分たちの事業をさらに成長させられる会社であれば、もっと社会に貢献できるかもしれない。

普段からそういった関係にあると、グループ経営において親会社と子会社の間に適切な緊張関係が生まれてくるので、親会社も過剰に上から目線にならないし、子会社側も合理的なことであれば、ちゃんと親会社にモノを申すことができます。

PEファンドが活躍の場を広げることは、日本企業のグループ経営におけるガバナンスの在り方にも大きな影響を与えるものと思います。

## （2）政策的な観点からのリスクマネー供給について

幸田：大企業をめぐる状況変化の中で、いくつかの論点を出していただいたと思います。それを踏まえながら、日本の経済や社会のあり方を変えていくためにも、政策的な観点で、従来以上にリスクマネー供給が重要になっています。横尾さんからマクロの話として、政策的な視点からお願いします

横尾：先ほど日本の構造問題に触れましたが、コロナ後の状況も踏まえると、どういう変化をしているか、大きく3点あるのだろうと感じています。

第一に、社会・経済構造の変化について、経済産業省（経産省）とよく話しています。特に、人口減少、シニア化の進展の中で、雇用の流動性の低さなどの従来型の日本の雇用の枠組みは、スピードは遅いけれども、少しずつ変化してきていると感じます。

2番目に、企業の構造問題です。樋口さんがおっしゃっていたように、ハードからソフトへの付加価値の移転という問題意識が、日本企業ではまだまだ鈍いです。それにトライしようとする企業も出てきていますが、まだ果実を享受するレベルまでは行っていない状

PEビジネスの将来像と課題 〜日本のリスクマネー供給の将来を語る〜　199

況ではないでしょうか。企業サイドの問題は樋口さん・岡さんと同感ですが、それをどうするか、という点については、なかなか大変です。やはり過当競争の継続では収益を生み出しにくいので、ポートフォリオの見直しを思い切ってやっていくことが大事だと思います。

　3番目に、社会構造問題と企業の構造問題の両方をサポートするための金融の仕組みの問題です。戦後から長らくは間接金融が中心でしたが、これからの時代は、構造問題自体の変化を前提とすれば、リスクマネー供給がどうしても必要になってくるでしょう。この点、アメリカと日本の構造は大きく違います。もちろん規模の違いはあります。日本においても、PE投資へのニーズが広がっています。産業構造の変化、例えば脱炭素をどう考えていくのか、サプライチェーンの海外展開を地政学のリスクが出てきている中でどう考えるか、また、ESGへの取組みは、以前は形式的に考える経営者が多かったが、やらなくてはいけないと、わずかですが本気度が変わり始めている感じがしているので、そこが大きな変化です。大企業も中堅中小企業も、金融からのエコシステム化をどう見ていくか、こうした取組みにどう付加価値をつけていくか、といった点で、その指南役として、また人材育成を含め、PEファンドの役割はだんだん増してくるのではないかと考えています。


## （3）マクロ的な観点からのPEファンドの役割

幸田：ありがとうございます。先ほど岡さんからもマクロ的な日本企業社会を巡る変化の中で、PE、特にカーブアウトという側面で、今後さらにPEの役割が広がるのではないか、というご示唆がありました。PEファンド側のお二人から、マクロ的な観点からのPEファン

ドが果たすべき役割についてのお話を、まず木村さん、お願いします。

木村：歴史的株高の話が出ましたので、そのあたりのいろいろな理由についてまず言及させていただきます。まず、株高になっているのは輸出型大企業であることと、もう一つ新 NISA の枠組においては名の通った企業への投資が行われ、それらの企業が独歩高となっているのが実情ではないかと思います。また、円安を背景に海外投資家が日本株を買っている状況もあり、先ほど海外のマネーが中国から日本に流れ始めているという幸田さんのご指摘もありました。従って、今の足元の歴史的な株高が、日本経済の実態を現わしているかと言われると、私はそうではないと思います。実際、細かく株価を見てみると、輸出型の大企業は株高ですが、内需型の中堅中小企業は割安放置されて PBR1 倍割れとなっており、市場の中での二極化が鮮明になってきていると思います。

　そのようなマクロ環境の中で、企業は何をすべきか。株価が上がっていない企業は、やはり選択と集中が進んでいない、成長事業に対する投資がなされていない、ということではないかとみています。好調な大企業は、選択と集中を行って戦略的カーブアウトを加速させ、PE ファンドを活用する機会を増やしています。

　もう一つ、上場維持が是か非かという問いが、経営者の中に出てきているのではないかと思います。ポラリスを創設した2004年当時は、非公開化の提案をしても「なぜそんな提案をするのか」「せっかく上場したのに」といった反応をされ、経営者の中でためらいがありましたが、最近は真摯に提案を聞いてもらえる状況になってきています。中長期的・抜本的な戦略の見直しのためには、やはり非公開化したほうがやりやすいということで、恐れずにその道を選ぶ

PE ビジネスの将来像と課題　～日本のリスクマネー供給の将来を語る～　201

企業が増えていると思います。その結果、ここでも PE 活用の機会が増えています。つまり、非コア事業の受け皿としての機能の提供と、非公開化して戦略を練り直して実行する上でのリスクマネー供給、ということで、我々 PE ファンドが果たすべき役割がどんどん増えてきているのではないかと思います。

　もう一つ、まだ日本で市場が育成されていない領域がグロースバイアウトです。日本には、成長事業に対して VC に続いてさらにリスクマネーを供給する仕組みができておらず、PE 業界を挙げて注力すべきだと思います。これこそが日本の将来の発展に大きく影響を及ぼす仕組みであり、リスクマネー供給をどんどんやっていかなければならないと思います。

　それから、大企業が選択と集中で得た資金を成長事業にしっかり投資する、ということもポイントです。売却で得た資金を内部留保して、自社株取得をして株価を維持しても、決して成長を生み出していることにはならないし、日本経済のためにならない。企業がリスクマネーをどう経済に回すかという点も、市場全体の課題としてあるのではないかと思います。

幸田：飯沼さんには、最初にコメントいただいた中堅企業等を含めたマクロ的な観点からもお話をいただけるといいかと思います。

飯沼：今、皆さんのお話を面白いなぁと思いながら伺っていました。これが 5 年前の座談会だったら事業承継の話しかなかったはずですが、今やカーブアウトと非公開化の話ばかりですね。これがまさしく今のトレンドを現わしていると思います。2011〜2014年は500億以上の案件は年平均 4 〜 5 件で全体の規模も2,000億円くらいでしたが、2019〜2023年は 8 件。大型案件やカーブアウトが増えている

ことをデータが示しています。アメリカとの差も大分縮まってきていて、2019〜2022年のアメリカの M&A に占める PE の割合は15%ですが、日本は13%でした。2023年はアメリカの PE 市場が縮小しており、日本では去年非常に伸びたので、逆転している可能性があります。木村さんもおっしゃったように、企業側のヘジテーション（躊躇）はほぼないと感じます。JPEA の会員をみても、ここ数年グローバルファンドが年数社ずつ入会してきています。グローバルファンドは大規模案件を狙ってきますから、それぐらいマーケットが変わってきていると思います。

　グロースについては、経産省と JPEA でずっと話している中で、彼らが面白いデータをお持ちで、大企業より中堅企業のほうが雇用と賃金を増やしており、売上の伸び率も高いのです。ただ残念ながら、中堅企業は自力でそこまでは行くのですが、輸出まではいかない。輸出産業に育てたり事業の構造改革をすると、さらに伸びるのではないか。そこにグロースがフックされてくると思います。政府は、ここに焦点を当てようと考えていて、既に産業競争力活性化法の改正を公表しています。中堅企業を法律で定義して、1 社あたり30〜50億円の補助金を投入し、かつ M&A の税制メリットも出してロールアップを促そうとしています。面白いのは、ここに JPEA が支援団体として招かれていることです。PE ファンドが企業価値を高めるということが認知されてきたと感じます。

　岡さんが、カーブアウト案件の中で、大企業でもなかなか成長させられない事業を PE ファンドが変えられるかという非常に難しいテーマを挙げられましたが、やはり無理なものは無理だと思います。ファンドはセレクティブに案件を検討し、変えられるものは買うと思うので、買い手がつかない事業は本当に厳しいと思います。

　DX という観点で少しお話させていただくと、樋口さんが話され

PE ビジネスの将来像と課題 〜日本のリスクマネー供給の将来を語る〜　203

たように、世界的に言うともはやハードでなくソフトウェア（アプリケーション）の世界ですよね。時価総額のトップ10はほとんどソフトウェアの会社です。ハードからソフトにどうやってビジネスモデルを変えていくか、これがまさしくDXです。日立はそれを率先している企業だと思います。時価総額がこれを物語っています。中堅企業でも、例えば会計の会社を見ると、フリーやマネーフォワードの時価総額は、ライセンス販売をしていたピー・シー・エーなどとは全然違うレベルにあります。ハードウェアを全面否定するわけではありませんが、変えていくチャンスはあるのではないかと思います。

　そういう意味で、中堅企業の海外展開やDXによるビジネスモデル転換を、PEファンドがリスクマネーを入れて支援していく、という新しいチャレンジは大いにあると思います。

　実は私も樋口さんと全く同じ考えで、三菱商事時代にずっとシリコンバレーのソフトウェアを日本に持ってくるビジネスをやっていました。そこで、日本ではテクノロジーベンチャーはなかなか生まれない、VCは厳しいな、と思っていたのです。ところが今は、逆にありだと思っています。なぜなら、テクノロジーではなくビジネスアイデアのベンチャーが生まれてきているからです。例えば、Uberにしても Airbnb（エアビー）にしても、テクノロジーではなく、普通にあるモデルをプラットフォーム化しているだけなのです。プラットフォームビジネスは、ベンチャーだけでなく大企業でも中堅企業でも、誰でもできます。例えば帝国ホテルやホテルオークラがエアビーをやってもいい。つまり、ホテルの常連客は別荘をお持ちだと思うので、その別荘を束ねたハイエンドエアビーを作れば、ホテルはお客様の持ち物を使ってバーチャルに宿泊施設を増やしていくことができる。最終的にはグローバルにハイエンドの方を対象と

した高級別荘を利用できるプラットフォーム会社に変革できるかもしれません。そういうビジネス変革をお手伝いするのも PE のチャレンジではないかと思います。グロースもそうですが、特に中堅企業には国も力を入れているし、我々 PE も力を入れていきたい分野です。

幸田：PE の役割も、日本の社会・経済の変化の中で変わってきているということを、いくつかの視点から、お二人に示唆していただいたと思います。

## 3．リスクマネー供給の広がり−複数の構造問題

### (1) リスクマネー供給と金融的な視点

幸田：次に PE の各論を議論させていただければと思います。リスクマネーがこの数年の間に相当増えてきたとはいえ、欧米との比較で言うと、ファンドの数も、1 ファンドあたりの規模も必ずしも大きくありません。そういう意味では、リスクマネー供給の量の広がりがまだ十分ではない、また質的な観点もあるかと思います。金融的な視点から、リスクマネー供給について、横尾さんからお願いします。

横尾：おそらく、リスクマネー供給ありきということではなく、先ほど申し上げた構造問題が色々ある中、例えば大企業や中堅企業の経営者の意識改革、ポートフォリオの見直し、などを含めた変化が起こることによって、リスクマネーをどう考えるか、どういう形で必要とするか、ということになると思います。主に企業サイドの構造問題が中心になりますが、金融サイドの構造問題もあります。これらをどう変化させていくか、鶏と卵の関係であって、構造変化を起こ

すために、先ほど樋口さんがおっしゃった資本の論理を使う必要も
あるかと思います。大きく言えば、コーポレートガバナンス、ESG
の中の、特に G ですね、そこで、株つまり資本の論理をどう使うか、
となると、どうしてもリスクマネー供給が必要になります。それが
日本の構造問題を変える引き金になる。そういう変化の兆しは相当
出てきています。先ほど木村さんがおっしゃっていたように、日本
の歴史的株高は新 NISA のインパクトもありますが、もう一つは企
業間の持ち株の解消です。これがまさにポートフォリオの見直しと
直結していると思います。金融緩和を含め、構造改革に連動してき
ていると思います。やはり資本の論理をどう考えていくのかが、リ
スクマネー供給の大きな役割だと思っています。

　JIC の取締役会で、これから議論していくテーマになると思いま
すが、エンゲージメントファンドの検討も必要ではないかと考えて
います。直接、我々がエンゲージメントファンドを作って進めると
いう手段もありますけど、もう一つは LP 投資として進めていくと
いう考え方もあります。LP 投資の場合は、やや間接的ですけど、リ
スクマネー供給を通じて、PE をやっている人が、エクイティをバッ
クに企業経営者とのエンゲージメントを深めていくことで、リスク
マネー供給の広がりをもたらすのではないかと感じています。

## （2）リスクマネー供給の広がり－PE の視点

幸田：ではここで PE ファンドサイドから、リスクマネー供給の広がり
　　　についてどういう視点を持たれているのか、お二人にお話をいただ
　　　きたいと思います。木村さん、まずお願いいたします。

木村：リスクマネー供給が十分でない中、いろんなステイクホルダーの

視点があります。まず投資家は、まだまだローリスクローリターンを志向する傾向があると思います。中にはかなり育成された投資プロフェッショナルを採用している機関投資家もいますが、多くは安定的、コンサーバティブな投資をしており、オルタナティブ投資の比率が低いのではないかと思います。アメリカではオルタナティブ投資は率先して行われていますが、日本の投資家にはなかなか浸透しきれていません。安定志向という日本のカルチャーも影響していると思います。もう一つは、PEに対する見方についてです。プロや海外の投資家は違いますが、投資家の中には、拝金主義への嫌悪感のカルチャーがベースにあり、ファンドが儲かったらファンドマネージャーに相当な報酬が入るのだろうな、そのための協力をしているのではないか、というふうに思う投資家もいるのが実情です。

　リスクマネーの担い手であるPEファンドの視点から見ると、リスクマネー供給すなわちファンドのサイズが小さい。ポラリス5号ファンドの1,500億円は日本のファンドの中ではトップ級ですが、アメリカのファンドとは桁が違います。リスクマネーを供給する担い手として、PEに携わる人材が育成されていないという課題も、ファンド規模の小ささによる経験値の低さに起因する部分もあるのではないかと思います。

　投資先企業の側のポイントとしては、まだコングロマリットをよしとする風潮があること、それからスポンサーシップへの拘りがまだ強いこと、バイアウトされることへのマイナスイメージもまだ持っている人がいることです。私はその辺のところを「しがらみ」と呼んでいますが、日本における特有なしがらみが、リスクマネー供給の拡がりの阻害要因になっているのではないかと思います。

　それから、市場の問題として、非上場株式の流通市場が存在しないことが挙げられます。アメリカには存在するのですけれど。これ

は仕組みとしての問題点です。また、日本はまだ間接金融中心の考え方がベースにあって、直接金融によるリスクマネー供給のベースが育ちきれていないこともネックになっていると思われます。

いろんなステイクホルダーの問題を挙げましたが、複雑な要因が絡んでいます。これらを一つずつ克服していくことが非常に大事ではないか、我々PEファンド側もリスクマネー供給の担い手としてレベルアップしていかなければならないと考えています。

**飯沼**：現在マーケットは3つに分かれてきていると思っています。まず500〜1,000億円規模の案件は、100％近くをグローバルファンドがやっています。500億円未満あたりからは日本のバイアウトファンドがやっています。もっと下のマイクロキャップについては、最近地銀がその地域の事業承継ファンドを立ち上げてきていて、これら3つに分かれて成長してきていると感じています。なぜ分かれているかというと、1,000億円規模の案件はファンドサイズとしては1兆円、少なくとも5,000億円以上が必要となります。グローバルファンドは、この規模をアジアファンドという形で実現しており、そこから日本に投資しているのです。日本のファンドが投資先企業を日本だけにフォーカスしてしまうと、ファンドサイズを大きくしても、そんなに案件があるのか、ということになってしまうので、なかなか大きくできないのです。ではその解決策として、日本ファンドもアジア枠のファンドを募集するか、というのが一つ大きな課題ではないかと思っています。

一方で、投資家サイドを見ると、日本の投資家はやはり限られていて、彼らから集められるのは多分せいぜい500〜700億円くらいではないかと思います。1,000〜2,000億円のファンドを作ろうとすると、海外投資家から調達することになります。けれども、我々はや

はり日本企業に投資して出たリターンは、できるだけ日本に返したいわけですよね。そうすると、やはり日本の投資家層を増やしていきたいです。そうでなければ、機関投資家1社あたりの投資金額を大きくしてもらいたい。日本には世界最大の投資家（GPIF）がいるのに、日本のPEファンドに入って来ていません。GPIFがPE投資をするサイクルを作っていかなければならないと思います。グローバルファンドがいけないと言っているわけではありませんが、せっかくなら日本ファンドが日本企業の案件をカバーできる大きさになりたい。となると、やはり国がどこにどういうふうにお金を入れていくか、という話になります。JICのお金は日本のお金なので、JICとしっかり一緒に取り組んでいくことを増やしていくべきではないかと思います。案件が増えればファンドが大きくなるのか、ファンドを大きくしたら案件が大きくなるのか、という鶏と卵の話はありますが、ようやくPEが企業価値を上げるという実績が出て、その認識もじわじわ広がり、ヘジテーションが大分薄れてきているので、実績を出せるPEのプレイヤーをもう少し増やしていかなければいけないと思います。

## （3）リスクマネー供給の広がり－大企業の視点

幸田：ありがとうございました。リスクマネー供給の広がりがなぜ十分ではないかという点について、今、皆さんから、金融的な視点でいろいろな論点を出していただきました。樋口さんからは、大企業の戦略とリンクする形でリスクマネー供給をどう考えるか、ご意見いただければと思います。

樋口：まず、ヨーロッパの企業はあまり知りませんけれど、少なくとも

PEビジネスの将来像と課題　～日本のリスクマネー供給の将来を語る～

アメリカの企業と比べて日本企業はすごくガバナンスが効きにくいです。終身雇用のせいもあるかもしれませんけれど、社員がボスのいうことを聞かず、自分の首を切れるものなら切ってみろ、みたいな人がいる中で、変革しようと思うと、人間力のあるリーダーがやらなければできないという側面があります。文化的にすごくウェットで、雇用の流動性も低いせいかもしれません。

　ダイエーの時に、コンサル出身者や弁護士などプロフェッショナルな人がたくさんヘルプのために乗り込んでこられましたが、現場との親和性は非常に低く、どちらかというと彼らの言うことなんか絶対聞くもんかみたいな感じになるんですね。従って、戦略性も人間力もあるという、求める難易度の高いリーダーでないと、なかなかトランスフォーメーションできない。特に大きな組織になると非常に難しいと感じます。小売のように、変革のための押しボタンは、小さなボタンが沢山ある状態で、しかも現場の腹落ち感がないと改革できないという組織が一番難易度が高いでしょう。変革のための大きな押しボタンが、そんなに人の腹落ちとか同意がなくして押せるような案件が、ターゲットにしやすいのかなと考えています。結果的に、売上が3,000億円を超えるような大きな企業やかなりリジッドな（硬直的な）組織は、やる方のファンドの人は大変だなと思います。

幸田：大企業の中にいまだにある日本的な状況をどう打破していくのか、仕組みの作り方も含め、まだまだ壁は厚く、今後、もう少しうまく動かしていく必要がありそうだということでした。大企業の社外取締役を務めておられる岡さんのお立場から、執行サイドとは異なりますが、そのあたりは、いかがでしょうか。

岡 ：リスクマネーの供給が広がると、PE ファンドのプレイヤーが増えることになります。そうなると PE ファンドが扱う案件も、もっと出てくることが期待されます。PE ファンドに携わる人材の質を上げるためにも、企業価値創造にリアルに携わる経験が極めて重要です。

これまでの話の中で出てきた MBO については、アクティビストもプレッシャーをかけてきますし、オーナー家の事業承継には税金の問題があり、それをどうクリアするかを考える際に非上場化が一つの大きな手段となっています。したがって MBO 案件は今後も増えていくでしょう。この領域においては、PE ファンドが必要に応じて情報提供して、オーナーの相談にのってあげることが重要だと思います。

一方で、カーブアウト案件の増加については、いくつかの課題があります。その一つは、ガバナンスの問題だと思います。社外取締役をさせていただいていると、取締役会でM＆A案件が議題に上がることがあります。そのタイミングは、ポイントオブノーリターンの直前・・・たまに直後に出てくることもあります・・・になることがあります。M&A 案件特有の情報の秘匿性があるから、そうなるという説明ですが、そういうタイミングでの情報共有で良いのかという点があります。事業売却については、そもそも売却自体がありません。聞こえてくるのは、「検討したが断念した」という話です。売却については、社内で結構な根回しが必要です。社員をどうするか、社内の別部署とバリューチェーンをシェアしていたり、業務プロセスが入り組んでいたりすると、それらにどう対処するかを社内で話しておく必要がある。話す相手はマネジメント層ではありますが、社内での利害関係が広範囲にわたっている場合、社員たちもその件について耳にすることになり、それが元で売却反対の憂き目に

PE ビジネスの将来像と課題 ～日本のリスクマネー供給の将来を語る～　211

あいます。樋口さんがおっしゃる通り、「切れるもんなら切ってみろ」みたいなことが起こり、結局売却断念ということになる。そういうのを見ていると、売却案件についてのガバナンスのあり方、情報共有のあり方、意思決定のあり方、さらに言うと、リーダーシップのあり方が大きなテーマになると思います。これは、企業の健全な選択と集中、あるいは事業ポートフォリオの見直しを実施するためのベース作りの課題でしょう。

幸田：岡さん、ありがとうございました。樋口さん、今の岡さんの売却におけるガバナンスという点について、一言お願いできますか。

樋口：意思決定者自身がかつて携わっていた事業だと、ボクシングで言えば誰かが事業主体者にタオルを投げなくてはいけないのですが、その人がファイティングポーズを崩さず、もっとやるぞ、という態度だと、タオルを投げようにも投げられない、といった状況にもなりかねません。

　それ以上に、売却対象の事業が（赤字転落など）行くところまで行っていたら、社内のコンセンサスはわりとできやすいのですけど、まだうまくいってるけどカーブアウトする、という場合が本当に難しいです。ぎりぎりの段階でのポートフォリオの入れ替えではなくて、今はよくても5年先は危ないよね、この先10年闘えるのだろうか、だからこちらの事業に集中しましょう、という考え方が必要です。トップの戦略リテラシーが高く、反対をものともせず推し進める、そういう状態でやっていかないといけないと思っています。

　現場には、5年経ったらやばいなと感じている人がたくさんいるのですが、そのような悪い情報が上に上がらない企業カルチャーだと、なおさら難しくなると思います。

212

今言ったいろんなマルチプルのハードルを超えるためには、PE
ファンドという外部からの協力を得るのも一案だと思います。

木村：ある意味、先ほど私が申し上げた「しがらみ」の一種ですね。そ
こはぜひご協力させていただきたいと思います。

逆に、PEファンドの立場から大企業である事業会社に一つお願
いしたいことがあります。それは、事業会社にもリスクマネー供給
の一角を担っていただきたいということです。

例えば、PEファンドと事業会社でグロース領域に共同投資をし
ていくことは、日本経済の活性化にものすごく資するものでありま
す。ここは日本において新しく取り組んでいかなければならない領
域で、まだ仕掛けが十分できていないので、事業会社とPEファンド
のタイアップをぜひやらせていただきたいと思います。これは、一
定規模の資金のない企業にはお願いできず、樋口さんのようなとこ
ろにしかお願いできないことです。AIやDX領域のM&A案件はグ
ローバルベースでは色々あると思いますので、ぜひ協調していきた
いと思います。

## 4．リスクマネー供給を担う人材像

幸田：それでは、残りの時間で、各論のテーマをいくつか簡単にこなし
ながら、まとめに向けて進めていきたいと思います。まず、リスク
マネー供給を担う人材について、どう考えて取り組んでいくか、い
かがでしょうか。

横尾：人材育成という観点では、VCを含めてエクイティに関わる人材
の質を、もっと上げていく必要があると思います。アメリカのVCが

PEビジネスの将来像と課題 ～日本のリスクマネー供給の将来を語る～

勃興したのは1950年代で、それから数十年の歴史を見ても、人材の
レベルが非常に高い。少なくとも米国のVCトップ10の幹部やファ
ンドマネージャーと議論していると、人材のレベル感が違います。
大局観、世界の構造問題を見る目、エクイティの使い方に対する見
識やスキルが大変高く、そうした点で優れていると思います。日本
のファンドマネージャーも、様々な経験を積みながら、優れた人も
いますが、まだまだ不十分かと思います。

　人材育成には時間がかかるので、全体的にもっと質を高めていく
にはどうしたらよいか、というのも一つの課題です。また、社会全
体の構造問題としての雇用の流動性の低さも関係しています。以前
よりは、雇用の流動性は高くなりましたが、もう少し高まってもい
いのではないかと思います。そういった点も併せて、人材育成に取
り組むことが必要だと思っています。


岡：私からは、リスクマネーを広げていくという観点から、そのマ
　　ネーを扱うのは人であり、PE業界がもっと多様な人を受け入れる
　　ことが重要なのではという点を指摘したいと思います。

　　これまでM&Aの世界にいましたので、PEをM&Aと比べなが
　　ら見ることが多いのですが、世の中のパーセプション（認識）とし
　　て、今のPE業界は10〜15年前のM&Aの世界に似ている気がしま
　　す。2004年に「ハゲタカ」というドラマがヒットしたことで、M&A
　　は、当時ハゲタカ呼ばわりされていました。その後、M&Aも企業価
　　値向上のために一定の役割を果たしているという認識に変わってい
　　き、一定の市民権を得るようになっています。なぜM&Aがこのよ
　　うに変われたかというと、それまでは大型案件しかやっていなかっ
　　た日本のM&Aが、比較的中小規模の案件や地方にも領域を広げて
　　いったからではないかと思います。それらの案件を担うM&Aア

ドバイザーのいくつかが上場し、業界自体が厚みを持ってきました。初期の頃のM&Aアドバイザーやコンサルたちは、クローズドの世界で仕事をしていました。そこにいるのは、トップスクールの出身者で、金融機関ではエリート組、海外のMBAホルダー、そういった人たちが多かったように思います。業界の裾野が広がると、中堅中小のオーナー企業のオーナーたちとも話が合うような人材が入ってくるようになり、上場しているM&Aアドバイザーの会社は、それまでのオーダーメイド型から、ある程度数をこなせるように、ITを活用して業務を仕組み化するなどの努力もしてきました。その結果、採用する人材の対象が裾野まで広がってきました。

　さきほど、明治大学のビジネススクールでPE概論のクラスを新設したと申しましたが、そこに登壇してくださるPEファンドの方々は、出身大学は日本のトップスクールでアメリカの有名校のMBAホルダーという、まさに初期の頃のM&Aアドバイザーやコンサルたちと酷似したプロファイルの方々がほとんどです。受講生の目には、同質化された人たちのように見え、所謂ボーイズクラブでやっているという印象を持ちます。そういう印象を与えている限り、PE業界は大きくなりにくいのではないかと思います。PE業界の人材は、国籍面でのダイバーシティはあるように思います。これからは、ジェンダー、教育や経歴のダイバーシティをもっと進め、業界に入ってくる人材の裾野をさらに広げると、PE業界の認知度も上がってきますし、リスクマネーも多様化された使い方ができるようになるのではないでしょうか。

## 5．リスクマネー供給を巡る官民ファンドの役割

**幸田**：人材に関するご意見をありがとうございました。次に、先ほど飯

PEビジネスの将来像と課題　〜日本のリスクマネー供給の将来を語る〜　215

沼さんからお話が出た官民ファンドの役割について考えたいと思います。JICが官民ファンドとして、産業政策面でのサポートにプライオリティーを置いて、バイアウト投資に取り組むことについては既に実績も出ており、政府の産業競争力強化法でも、JICの存続期限を2050年まで延長する方針となっています。JICとして、バイアウト分野をどう考えていくか、横尾さんから、コメントをお願いします。

横尾：バイアウトの分野では、実は2024年度からの今後の方針について、議論を始めています。実は、先ほど飯沼さんがおっしゃったこととひょっとして平仄が合うところもあり、安心しました。また、この半年以上、法改正を前提に、経産省の方々と議論してきたのは、中堅中小企業のバイアウト分野に関するところをどう考えるかということもあります。当初、JICは産業再編に政策的な焦点を当てていたので、どうしても大型案件で過半数のシェアを取得して主導権をとることを意識しながら展開していました。でも、欧州SWFを調査すると、産業再編を政策分野に掲げているファンドはないです。世界でJICだけです。

　経産省との議論を通じて、そうか、と思いました。今後も、大型案件も、年に１つか２つ以上やらざるを得ない状況はでてくると思いますが、中堅中小の案件に、所謂呼び水の役割としてマイナーで入り、民間ファンドが入りやすいようにして彼らと協力してやっていくことを考えたらどうかということも大事です。この分野では、外資系ファンドも同じような扱いで考えてよいと思います。必ずしもJICが主導権をとって産業再編に結び付けなければいけない、という固定観念ではなく、もう少し広くリスクマネーを投入することを考えた方がいいのではないかと思います。奇しくもその産業競争強

化法の改正があって中堅中小に光を当てるということにもなったので、JICのファンドもそういう使い方にも目を向けて運営していくことも考えてたいと思います。

　そうすると多分、日本の民間のバイアウトファンドも増えていく可能性もありますし、PE業界でのプレイヤーの人数が増えていく、あるいはPEファンドから出ていく人たちも増える、ということにもなるかと思います。また、民間ファンドとJICが、ファンドの在り方を議論する機会も増えるので、そのように進めていくのはいいことではないかと思っています。

幸田：この点について、岡さんからもバイアウト分野における官民ファンドの役割についてコメントいただければと思います。

岡　：横尾さんのお話を伺っていて、これは議論すべき重要な論点だと思いました。今までJICは、民間ファンドが入りやすいように、VCのほうでは、中堅中小の案件にも、所謂呼び水の役割として入っていますが、バイアウトのほうでは、そういったことをやっていませんので、これは新たなチャレンジかもしれません。

　実は、JICの取締役会で、欧州の状況について共有していただいていましたが、欧州では産業再編を政策分野に掲げているわけではないためか、官民ファンドがバイアウトで入っている事例はあまりないのです。JICが中堅中小のバイアウトをやってみるのは、新たに「日本モデル」を模索するという観点からも貴重な試みだと思います。人材の質を上げるのと同時にPE業界の量的拡大も必要であり、そういう意味からも、中堅中小のPEにJICがマイナーで入っていくことには一定の意味合いがあると思います。

PEビジネスの将来像と課題　〜日本のリスクマネー供給の将来を語る〜

幸田：ありがとうございました。JIC の方向性についてのお話が出まし
たけれども、この点について、木村さんからコメントをいただけれ
ばと思います。

木村：JPEA 会長のころ、官民ファンドの位置づけについての議論があ
りました。外資系ファンドの中には、JIC が頑張り過ぎるとクラウ
ディングアウトになる、要するに入札になると要求されているリ
ターンの低い JIC に勝てるわけがない、と主張する会員もいました。
実際、案件でバッティングしたケースもあったかもしれません。
　ただ全体像としては、リスクマネー供給の規模がまだ小さい中、
特に安全保障に関わる国策企業の案件は、やはり JIC の財布の活用
が必要な局面もあると思います。もちろん、民間がやる領域に割っ
て入っていくことがあれば、それは本来の役割を果たし切れていな
いと思いますので、うまく棲み分けて共存共栄できればいいと思い
ます。我々は日系ファンドとして、JIC とどううまくタイアップし
ていくか、横尾さんとお話ししながら連携させていただきたいと常
日頃から思っております。JIC の持ち味として、長期資金が提供で
きるのが民間ファンドとの大きな違いです。エネルギーやインフラ
事業の取組みはロングタームで考えなければならず、民間ファンド
はなかなかハンドルできないと思いますので、そこは JIC にやって
いただく。このように仕分けして、案件によっては共同投資しなが
ら共にバリューアップし、案件を仕上げていく。中堅中小に拘らず、
大企業案件もタイアップさせていただきたいと思います。
　もう一つ、来年度からの新しい取組みとしてお願いしたいのは、
LP としてバイアウトファンドに投資していただきたいと思ってい
ます。我々日本のファンドは、外資系に比べて資金力の限界があり
ます。JIC からの LP 投資は、民間の投資家からの新規投資のドライ

バーになるのではないかと思います。外資系ファンドと伍していくべく競争力を強化するために、民間ファンドとして自分たちのスキルは磨いていきますが、ぜひ JIC からの支援を検討していただきたい。日本ファンドが頑張ることが日本経済のためになる、という思いでファンドビジネスに取り組んでいますので、横尾さん、岡さん、幸田さん、JIC の関係者の皆様、ぜひよろしくお願いします。

**幸田**：それでは飯沼さん、皆さんからの意見を聞いていただいた上で、一言あればお願いいたします。

**飯沼**：横尾さんとは事前にお話したこともないのに方針が一緒だったので、非常に安堵しました。木村さんがおっしゃった通り、日本のファンドに LP として資金を入れていただきたいです。日本経済を活性化するために、日本のお金を使い、日本企業を成長させ、そのリターンを日本に戻してさらに活用する、という構図を考えると、やはり日本ファンドにご出資いただくのは JIC の重要な役割ではないかと思います。

**幸田**：日本経済における日系・外資系ファンドの役割についての考え方は、現時点では、色々あります。そうした点を含めて、日本経済・社会構造を大きく変えていくために、リスクマネー供給をどう広げるか、どういう形態での取組みが有効か、官民ファンドを含めた位置づけを含めて一定の整理が必要だと思います。このあたり、一定の課題観はあるかと思います。また、今後、そのあたりの議論をしていくことが重要だと思います。

# 6．最後に

幸田：長時間にわたり、いろいろと多面的にお話いただきました。「PE
ビジネスの将来像と課題～リスクマネーの将来を語る～」という
テーマで議論してまいりました。最後に、皆様から、全体を通じて、
強くお感じになられたことを含めて、一言ずついただければと思い
ます。

樋口：大変勉強になりました。冒頭に申し上げましたように、日本の変
革はやはり資本の論理で梃子を利かさないと無理だと思っています
ので、ぜひオペレーティング会社に寄り添うかたちで、現場を理解
していただきながら、一緒に働いていく、株主と実務執行者が一体
となって日本を変えていけるようになればと思います。

横尾：今日はどうもありがとうございました。皆さん立場は違いますけ
れど、思いは同じだなということを、改めて感じました。これを一
つの糧として、リスクマネー供給の役割をどう担っていくか、官民
ファンドという立場もありますが、日本の将来のためにどうやって
いくか、さらに思いを新たにしました。今後とも宜しくお願いした
いと思います。

岡　：皆さんからインプットをいただき、本当によい勉強の機会になり
ました。ありがとうございます。大学で教鞭をとっている関係上、
どうしても人をどう強くしていくか、ということに目が向きます。
ビジネススクールの人たちも、PE業界に興味を持っているので、皆
さんとまた接点を持たせていただければと思っております。それが、
今後フォーカスしていくべき中堅中小企業への広がりにも役立つと

思いますので、引き続きどうぞよろしくお願いいたします。

飯沼：今日はありがとうございました。PE業界およびJPEAに向けていろいろな叱咤激励を頂いたかなと思います。私たちは、単純な金融プレイヤーというわけでなく、オペレーショナルなかたちで企業に寄り添いながら一緒に企業価値を高めていきたいと改めて思いました。

　JPEAとしても、昨年からESG委員会を立ち上げて、どのくらい雇用を増やしたか、ダイバーシティをどれだけ推進したか、等のデータを公表しています。もう一つ、企業価値をどう上げてきたかという点についても、協会会員のファンドがどうEBITDAを挙げたかといった情報を1・2年後に公表できるようなかたちにして、PEファンドは単純にリターンのパフォーマンスがよいだけではなく、企業価値向上にも貢献していることを明らかにして、PE業界を盛り上げていきたいと考えています。

木村：皆様、今日はお時間いただき、ありがとうございました。今日の議論は、事業会社の視点、官民ファンドの視点、それから岡さんからの新しい視点など、いろいろな観点からのお話をいただき、非常に有難く思っております。

　現在、日本経済の中でPEファンドが果たすべき役割は、大きくなっています。事業承継や非公開化、新しい領域としてグロースバイアウトなど、様々な広がりの中で日本ファンドとしてぜひ頑張ってまいりたいと思います。PEファンドはアメリカが先駆者ですが、日本でも日本的ビジネスモデルをしっかり作り、勝てるシナリオを形にしていくには、皆様のご支援・ご協力が不可欠です。PEビジネスに携わる者全員の思いとして受け止めていただき、ぜひ引き続き宜しくお願い申し上げます。本日はありがとうございました。

PEビジネスの将来像と課題 ～日本のリスクマネー供給の将来を語る～

パート：Ⅲ

プライベート・エクイティの現在と未来

# PE を取り巻く環境変化と バイアウトファンドの変容

### 第7章

小林和成　飯沼良介　木村雄治

## はじめに

　前章までに、日本のバイアウトの発展の軌跡をたどり、またバイアウトファンドを運営する PE 会社の基本的なビジネスモデルやオペレーションの特徴について概観してきた。本章では、市場の成長に伴いどのような変化が現れてきているのか、グローバル市場を含む最新の動向について、マクロ・ミクロの視点から見ていくことにする。

## 1．PEを取り巻くマクロ環境の変化

### (1) バイアウトファンド市場の拡大

　第3章でその歴史を見てきたように、日本のバイアウトファンド市場は、その黎明期から経済社会の影響により山谷を越えながら、直近では大幅な成長を遂げている。

　2023年のベイン＆カンパニーのレポート（図表7-1、図表7-2）によると、バイアウトファンドの年間投資実行金額は、2000年に2,000億円だったが2021年に3兆円を突破し、東芝の非公開化という大型案件が実行された2023年は5.9兆円となった。2021・2022年の3兆円規模で比較しても、20年強で約15倍に伸びたことになる。

図表7-1：国内バイアウトファンド市場の推移（図表1-3再掲）

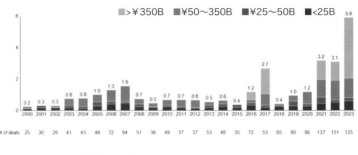

出所：日本プライベート・エクイティ協会HP
　　　（Bain & Co 作成資料）（2024年6月25日）

図表7-2：案件規模別市場の推移

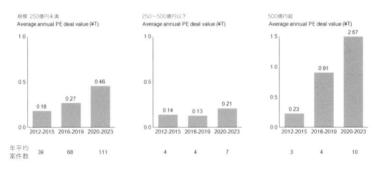

出所：日本プライベート・エクイティ協会HP
　　　（Bain & Co 作成資料）（2024年6月25日）

　また案件規模別では、250億円未満の案件数は2012～2015年の年平均は39件だったのが2020～2023年は111件となっている。250～500億円以下の平均が同様に年平均4件から7件に増加し、500億円超の案件になると年3件から10件へと増加している。特に500億円超の案件は、年間案件総額の平均が2,300億円から2兆6,700億円と12倍に、1件あたりの規模は767

億円から2,670億円と3.5倍に拡大しており、バイアウトファンド市場全体の伸びに大きく貢献していることが分かる。

　小型の案件は事業承継系が多数を占めるため、引き続き事業承継の案件が伸びていることが250億円未満の案件数の伸びからも読み取れるし、これは国内の人口動態からしてみても自然の傾向と言える。一方、500億円超の案件の多くは非公開化や事業会社からのカーブアウトの案件が中心となるため、事業会社がバイアウトファンドを新たなパートナーとして迎え入れ、資本面だけではなく事業面においてもうまくバイアウトファンドのリソースを活用しようとする動きがでてきていることが伺える。

## (2) 案件の大型化とその担い手となるグローバルファンド

　バイアウト市場の拡大と案件の大型化は、足元でさらに進んでおり、2023年暮れから毎週のように新聞紙面をにぎわしている非公開化やカーブアウトの案件の殆どが、株式価値で500～1,000億円を超えている。各案件のスポンサーの顔ぶれは、全てグローバルファンドである。グローバルファンドは巨額の資金力を背景に全世界でファンドを運営しており、中には、1兆円前後のアジアPEファンドを運用するものもあり、日本の投資案件への1,000億円規模の拠出も何ら問題にならない。

　一方本邦系のバイアウトファンドは、こうした案件を手掛けるだけの十分な資金力、つまりファンド規模を持たないため、スポンサー候補の組上に上がりづらい。国内勢の多くは1,000億円未満のファンドサイズであり、現在1,000億円を超えるのは、日本産業パートナーズ（2,000億円強）、アドバンテッジパートナーズ（1,300億円）、ポラリス・キャピタル・グループ（1,500億円）、インテグラル（2,000億円強のファンドを募集中）などに限られる。

PEを取り巻く環境変化とバイアウトファンドの変容　227

近年、数多くのグローバルファンドが日本拠点を開設し、日本企業への投資を開始している。大規模案件が彼らの期待に応えられるレベルにまで増えてきたこと、株価上昇局面とはいえ PBR1倍割れの企業が多いこと、円安により投資金額が割安になること、さらには LBO ファイナンスの金利が海外と比べて非常にリーズナブルであること、つまり海外案件と比較して投資リターンを出しやすい環境になっているとの見立てがあるからである。

　日本のバイアウトファンドが、こうしたグローバルファンドにどのように伍していくかは、今後の課題である。

## （3）投資家層の拡大

　日本のバイアウトファンド市場の拡大やグローバルファンド進出の背景には、グローバルレベルにおける PE に対する投資家層の拡大がある。第1章の歴史で触れた通り、"Democratization of Private Asset"（プライベート・アセットの民主化）が欧米で進んでいる。

　図表7-3は投資家のタイプとその資産規模を表したチャートである。個人富裕層を含む所謂リテール・インベスターは、合計すると機関投資家に匹敵する140～150兆ドルの資産を保有するが、今までバイアウトを中心とする PE に対しては、様々な規制、プライベート・アセットの性格（流動性の欠如）、リテール投資家に適した商品の不在、ディストリビューション・チャンネルが無かったことなどの理由から、ごく一部の超富裕層を除くと投資機会が提供されなかった。

　これに対して近年は、プライベート・アセットのマーケットが急速に拡大し、例えば PE に関しても上場株市場との対比において無視できない規模になってきたこと、リテール・インベスターからの高いリターンの商品への需要の高まりなどを背景に、規制の緩和、リテール・インベ

スター向けの商品やシステムの開発などが進んでいる。

　PE会社にとっても従来の機関投資家とは異なる投資家層を獲得し投資家層を広げることになり、管理報酬等のフィーも高めで集積性も高いため、大手のGPを中心に積極的に市場の開拓が進められている。

図表7-3：投資家のタイプとその資産規模

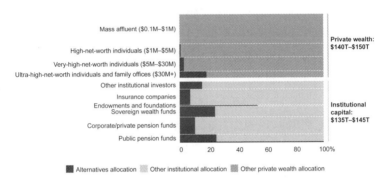

出所：Bain & Company, "Global Private Equity Report 2023"（2023年2月）

　このようなグローバルの潮流を受けて、日本においても大手アセット・マネジメント会社や証券会社がリテール・マーケットへの投資商品の提供を活発化しており、政府も「資産運用立国」政策の中で、オルタナティブ投資等を行う非上場の外国籍投資信託の国内籍公募投資信託への組入れについて、投資信託協会において自主規制規則の改正を進めることを掲げるなど、肯定的な対応を行っている。

　一方、リテール・マーケットの投資家には、機関投資家と比べると投資経験が限られるものも多く、またプライベート・アセットの流動性の制約をしっかり理解しているかどうか不確かな部分もある。平時であれば問題がなくても、国際金融危機（リーマンショック）の様な事態が起

こった際にこのような投資家がどの様な考え方・反応をするか予見が難しいので、慎重に進めることが望ましいと考えられる。

## （4）地域活性化のための地域特化型の事業承継ファンドの誕生

　日本のバイアウトファンド市場の拡大に伴い、特に非公開化やカーブアウトの案件が件数・規模とも拡大する一方で、近年、地方銀行が中心となり地域の有力事業会社と組んで事業承継をターゲットにしたファンドを組成したり、地銀単独もしくは数行の地銀が連携して事業承継ファンドを立ち上げるケースが目立っている。

　たとえば、先駆けの一社である福岡キャピタルパートナーズは、福岡銀行を中心に地方の有力企業の連携により、2006年から地域に根差した投資活動を行っている。2011年に設立された広島イノベーション推進機構は広島県が100％出資し、広島銀行やマツダなどの地元有力企業もファンドに出資して官民一体となって地域の活性化に取り組んでいる。地方銀行どうしの地域連携の例では、2018年に百十四銀行、阿波銀行、伊予銀行、四国銀行の四国4行が連携して四国アライアンスを設立している。東北では、2022年に山形銀行が100％子会社の山形協創パートナーズをGPとして事業承継ファンドを組成した。こうした動きは、地方銀行の新たなビジネスモデルとして各地で非常に活発化している。各ファンドの規模は数十億円台の前半が多く、1件当たりの投資額も1桁億円台前半が中心となっている。

　一方で、地方銀行ではないが、りそなホールディングスは2021年に100％出資でりそな企業投資を設立し、りそなグループ傘下のりそな銀行、埼玉りそな銀行、関西みらい銀行、みなと銀行の取引先を対象とした100億円の事業承継ファンドを組成している。

このような各銀行の新しい取り組みは、日本の事業会社のオーナーの高齢化が進む中、地域の小型案件をカバーする重要な役割を担うものと期待される。

　さらに、小型の事業承継をターゲットとしたサーチファンドという新しい仕組みが誕生している。小型の事業承継における最大の課題は、新しい経営者の発掘といっても過言ではない。サーチファンドはこの問題に焦点を当て、サーチャーと呼ばれるMBAを取得した比較的若い世代を一定期間援助して、事業承継問題を抱える会社をサーチさせ、インターンという形で経営に関わらせ、事業承継が可能と判断するとサーチファンドがその会社の株式を取得する形態をとる。こうしたサーチファンドに地方銀行がLP出資をし、連携して地方の事業承継問題に取り組む新しい動きも出てきている。

　上述のように、グローバルファンドによる大型案件の増加とは対極的に、地方の小規模ファンドによる小型案件も増加しているのが、足元の日本の現状である。

## (5) グロース投資の拡大

　2018年から著しく増加しているのが、グロース投資である（図表7-4）。

　企業の発展段階でみれば、スタートアップのアーリーやミドルのステージにある企業がVC投資の対象、利益成長が見込まれるなどのレイターステージにある企業がグロース投資の対象である。バイアウト投資は、成長の踊り場にあり安定的なキャッシュフローの創出が可能な企業や事業部門を対象とする。VC投資とグロース投資が資本注入によるマイノリティ投資である一方、バイアウト投資は、既存株買収によるマジョリティ投資であり、レバレッジを活用しキャッシュフローの改善を

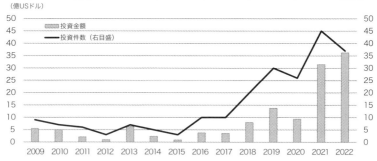

図表7-4：日本のPEにおけるレイター・ステージのグロース投資

注：AVCJで報告された20百万ドル以上の取引のみを含む。
　　エクスパンジョン・グロースキャピタル・メザニン・Pre-IPOを含む。不動産・インフラは含まず。
出所：一般社団法人日本プライベート・エクイティ協会HPより作成。

図る手法が一般的になる。ハイリスク・ハイリターンのVC投資は、多数のマイノリティ投資の分散によりリスクを抑制する一方、投資先のキャッシュフローが一定程度期待できるバイアウト投資はミドルリスク・ミドルリターンであり、グロース投資は両者の中間に位置する。

　グロース投資が増加してきた背景には、スタートアップ企業の創業の増加やVCによる投資からIPOまでの期間の長期化がある。IPOは、スタートアップ企業にとって資金調達の有力な機会である。また、VCにとっては投資回収（エグジット）全体の2割強を占める手法であり、M&Aの2倍強に相当する（IPO：M&A ＝ 7：3）。VCのファンド設定期間は通常10年であり、VCは、早期のIPOによって期間内の回収を図ってきたが、近年の上場審査の厳格化がハードルとなるなどIPOまで待てない場合に出資持分を買い取ってくれる投資主体へのニーズが生じている。スタートアップ企業は、レイターステージにおいて必要な資金とノウハウを提供しうる投資主体を生命線とする。また、成長戦略の継続により一段と企業規模を拡大するまで、情報開示義務などのコストのかかるIPOを遅らせたいというニーズも高まってきている。両者のニーズに応える存在として、グロース投資に注目が集まっているのである。

マクロ的にみれば、「失われた30年」の間の日本では、大企業の成長が停滞した上に開業率が低く留まる中、早期に小規模な IPO を実行したスタートアップ企業の多くは IPO 後に成長が鈍化した（第 2 章参照）。一方、米国では、2004年に創業した Facebook（現 Meta）をはじめ、GAFAM と呼ばれる巨大 IT プラットフォーム企業が株式市場においても圧倒的な存在となっている。さらに、スタートアップ企業のエグジットにおいて Google などの大企業への M&A が IPO の 9 倍程度（IPO：M&A ＝ 1：9）に上る米国が、656社のユニコーン（創業後10年以内かつ株式価値が10億米ドル以上の企業）を創出する一方、日本のユニコーンは 7 社に過ぎない（2024年 3 月時点。CB Insights）。岸田政権が2022年12月に策定した「スタートアップ育成 5 か年計画」において、スタートアップ企業の早期 IPO ではなく、ユニコーンの育成（ 5 年で100社）やスタートアップのための資金供給の強化、出口戦略の多様化を掲げる所以である。

　2018年以降に増加してきているとはいえ、現状の我が国のグロース投資の規模は、まだまだ拡大の必要がある。運用資産残高（AUM：Asset Under Management）でみると、グローバル全体は1.2兆米ドルでありバイアウト投資の3.3兆米ドルに対して37％に相当するが（2022年 6 月時点。McKinsey & Company）、日本は20億米ドル強に留まりバイアウト投資の350億米ドルに対して10％にも満たない水準である（2021年12月時点。Preqin）。早期 IPO の慣行ゆえにグロース投資が育たなかったとも考えられようが、VC などに資金力がない中で、近年はバイアウトファンドがグロース投資に取り組んできている（2021年 9 月の Carlyle による Spiber の第三者割当増資引受が代表例）。バイアウトファンドにとっては、新たな投資機会の獲得による分散効果が狙いであるが、VC 投資より回収までの期間が短いこと、バイアウト投資を通じて培ったノウハウのうち投資先に提供しうる部分が比較的多いこと、などのメリットもある。VC〜グロース〜バイアウトのシームレスなサポート体制の構築

PE を取り巻く環境変化とバイアウトファンドの変容　233

については、第9章で述べる。

## （6）規制強化

　バイアウトファンドを取り巻くマクロ環境の変化として、規制についても一言触れておく。15年前の国際金融危機（リーマンショック）の後、市場のシステミック・リスクを回避するために金融機関への規制強化が行われたが、プライベート・アセットに関しては当時は規模も小さく、また、投資家を含めて「プロのプレーヤー中心の」市場の構造上、システミック・リスクも非常に小さいため、厳しい規制は課されない形で今日に至っている。

　前述の通り、プライベート・アセットの市場が拡大してきたこと、また投資家にも機関投資家以外のリテールの投資家が増えてきたことなどを背景に、将来的には規制が強化される可能性はある[1]。また、プライベート・デットはLBOファイナンス等で金融機関と同じ機能を提供するものの、そのファンドの構造上、銀行の様な厳しい規制は課されていないため、どのように対応するのが良いのか議論が進められている。

## 2．PEファンドの個別の動向

## （1）投資戦略の多角化

　従来、単一のバイアウト投資の戦略のみを手掛けていたPE会社が、次

---

[1]　2023年8月、米証券取引委員会（SEC）がファンドの透明性を強化する新規制を採択したが、業界団体が無効化を求める訴えを起こし、2024年6月に米連邦高等裁判所の判決により業界団体が勝訴。（日本経済新聞「SECファンド規制却下」（2024年6月7日））

の様な形で戦略を多角化する動きがある。

- 元々のファンド規模の拡大・ターゲットとする投資先企業の規模の拡大に伴って、そこで投資を出来にくい中小型の案件を手掛ける別ファンドを組成
- 元々のファンドの対象国・地域以外をカバーするために別ファンドを組成（例えば、アジア・ファンドの組成）
- 新たな分野として、インパクト投資や脱炭素のトランジッションの戦略のファンドを組成[2]
- バイアウト戦略以外の別なプライベート・アセットの投資戦略として、インフラストラクチャー、不動産、プライベート・クレジットなどの分野に投資を行うファンドを組成

このような形で戦略を多角化する場合は、その戦略に合わせて最適な投資チームを配置（個別に採用する場合もあれば、他社を買収する場合などもある）し、既存のバイアウト戦略のファンドとその投資チームはそのまま維持する形で行われることが一般的である。

投資戦略の多角化のメリットとしては、AUMの増加、それに伴うPE会社の収益の拡大・安定化、リスクリターンの違うアセットクラスを持つことによるリスク分散やマクロ環境の影響の軽減、優秀な人財の確保への貢献、マーケットでのプレゼンスの拡大、「ブランド」化による資金調達（ファンド組成）の安定化・投資家層の拡大、などがある。

一方、PE会社の最重要の顧客である投資家から見たときには、元々得意としていたバイアウト戦略への意識の集中が希薄化し投資が疎かになるのではないか（個々のファンドにはそれぞれ投資チームがあるとしても元々バイアウト戦略を支えていたトップが他のビジネスに時間を取ら

---

[2]　これらの戦略については、第8章を併せて参照。

PEを取り巻く環境変化とバイアウトファンドの変容　235

れる）、PE会社が投資リターンの極大化よりもAUMの拡大に優先順位を置くのではないか、また他の戦略のファンドが失敗した場合に元々のメイン・ファンドのレピュテーションにも影響が出るのではないか、メインの戦略と新たな戦略の間に利益相反の可能性は無いか（例えばバイアウト戦略とプライベート・クレジット戦略、中小型ファンドを組成する場合のメイン・ファンドとの案件の棲み分けの曖昧さ）といった懸念は常にある。

PE会社としては、投資戦略を多角化する場合には、このような元々の投資家の懸念事項も十分に念頭において進めることが望ましい。

## （2）PE会社の上場

第1章で触れた通り、2007年に米国ブラックストーンがIPOを行い、以降、大手グローバルファンドのKKR（米国）、カーライル（米国）、TPG（米国）、アポロ（Apollo。米国）、EQT（欧州）などが上場している。近年、日本においてもこれに追随する動きが出てきている。インテグラルが2023年に上場しているほか、PEを含むオルタナティブ分野の運用会社であるマーキュリアも2021年に上場している。

上場のメリットには次のようなものがある。
- 資本調達：株式市場から資本を調達し、その資金を新たな投資機会に振り向けるなど事業の拡大を図れる。上述の多角化の際のM&Aの為の資金調達もその一つの例。
- 流動性の提供：上場により、PE会社にマイノリティ出資した機関投資家に対してエグジットの機会を提供したり、創業者の引退にあたりその持分を売却しやすくする。
- 企業価値の向上：上場することで、企業の透明性が高まり、ブラ

ンド価値や企業価値の向上につながる。特に後述の富裕層やリテール投資家からの資金調達に有効。
● インセンティブの提供：株式を通じて、従業員や経営陣に従来のキャリード・インテレストとは異なるインセンティブを提供し、これによって彼らの企業へのコミットメントを高めることが出来る。

　実際、インテグラルの上場の際の目論見書には、投資戦略の多角化が記載されており、ＡＵＭの増加に伴う管理報酬の予想金額をベースに時価総額が算出されたと言われている。

　また、流動性については、日本におけるバイアウトファンドの歴史が25年近くなった今、創業者の引退に伴う事業承継の問題と密接に絡んでいる。創業者からバトンを受け取る次世代の経営者が創業者の持株も承継するのが順当な考え方だが、既に複数のバイアウトファンドの成功に伴うキャリーによってPE会社の株式価値が増大しており、創業者の持分が個人では買い取れないほど巨額になっている場合もある。しかし上場すれば、創業者は市場での持株売却が可能となる。PE会社の上場は、事業承継の機能を果たす側面もあるのである。

　一方、上場することによって、PE会社は短期的な業績達成やAUM・フィー収入の成長に注意を払わざるを得なくなることや、上場企業として様々な規制や開示ルールの対象となる。

　加えて、株式市場の投資家とは別にファンドのLPという別の投資家を抱えるPE会社ならではの課題もある。すなわち、PE会社の株主と、長期的な視点でファンドリターンの最大化を求めるLP投資家との目線が必ずしも一致せず、利益相反が発生する可能性がある。たとえば、案件のエグジットがベストなタイミングでないにも関わらず、単年度の業績

PE を取り巻く環境変化とバイアウトファンドの変容　237

をあげるべく拙速にエグジットしてキャピタルゲインを確定させる、といったことである。

　バイアウト投資の経験豊かな既存の機関投資家から見た場合、上述の多角化で記載したことも含めて懸念が多い。PE会社にとって、多角化の問題とPE会社としての上場の問題は、ともに入念な検討を要する今後の課題である。

## ３．PE業界団体の活動の進展

　2005年にPEの業界団体として設立された日本プライベート・エクイティ協会（JPEA）は、2023年12月末に正会員（PE会社）62社、賛助会員（投資にかかわる様々な局面での協業会社）107社と、当初会員8社から大きく規模を拡大している（図表7‐5）。18年間のこの会員数の伸びそのものがバイアウト業界の発展と成長の証と言えよう。

図表7-5：日本プライベート・エクイティ協会会員数の推移

凡例：賛助会員 / 正会員

| 年 | 正会員 | 賛助会員 | 合計 |
|---|---|---|---|
| 2005 | 8 | | |
| 2005 | 20 | | |
| 2006 | 24 | 4 | |
| 2007 | 28 | 3 | |
| 2008 | 26 | 2 | |
| 2009 | 30 | 1 | |
| 2010 | 31 | | |
| 2011 | 30 | 4 | |
| 2012 | 30 | | |
| 2013 | 29 | 9 | |
| 2014 | 29 | 11 | |
| 2015 | 30 | 12 | |
| 2016 | 32 | 12 | |
| 2017 | 37 | 14 | |
| 2018 | 43 | 21 | |
| 2019 | 43 | 39 | |
| 2020 | 52 | 63 | |
| 2021 | 55 | 75 | |
| 2022 | 62 | 107 | |
| 2023 | 62 | 110 | 172 |
| 2024 | | | |

出所：日本プライベート・エクイティ協会

JPEAでは、PwCあらた有限責任監査法人との共同プロジェクトとして、協会に所属するPE会社の投資パフォーマンスをまとめた「JPEAプライベート・エクイティパフォーマンス調査」と題するレポートを2018年から毎年公表している。パフォーマンスレポートは、日本市場の歴史は比較的浅いものの他のエリアと比べて魅力的であることを示すデータとして、海外の投資家が日本への投資を検討する際の非常に有用な情報源となっている。

　また、毎月会員を対象に知見の共有を目的とした勉強会が開催され、ときには産業界で活躍するキーパーソンの講演なども開催されている他、業界の若手や女性を対象にした交流会などを通じた会員どうしの交流も積極的に行われている。コロナ禍においては、2021年にポラリスの投資先であった総合メディカルおよび同社の事業パートナーである赤坂虎ノ門クリニックの協力を得て、会員企業および会員投資先役職員向けのワクチン接種体制を構築し、福利厚生サポートを行った。近年では、慈善活動も開始しており、日本ベンチャーフィランソロフィー基金を通じて国内が抱える社会問題解決への支援を行っている。

　このように、バイアウトを中心とするPE業界の規模拡大とともに、JPEAの活動も活発化している。業界団体として、かつ個別のPE会社として、投資家やPEファンドを活用する事業会社からのさらなる理解を仰ぐとともに、日本社会におけるPE業界の認知度をより一層高めるべく、様々な啓蒙活動を展開することが重要であると考えられる。

## 第8章

# PEとESGの視点

## 小林和成　木村雄治

---

## はじめに

　従来の「株主資本主義」から「ステークホルダー資本主義」への大きなパラダイムシフトが進んでいる。その背景としては、プラネタリー・バウンダリーの考え方のもとで2015年に締結されたパリ協定で脱炭素に大きく舵が切られ2050年のネット・ゼロ達成への様々な取組みがなされていることや、経済社会を安定・成長させるためには様々な社会課題の解決が不可欠であることが広く認識されたこと、また、そのような変化を見てミレニアル世代・Z世代と呼ばれる新たな世代の考え方や行動様式が、それ以前の世代のものと大きく変わり、消費者としてサステナビリティを重視する傾向が強まったことがある。

　これを投資家の立場から見た場合、機関投資家の投資行動のベースとなる受託者責任の考え方も修正され、より広範な投資家がESG（あるいは特に米国においては環境問題に加えてDE&I（Diversity, Equity and Inclusion））を考慮した投資に注力している。

　そこで、本章では、PEにおけるESG投資の背景について触れた上で、日本のバイアウト投資に関して、なぜESGへの取組みを行うのか、また、どのように取り組むかとその具体例などの概要をまとめてみたい。

# 1．ESG投資の背景

## （1）ESG投資の歴史

　ESGという言葉は、コフィー・アナン国連事務総長（当時）の主導で設立された国連グローバル・コンパクト[1]に関連し、2004年に国連及び18の金融機関が議論を重ね作成されたレポート" Who Cares Wins "[2]の中で使用されたのが始まりである。

　ESGは、環境（Environment）、社会（Social）、ガバナンス（Governance）の言葉の頭文字を繋げた用語である。必ずしもこれらを一括りにすることに関して理論的な根拠などは無いが、一般的にはこのような非財務情報を投資判断などに取り入れることをESG投資と言う（図表8-1参照）。

---

[1]　国連グローバル・コンパクト（UN Global Compact）は、2000年に発足した国連と民間（企業・団体）が連携するサステナビリティ イニシアチブで、署名する企業・団体は、人権の保護、不当な労働の排除、環境への対応、腐敗の防止などに関する原則に賛同。

[2]　UNEPFI "Who Cares Wins"（2004）　https://www.unepfi.org/fileadmin/events/2004/stocks/who_cares_wins_global_compact_2004.pdf

PEとESGの視点　241

図表8-1：ESG とは

出所：筆者作成

## (2) PRI

前述のコフィー・アナン氏はこの ESG のイニシアチブを推進するために2006年に PRI（責任投資原則）を定めた。また、これを推進する組織として THE PRI という NPO を設立している。PRI は、機関投資家の意思決定プロセスにESG課題を受託者責任の範囲内で反映させるべきとした世界共通のガイドライン的な性格を持ち、THE PRI はそれに賛同する署名機関を増やすと同時に、ESG 推進に関する様々なガイドラインやツール・キットを用意し署名機関に対するサポートを行っている。現在の署名機関数は5,000社超、またその運用資産額は120兆ドル超となっている[3]。

---

[3] PRI ホームページ参照。
https://www.unpri.org/about-us/about-the-pri
https://www.unpri.org/signatories/signatory-resources/signatory-directory

日本では、2013年に国内のバイアウトファンドの GP として初めて東京海上キャピタル（現 T キャピタル）が署名機関となり、現在約20社に拡大している。また、2017年に GPIF が署名機関になったことも影響し、日本の資産運用会社、保険会社及び公的年金基金等の署名機関数が大幅に増加してきており、上述のバイアウトファンドの GP を含め署名機関数は130社弱になっている。

　責任投資原則は、以下の6つの原則とそれに関連する35の可能なアクションで構成される（図表8-2参照）。

### 図表8-2：責任投資原則

---

(1) 私たちは投資分析と意志決定のプロセスにESGの課題を組み込みます。

(2) 私たちは活動的な（株式）所有者になり、（株式の）所有方針と（株式の）所有慣習に ESG 問題を組み入れます。

(3) 私たちは、投資対象の主体に対してESGの課題について適切な開示を求めます。

(4) 私たちは、資産運用業界において本原則が受け入れられ、実行に移されるように働きかけを行います。

(5) 私たちは、本原則を実行する際の効果を高めるために、協働します。

(6) 私たちは、本原則の実行に関する活動状況や進捗状況に関して報告します。

---

**出所**：PRI ホームページ（https://www.unpri.org/about-us/what-are-the-principles-for-responsible-investment?）

## （3）ESG を巡る争点

上述の通り ESG という用語が出現して約20年経ち、その用語自体は定着し PRI の署名機関数・その署名機関の運用資産残高も大きく増加したものの、米国を中心に「反 ESG」の逆風も吹いている。

様々な論点があるが、ここでは主な論点のうち PE にも関連するものを 2 つ取り上げる。

### ① フィデューシャリー・デューティ（受託者責任）

フィデューシャリー・デューティの観点では、投資家（機関投資家だけでなくアセット・マネージャー、ファンドを含む）は投資からより良い高いリターンを上げる受託者責任を負っているので、それに貢献するかどうか分からないESG要素を投資判断に織り込むことは受託者としての受託者責任の義務に反するのではないかという議論がある。特に米国の共和党出身の知事の州では、この議論が盛んで、当該州では ESG を重視する運用を禁止する法律を制定する動きや州の公的年金でESGを重視するアセット・マネージャーを解約する動きがある。それに対応するためにアセット・マネージャーの中には混乱を招く「ESG」という用語を使わない会社も出てきている。

一方、欧州においては、2019年にサステナブルファイナンス開示規則（SFDR：Sustainable Finance Disclosure Regulation）を導入、2021年から順次運用への適用を開始している。欧州では、金融商品を提供する金融機関等に対してサステナビリティに関する開示義務を明確化し、所謂「ウォッシング」を避けつつ、ESG をどう投資判断に織り込むかについては個々の投資家に委ねる考え方を採っている。尚、これに加えて企業に対しては、環境に関する「グリーンタクソノミー」の適用、人権・環境に関する「コーポレート・サステナビリティ・デュー・ディリジェン

ス指令案（CS3D案）[4]」の導入検討など規制強化を進めており、欧州での事業に関わる企業に投資する場合は、フィデューシャリーの問題は別にしても対応が不可欠となる。

　日本では、スチュワードシップ・コード[5]を2020年に改定する際にスチュワードシップ責任の定義において「運用戦略に応じたサステナビリティの考慮」を行うことが原則7の中に盛り込まれた。また、金融庁のサステナブルファイナンス有識者会議の第一次報告書（2021年）[6]では、「サステナブルファイナンスの意義を踏まえESG要素を考慮することは、日本においても受託者責任を果たす上で望ましい対応と位置づけることができる」と一歩踏み込んだ表現になっている。

　以上から、バイアウト投資に関しては、日本及び欧州の投資家の資金を受け入れ投資活動を行う際はESGを考慮に入れた投資判断・投資活動には問題は無く、また米国の投資家に関しても一部の州の公的年金以外は同様であると考えられる。

### ② 不完全なデータ

　ESGの非財務情報が投資パフォーマンスに与える影響の不明瞭さについても様々な議論がある。

　上場株式に関しては、運用会社が独自の基準やレーティング等によって投資先企業をESGの観点でスクリーニングし投資を行う特化型ファン

---

[4]　Corporate Sustainability Due Diligence Directive, 一定規模以上の大企業に自社の活動が人権と環境に及ぼす悪影響をデューデリジェンス（特定・予防・緩和）することを義務付けるもの。EU域外の企業も対象となる。2024年4月に欧州議会で採択。

[5]　金融庁　https://www.fsa.go.jp/news/r 1 /singi/20200324/01.pdf

[6]　金融庁『サステナブルファイナンス有識者会議報告書　持続可能な社会を支える金融システムの構築』https://www.fsa.go.jp/news/r 2 /singi/20210618-2/01.pdf

PE と ESG の視点　245

ドなどがあるが、その投資手法も千差万別で、パフォーマンスに関しても必ずしもESGを重視した投資が通常の運用に対してアウトパフォームしていないケースもある。従って、上場株のESG投資に関しては、投資手法（含、エンゲージメント手法）、パフォーマンス、サステナビリティの開示方法などに関して様々な議論がある。また、アカデミアの世界で実証研究も色々試みられているが、有意な結論はまだ出ていない。一部の企業においても非財務とPBRの関係性を明らかにする分析モデル（元エーザイCFOの柳良平氏が開発した所謂「柳モデル」など）による分析なども行われているが、まだ試行錯誤の段階にある[7]。

　バイアウト投資においては、一部の先進的なGPでは投資家に対して内容が充実したESGレポートを出しているものの[8]、上場企業と比較して公開されるデータが限られ、また標準化された評価方法などもないことから、全般的にはESG投資のパフォーマンスに与える影響については殆ど定量的なデータ分析がなく、実証研究も進んでいない。想像するに難くないが、ある投資先に関して様々なESG施策を行った場合と行わなかった場合のパフォーマンスに与える影響を比較計測することは不可能であり、どのような形でESG投資の評価を行っていくかは業界の大きな課題である。尚、PEファンドのESGのデータ収集の標準化については後述を参照のこと。

　全般的にはこの様な状況ではあるが、以下ではバイアウト投資にフォーカスを当てて、何故ESGが重要であるか、どのようにESGへの

---

[7]　エーザイ価値創造レポート2023　参照。https://www.eisai.co.jp/ir/library/annual/pdf/pdf2023vcr.pdf

[8]　ESGレポート（或いはサステナビリティ・レポート）に関しては、投資家以外にも一般に公表しているGPも多い

取組みを行っていくか、それをどのようにモニタリング及び評価を行っていくかについて検討していく。

## 2．プライベート・エクイティとESG

### (1) バイアウトファンド（GP）の取組み

#### ① ESGに対する考え方

　バイアウトファンドによるESGへの対応に関しては、往々にして「投資家から要請されたから已む無く対応している」、「ESGは投資の際のリスク管理の観点で見ている」といった話をよく聞く。これらは決して間違いではないが、筆者としてはそうした理由だけではなく「ESGは企業価値向上の手段」の面を重視すべきと考える。

　これに関しては、PwCが定期的に行っている調査でも明らかとなっている。

　この調査によると、GPにとって「価値創造（機会の増進）」がESG活動の原動力の１位で、７割のPE会社がトップ３の理由の一つ（４割弱が１位の理由）に挙げている（図表8-3参照）。過去にESG活動の原動力がリスク管理からスタートしたことを考えると、GPのESGに対する考え方が大きく変わったことが理解できる。

#### ② ESGによる企業価値向上

　では、ESGへの取組みによってどう企業価値を向上させるのであろうか。ESGが価値創造に貢献するロジックとしては、筆者は図表8-4の通りと考える。

　ESGの要素を経営戦略に取り入れることにより、企業のガバナンスが改善され従業員のクオリティが向上し人的経営資源の価値が向上すること、また、社会課題を意識した新たなビジネスの創出や環境問題に積極

PEとESGの視点　247

## 図表8-3：ESG活動の原動力

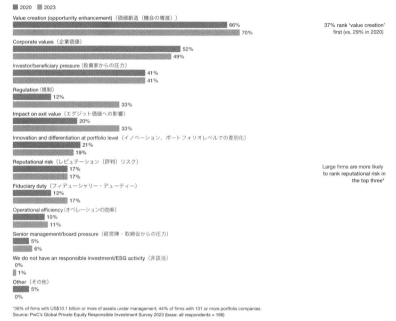

出所： PwC "Global Private Equity Responsible Investment Survey 2023 – Generating upside from ESG: Opportunities for private equity"（2023）

的に対応することによる新規・既存ビジネスの拡大などを通じて、企業の資本コストの低下を図りつつ、収益を伸ばし、これらが相まって企業価値が向上するものと考えられる。また、エグジットの際にはトレードセールの買い手、或いはIPO時の投資家がこれらを評価して高いバリュエーションにつながるものと考えられる。

ESGに対応するために様々な施策を実施する際にそれに関連する費用や先行投資が生じることにはなるが、中長期的にはそのようなコストなどを掛けても余りあるリターンが期待できると考える。

図表8-4：ESG投資による企業価値向上

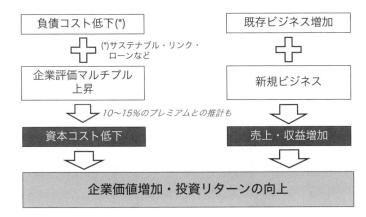

出所：筆者作成

### ③ 投資プロセスへのESGの統合

GPは、ESGのコンセプトが入ってきた当初は、ESGやサステナビリティの専任者やチームを採用し、そのノウハウの蓄積や様々な基準等（ESGポリシー、デュー・デリジェンス（DD）・チェックリスト、レポーティング・ガイドライン等）を策定したり、そのチームでデータの整備、投資家へのレポーティングの拡充などを行うことに注力した。

その後、上述の通り「リスク管理型」のアプローチではなく、ESGの目的が企業価値向上に力点を置く方向にシフトしてきたことによって、GPの内部で次の様な変化が出てきている。

- ESGの推進はその専任者・チームではなく投資チームが中心。投資チームは、通常の投資プロセス、モニタリング・プロセスの中にESG要素も織り込み統合的な投資判断を行う。例えばESG DDも他のDDと切り離した形で行うのではなく、統合されたDDの一部として行われる。また、投資後のモニタリングにおいても、設定するKPIにESG関連のものも含めて設定し、統合して投資先

PEとESGの視点

企業のモニタリングを行う。

● ESG・サステナビリティ担当者・チームは、日々進化する ESG の
レギュレーションなどの動向の情報収集、GP 全体としての戦略
的な対応、ESG レポートなどの取り纏めと投資チームの ESG に
関する様々なサポート及び GP 全体としてのクオリティ・コント
ロールを行う。

ESG の目的は、あくまでも企業価値向上であることに照らして考える
と、この様な変化は自然な発展であり、今後、日本の GP が ESG への対
応を強化していくに際しても参考になるものと考えられる。

④ 一連の投資プロセスにおける GP の取組み

ESG を意識する GP においては 投資活動を通じて投資先企業に ESG
の理念を浸透させ且つ実現すべく、投資前の段階からエグジットに至る
まで、試行錯誤を重ねながら様々な施策を講じている。ここでは、(日本
の) GP が投資にあたって具体的にどのような形で ESG の目線を取り入
れ、一連の投資活動に取り組んでいるのかを紹介したい（図表 8 - 5 参
照）。

## 図表8-5：DD およびモニタリングの具体的事例

| ESG | 主要項目 | 具体的事例 |
|---|---|---|
| Environmental Responsibility | ①大気汚染、水質汚染の有無<br>②地球温暖化の観点<br>③エネルギー効率化の観点<br>④有害物質<br>⑤土地荒廃<br>⑥廃棄物管理 | ・老朽化設備の改廃<br>・LEDの導入推進<br>・適性在庫水準の見直し<br>・輸送効率化<br>・R&Dの推進 |
| Social Responsibility | ①世界人権宣言の観点<br>②人権侵害の回避<br>③労働組合の自由、団体交渉の権利の認識<br>④強制労働、児童労働の回避<br>⑤差別的労働の排除<br>⑥製品安全性の観点<br>⑦武器、タバコ、ギャンブル、売春、麻薬等の製造や取引の回避<br>⑧反社会勢力との関係遮断 | ・働きやすい職場環境の構築（勤務環境、不当差別、人事評価基準、福利厚生、インセンティブ設計）<br>・ダイバーシティ推進（機会の平等、若手の積極登用、女性の積極登用） |
| Corporate Governance Responsibility | ①収賄及び贈賄の有無<br>②反競争的行為の有無<br>③役員構成<br>④法令遵守<br>⑤内部統制 | ・リーガルDD、税務DDによるチェック。過去にあった場合 は再発防止策の策定状況と徹底状況<br>・法令遵守のための規程の整備状況と浸透状況<br>・役員、主要人材のスキル、経験、意思決定システムのバランス<br>・会議体、部門、職責、手続き等の見直し |

出所：ポラリス・キャピタル・グループ作成

<投資前>

　投資前に、投資先候補に対して DD を行う際には、財務・税務・法務・人事・ビジネスというすべての領域において、環境・ソーシャル・ガバナンスの観点を加味して、開示資料のレビューや現地実査及びインタビューを実施する。

　環境の分野では、業種・業態によりチェック項目は大きく異なるが、大気や水質といった環境汚染への対応状況、廃棄物管理やリサイクルの状況、或いはエネルギー効率化のための施策等を業種に応じたチェックを行う。更に、ソーシャルの分野では、働きやすい環境が整えられているか、ダイバーシティが図られているかという観点でのチェックや、ガバナンスの分野では、法令違反の有無や規程の整備状況、内部統制の状況等のチェックを行っている。これに加えて、近年においては、業種によ

PE と ESG の視点　251

る要否はあるものの、国連が推進する「ビジネスと人権に対する指導原則」やそれに基づき各国・地域で導入されてきている人権 DD の諸規制（CS3D など）を意識したうえで、事業活動のサプライチェーンにおける環境や人権に及ぼす影響の実態及び可能性の特定や評価も実施している。

DD を通じて、それぞれの分野において顕在化している或いは潜在的なリスクがないかどうかのネガティブチェックを実施する。リスクが発見された場合は、必要に応じて更なる調査を実施し、リスクが投資先候補のビジネスに与える影響や、当該リスクの改善・解消あるいは潜在リスクが顕在化した場合に要するであろうコストや対応策を見極めて、投資の可否を判断する。当該リスクが回避困難或いは看過しえないほど重大なものであると判断した場合には、投資を見送る決断を下すのはいうまでもない。リスクは認識しつつも投資するとの判断に至った場合には、リスクとその対応方法の概要を整理しておくとともに、リスクを勘案した価格の算定や ESG 課題解消のための施策を検討することとなる。

一方で、ESG 関連の DD は、投資先候補のバリューアップの機会を見極めるという側面もある。即ち、ESG のコンテクストにおいて企業価値を高めうる隠れた技術や資産を見いだして投資後の施策やリソース投入案に盛り込んだり、クローズアップして外部に発信することで会社の価値を高められそうな既存の ESG 分野の取組みや資産を見いだすなど、投資後のバリューアップ施策の種を発掘するという役割も担っている。


＜投資後＞

投資前の DD は、時間的な制約に加え、投資対象企業の従業員に対しては秘密裏に行われる性質上限定的にならざるをえないことも多いことから、必要に応じて、投資後に改めて追加的な DD を行う。これらの DD により、投資前の DD で発覚したリスク及び企業価値向上の可能性を改めて検証した上で、リスクの改善策や克服策、ならびに企業価値向上施

策をバリューアッププランに盛り込むこととなる。

　複数の投資先企業をマネージするGPとしては、投資先の業種・規模が多岐にわたり、各社の課題やニーズは多様なことから、基本的には各社の状況に応じてテーラーメードの対応を行うこととなる。その会社の企業価値を最大化しうる施策を盛り込んだバリューアッププランを各々の投資先と協働して策定し、必要なサポートを積極的に提供し、定期的なモニタリングを実施することで、1社1社着実に改善を遂行していく。

　一方で、ESG活動の推進が企業価値増大に有益であるという認識のもと、より体系立ったESG活動を展開する場合、すべての投資先に対してESGに関する指標（KPI）とその目標値を設定することもある（図表8-6参照）。最終目標のみならずマイルストーンとなる中間目標を設定し、その進捗状況をモニタリングしながら適宜改善を考え、実行につなげていくのである。現時点では、PE業界において、指標の設定の仕方や具体的なKPIに関する統一された基準は存在せず、各ファンドが自社のポリシーに沿って設定しているが、後述するような投資家からのリクエストに応えるという観点からは、大きな違いはないと考えられる。

### 図表8-6：KPIの例

| 環境 | 環境担当部署の設置状況、温室効果ガス削減対策況、エネルギー使用量削減取組み、ゴミ排出量削減取組み　等 |
|---|---|
| ソーシャル | 採用者・退職者数、離職者比率、労働災害傷病・死亡数、傷病休暇数、障害者雇用率、女性管理職比率　等 |
| ガバナンス | サイバーセキュリティ対応、BCP（事業継続計画）　等 |

**出所**：筆者作成

　GPでは、投資先企業各社に対する指標の設定・モニタリングにとどまらず、サステナビリティ運営の更なる深化を図る目的で、全投資先企業に対する様々な取組みが図られている。

　環境分野においては、GHG（温室効果ガス）排出量削減を目的として、

PEとESGの視点　253

後述するような温室効果ガス排出量計測のためのクラウドサービスと契約を締結し、投資先の GHG の算出や管理、そして削減支援も行われ始めている。

ソーシャル分野では、投資先各社におけるダイバーシティポリシーの策定と KPI 設定を主導し，マネジメントのコミットメントを引き出すだけでなく、各社の取組みとベストプラクティスを共有する場として投資先企業各社のダイバーシティ推進者が参加する会議を主催し、ダイバーシティ活動の推進が図られている。

また、正社員にとどまらず投資先企業に勤務するすべての従業員に対してエンゲージメントサーベイを投資直後から定期的に実施して会社の実態及び問題点を把握し、従業員の離職率低下やモチベーション向上のための施策、例えば、研修制度の整備や人事制度の改革を行い、ひいては企業価値向上につなげるといった取組みも行われている。


近年では、一歩進む形で、積極的に ESG にフォーカスしつつ社会課題解決を通じて企業価値向上が見込める投資先を発掘して基幹ファンドのポートフォリオに組み込む流れがみられる。例えばポラリスは、社会のすべての人を包み支えあうインクルージョンという観点から、障害者を受け入れる施設が現状ほとんど存在せず需給がひっ迫しているという社会のニーズに応え、かつ今後の成長が見込める数少ない業界であるとの判断のもと、住まいで困る障害者をなくすというテーマを掲げて障害福祉サービス・グループホームを運営するソーシャルインクルーへの投資を実行している。

GP では、こうした投資プロセスにおける施策や対応に加え、めまぐるしく変化するESGの潮流を見逃すことなくタイムリーに次の一手を打つために、ESG 推進委員会や CSO（Chief Sustainability Officer）を設置して、世界各地域のESG分野の動向や規制制定の動きの把握に努めている。

こうした情報は直ちに投資担当及び PMI 担当と共有され、例えば、投資実行時点における人権及び環境に関する DD の実施という形で実効化されている。

## （2）投資家（LP）の取組み

投資家は15年ほど前に PRI がスタートした頃から徐々に ESG への取組みを進めてきた。当初はリスク管理的なアプローチが主流であったが、上述の通り GP が徐々に ESG をリスク管理だけではなく企業価値向上の手段として活用するようになってきたことから、投資家側では GP が ESG をどう投資判断に組み込み、また投資後に様々な施策を実施することでどう企業価値が向上しているのかを理解することと、またそれをサポートするレポーティング・情報開示のクオリティの向上を求める取組みを行ってきた。

前述の PRI では、プライベート・エクイティやベンチャー・キャピタルの投資家向けに次のようなツール・キットを提供している[9]。

- DD の質問状（DDQ：Responsible Investment Due Diligence Questionnaire）
- ESG に関連する条件をどのように私募目論見書（PPM：Private Placement Memorandum）や契約書（LPA：Limited Partnership Agreement）に織り込むかのなどガイドライン
- GP の ESG の取組みの事例・ベストプラクティス

---

[9]　詳細に関しては PRI の HP を参照。https://www.unpri.org/investment-tools/private-markets/private-equity

PE と ESG の視点　255

また、ILPA では、次の様な形で ESG を含む形でガイドライン等を策定している。

● ILPA Principles 3.0（2019）[10]
● IPLA Due Diligence Questionnaire Ver2.0（2021）、Diversity Metrics Template（2021）、DEI Monitoring Questionnaire（2023）[11]
● ESG Assessment Framework（2021）。メンバーのみに開示

投資家側では、これらのツール・キットなどを活用しながら、投資時、投資後のモニタリングのプロセスにおいて、GP が表面的な ESG への対応（例えば、ESG ポリシーの策定、ESG 担当者の設置など）だけではなく、実際の投資活動においてどう ESG の要素を織り込んでいるのか、またその経験がどう将来の投資にも活用されるのか、再現性があるのかについて確認をしている。

更には、ESG への取組みに関して課題を抱えている GP に対しては、他の先進的な GP の取組み、守秘義務に反しない範囲でのベストプラクティスの共有、その他アドバイスなどのエンゲージメントを行っている。

## （3）データ収集への取組み

### ① データ・コンバージェンス・プロジェクト

ESG に関して、所謂ウォッシングを回避するためにも、ESG に関連するデータの収集は重要である。前述の通り、先進的な GP は ESG のデー

---

[10] https://ilpa.org/ilpa-principles/

[11] https://ilpa.org/due-diligence-questionnaire/. DDQ の ESG のリストは PRI のリストと同一

タを収集し、それを分析した上でESGレポート等の形で開示しているが、データの開示に関する標準化された手法やフォーマットは無い。

　一方、投資家の立場からは、例えば投資家によっては、自社の温室効果ガス排出量の数字を開示する際にファイナンスド・エミッション[12]（スコープ3、カテゴリー15）の計測の為に投資先ファンドからのデータが必要など、重要な項目に関しては、統一された形でデータを収集したいというニーズがある。

　この様なニーズに対応するために、2021年にILPAが窓口となって、大手GPと大手LPが参加する形で、ESGデータ・コンバージェンス・イニシアチブ（EDCI）がスタートした。直近では、375社が参加、その内GPの185社から約4,300社のポートフォリオ企業の62千件のデータが収集されている[13]。

---

[12]　ファイナンスド・エミッションは、金融機関の投融資先の温室効果ガス排出量で、スコープ3のカテゴリー15（投資）である。GFANZ（Glasgow Financial Alliance for Net Zero）傘下の金融同盟に賛同する投資家・金融機関は、2050年までにファイナンスド・エミッションを含め排出量をネットゼロとすることが求められている。

[13]　https://www.esgdc.org/。またデータは少し古いが日本プライベート・エクイティ協会のオンライン・コラムも参照（第26回『ESGデータの収集と報告に関するPE業界イニシアティブ』ESGデータ・コンバージェンス・イニシアティブ（EDCI）| JPEA（一般社団法人 日本プライベート・エクイティ協会））。

**PEとESGの視点**　257

図表8-7：EDCI の収集データ

| 主要項目 | 収集データ |
|---|---|
| 温室効果ガス排出量 | スコープ１、２ （３はオプション） |
| ネット・ゼロ | 戦略、目標、野心（すべてオプション） |
| 再生可能エネルギー | 使用比率 |
| ダイバーシティ | 女性の取締役比率、女性の経営幹部比率 %<br>過小評価グループの取締役参加（オプション）<br>LGBTQ の取締役参加（オプション） |
| 労働災害 | 傷害者、死亡者<br>傷害による欠勤日 |
| 雇用者増加（ネット） | 新規雇用者（ネット、オーガニック、全体）<br>ターンオーバー |
| 従業員エンゲージメント | 従業員エンゲージメント調査<br>その結果 |

**出所**：EDCI の HP を参考に筆者が作成

　これらの取組みによって PE の LP としての適切な ESG データの計測や開示は主に GP を介して得られるデータを活用することで対応ができることになるが、上場株等他のアセット・クラスでの対応との整合性（例えば、ISSB[14]が定める ESG 分野における企業の報告に関する国際基準との整合性）をどう取るか、図表8-7の様な最低限のデータでも収集することが難しい中小の GP、或いはその先の中小企業の投資先をどうカバーするか、などは引き続きの課題である。

②　サステナビリティ・データ・プラットフォーム

　上記の中小企業の課題を解決する取組みが少しずつ進められている。これは必ずしもバイアウトファンドの投資先に限る話ではなく、中小企

---

[14] International Sustainability Standards Board（国際サステナビリティ基準審議会）。ISSB は、2023年 6 月にサステナビリティ開示基準の最終版を公表。「S 1 」「S 2 」という 2 つの基準の内、気候に関する詳細な開示要項を定めているのが「S 2 」基準。日本では、これをベースに SSBJ（Sustainability Standards Board of Japan：サステナビリティ基準委員会）が有価証券報告書での開示基準を策定予定。

業、特に大企業のサプライチェーンの中にいてサステナビリティに関するデータの収集が重要である企業を広くカバーするものである。

（ⅰ）温室効果ガス排出量計測のためのクラウド・サービス
　　排出量をあまり負担なく計測、報告するためのクラウド・サービスが普及しつつある。そのシステムを提供する会社であるパーセフォニ、アスエネ、ゼロボードなどが金融機関と連携しながら導入を促進している。

（ⅱ）サステナビリティ・データ標準化
　　中堅中小企業のサステナビリティ・データの標準化を図る活動を行う一般社団法人サステナビリティデータ標準化機構[15]では、企業向けのハンドブックを作成、当該企業や関連する金融機関等との間でのデータの標準化が開始されている（ハンドブックは2024年9月を目標に公表予定）。

　これらはまだ黎明期であり、これから広く普及する過程でよりよいプラクティスが定着し、また必ずしも日本国内だけでなくグローバル市場での活用なども促進されていくものと考えられる。
　バイアウトのGPは、このような流れの中で主体的な形でサステナビリティ・データの問題に取り組むことが重要である。

---

[15] https://www.j-sdsc.org/

PEとESGの視点　259

## ３．脱炭素・トランジッション

### （1）脱炭素化の背景

　ESGの中でも気候変動問題はPEに限らず大きな課題となっている。この問題は過去より議論がされ、1997年には京都で開かれた第３回気候変動枠組条約締約国会議（COP3）において京都議定書が採択されたが、先進国のみを対象としていたり米国が批准しなかったりと実効性が不十分であった。改めて注目を集め始めたのは、2006年に米国元副大統領のアル・ゴアが地球温暖化問題にフォーカスした『不都合な真実』というドキュメンタリー映画を作成、また同じ年に英国において経済学者のニコライ・スターン卿が"The Economics of Climate Change"（スターン報告書）という報告書を出したことがきっかけで、それを経て、2015年にパリで開かれた第21回気候変動枠組条約締約国会議（COP21）においてパリ協定（Paris Agreement）が採択された。これは、気候変動抑制に関して先進国だけでなく発展途上国を含む気候変動枠組条約に加盟する全196カ国全てが参加する枠組みで、これに基づき排出量削減目標の策定などが進められている。

　毎年開催される気候変動枠組条約締約国会議と並行して、気候変動に関する政府間パネル（IPCC：Intergovernmental Panel on Climate Change）は、国際的な専門家で構成される学術的な機関として科学的知見の評価を提供、2023年に公表された第６次評価報告書（Assessment Report）[16]において、地球温暖化を1.5℃に抑えるためには、急速かつ大幅で緊急的な二酸化炭素などの温室効果ガスの排出削減が不可欠であることを科学的に立証している。

　このような背景の下で、各国政府は排出量削減目標を策定しており、

---

[16]　環境省HP参照。https://www.env.go.jp/earth/ipcc/6th/index.html

日本は2050年までの排出量のネット・ゼロ達成、その過程での2030年排出量▲46％（2013年度比）を公約としており、それを実行するために「GX実現に向けた基本方針」を2023年に策定し、様々な施策に取り組んでいる。

## (2) 企業がネット・ゼロに取り組む背景とバイアウトファンドの投資先へのインプリケーション

一般的に企業がネット・ゼロを推進する理由には次の様なものがある。

① 社会への貢献：地球温暖化の進行を抑制し、自然環境の破壊を防ぐ

② 顧客の要求：消費者の環境に対する意識の高まりにより、環境に優しい製品やサービスへの需要が増加。ネット・ゼロへの取組みを通じて、企業は顧客の期待に応え、ブランドイメージを向上

③ 経済的利益：エネルギー効率の改善や再生可能エネルギーへの投資は、長期的には事業コストの削減につながると考えられる。また、ネット・ゼロへの取組みは新たなビジネスチャンスを生み出す可能性もある

④ 規制への適応：多くの国や地域では、温室効果ガス排出量の削減に向けた規制が強化される方向であり、将来の規制への適応を見越して先手を打つ

⑤ 投資家・金融機関からの圧力：上場企業の場合、排出量の開示が強化されてきている。持続可能性を重視する投資家・金融機関が増えている中、ネット・ゼロへの取組は企業にとって重要な経営課題となっている（図表8-8参照）。

PEとESGの視点 261

図表8-8：企業がネット・ゼロを推進する背景

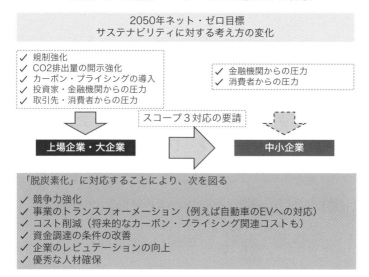

出所：筆者作成

では、バイアウトファンドが投資する未上場企業の場合、何故、ネット・ゼロが重要であるかを整理する。

① スコープ 3 対応

現状、未上場企業の場合は排出量の開示の義務は負わないが、取引先の上場企業がスコープ3を含めて排出量を開示、またそれを削減していく方向であることから、サプライチェーンの中の未上場企業も排出量を取引先に開示し、連携して削減していくことが求められる。例えば、RE100（renewable energy 100%を目指すイニシアチブ）加盟企業のなかには、取引企業に対しても100%再生可能エネルギーでの事業運営を目指して事業を行うように求める企業も出てきている。

② サプライチェーンのトランジッション[17]

特に多排出の業種の場合は、重点的に排出量を減らす政策が採られており、そのサプライチェーンの中にいる未上場企業も事業の見直し、業界の再編に巻き込まれる。分かりやすい例では、自動車業界において内燃エンジンからEVへのシフトが進む際に、内燃エンジンの自動車部品メーカーなどは大きな影響を受ける。また、同様に製鉄業で高炉を廃止するような場合は、その製鉄所の所在地の取引企業は大きな影響を受ける。

③ 潜在的な事業コスト上昇の回避

中長期的なエネルギー価格の変動への対応（再生可能エネルギーへのシフトなど）を行うと同時に、カーボン・プライシング[18]の本格的な導入に対応する必要がある。カーボン・プライシングに関しては、国内の炭素税やカーボン・クレジットの価格だけではなく、輸出企業の場合はEUの炭素国境調整メカニズム（CBAM：Carbon Border Adjustment Mechanism）などにも対応することが求められる。

④ 顧客の要求への対応

消費者（特に環境問題に敏感なZ世代など）は、より低排出の製品を好む傾向にある。例えば、大量生産・大量廃棄のファス

---

[17] 産業の脱炭素化を図るためには、長期的な戦略に則り、着実なGHG削減の取組を行う企業に対し、その取組を支援することが重要で、その資金面での支援を行う仕組みをトランジション・ファイナンスと称している。

[18] カーボン・プライシングは、各主体から排出される炭素に価格を付け、市場メカニズムを通じて排出者の行動変容を促す一方、炭素吸収・炭素除去の取組みを行う主体を増やす手法。政府による炭素税、排出量取引、クレジット取引、民間によるクレジット取引などがある。

PEとESGの視点　263

ト・ファッションから、よりリサイクル素材を使った製品の選好、サーキュラー・エコノミー（循環経済）の考え方の浸透などがある。また、日本においても近い将来、食品にカロリー表示をするようなイメージで、商品製造にどれだけ $CO_2$ 排出があるかを表示することが求められる可能性はあり、その数字により選好される可能性がある。

これらのネット・ゼロへの対応は、企業にとって事業リスクや経営課題であると同時に、新技術の開発やビジネス・モデルの革新を促す機会でもある。一方、それに対応するためには、当該企業だけで対応するには様々な制約があるため、バイアウトファンドの GP は当該企業、そのサプライチェーンの取引先、金融機関などと協働することが従来以上に重要となる。

日本では未だないが、欧米では「トランジッション」に焦点を当てた戦略の PE ファンドも出てきている。現状は、エネルギー・トランジッション中心の投資戦略のものが多いが、日本における多排出セクターのトランジッションの重要性に鑑みると、それに焦点を当てたファンドも出てくる可能性は高いと考えられる。

## 4．Beyond ESG－インパクト投資

以上、ESG 投資に関して検討を行ってきたが、本節では ESG 投資の「発展形」としてのインパクト投資について簡単に触れることとする。

インパクト投資には、いくつかの定義方法があるが、2013年に英国キャメロン首相（当時）の呼びかけで創られたインパクト投資のグローバルな推進組織である The Global Steering Group for Impact Investment

(GSG）の国内諮問委員会の定義によると、次の2点を満たすものとなる。
- 財務的リターンと並行して、ポジティブで測定可能な社会的および環境的インパクトを同時に生み出すことを意図する投資行動
- 社会的インパクト評価を投資前および投資実行後に実施している（ただし、投資実行後については評価の実施主体は問わない）

このインパクト投資を、ESG投資を含む従来の投資手法、寄付を主体とする経済的リターンを求めないベンチャー・フィランソロピー（venture philanthropy）及び一般的な寄付の手法と比較整理したものが図表8-9となる。

図表8-9：インパクト投資の位置づけ

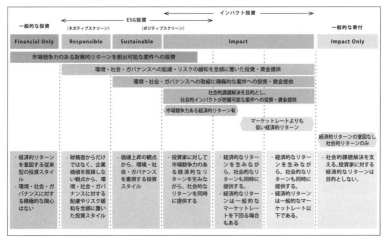

出所：GSG国内諮問委員会「インパクト投資拡大に向けた提言書2019」p.1に記載の図表2（Allocating for Impact "Social Impact Investment Taskforce"の図2に基づき水谷衣里氏作成）。

インパクト投資のマーケットは、まだ規模も小さく、投資の領域は、志の高い投資家が支える通常の民間セクターでカバーしづらい社会課題

を対象とするNPOの延長線上のベンチャー企業か、成果連動型民間委託契約（PFS：pay for success）の仕組みを取り入れたソーシャル・インパクト・ボンドに限られるイメージが強いが、ベンチャー企業においてもユーグレナに代表されるような社会課題とテクノロジーを組み合わせた新しい「インパクト・ネイティブ」な成長企業や、成熟した中堅企業・大企業であっても積極的にインパクト投資に取り組む企業が増えている。欧米においては、TPG、ベインキャピタル、KKRなどが大きなインパクト投資ファンドを組成、専用ファンドを組成しないGPであっても既存のファンドの中でインパクト投資に取り組むプレーヤーが増えている。また、日本においても金融庁が「インパクト投資に関する基本的指針」を策定するなど、環境の整備も進んできている[19]。

インパクト・ウォッシュ（言っていること（広告・PR）とやっていること（取組みの実態）が乖離している状態）を避けるためには、インパクト評価手法の標準化が重要であるが、それはまだ開発途上であること、またインパクト評価に関して相応のコストが生じる問題があるなどのいろいろ課題は存在するが、インパクト投資は徐々に広がり、プライベート・エクイティ投資の世界とも大きな重なりが出てくると予測される。

それを念頭において、PE投資においてESGを検討するに際しても、インパクト投資の動向（新しいインパクト評価方法など）は密にフォローすることが必要であると考える。

## おわりに

バイアウトファンドにおいてESGを考慮に入れて投資、投資後の企業価値向上を行うことは言うまでもなく重要である。具体的な取組み方法、

---

[19]　https://www.fsa.go.jp/news/r 5 /singi/20240329.html

あるいはモニタリング・レポーティング方法などに関しては未だ改善の余地が大きいが、これらに関してはGPとLP（特に日本のLP）が協働してベストプラクティスを構築していくことが望ましい。

　ESGへの取組みに関しては、リスク管理の観点のみならず、投資先企業の価値向上に際して重要であるという考え方は定着してきている。筆者は、近い将来、ESGは多かれ少なかれすべてのGPの投資プロセスに組み込まれ、特別なものではなくなる（或いはESGという用語自体が消える）ものと考える。

PEとESGの視点　267

# 参考文献・参考資料

- 日本バイアウト研究所編、『プライベート・エクイティとESG』、きんざい、2021年

- 本田桂子、伊藤隆敏、『ESG投資の成り立ち、実践と未来』、日本経済新聞社、2023年

- 小林和成、「プライベート・エクイティ市場の現状、今後の課題と成長機」、『金融・資本市場リサーチ　2023年冬号（第12号）』イノベーション・インテリジェンス研究所、2023年

第9章

# ファンド運営会社の社会的
# 責務・永続的発展と将来に
# 向けた展望

木村雄治

　1990年代後半、米国の PE ファンドが日本での投資活動を本格化してから今日に至るまで、四半世紀余りの歴史の中で、PE ビジネスは質量ともに大きな進化を遂げてきた。当初はハゲタカファンドと揶揄されることも多かったが、今日では、バイアウトファンドに投資して利益を享受する機関投資家やバイアウトファンドを活用して事業再編を図ろうとする事業会社はもちろん、社会的にも、徐々にその存在意義を認められつつある。

　そのような流れをさらに推し進め、バイアウトファンドが日本の産業界の活性化や経済発展を支える責務を担ってさらに存在意義を高め、文字通り産業金融の雄としての地位を獲得し、PE 会社そのものも永続的に発展していくためには、どのような課題に取り組んでいくべきか。本章では、日本の将来を見据えながら PE 業界全体の発展に向けたいくつかの視点を検討していくこととする。

## 1．バイアウトファンドのファンド規模の拡大

　最初に挙げるポイントは、特に本邦系のバイアウトファンドの規模の大型化の問題である。第3章第4節で述べたように、日本を代表する大企業が、聖域なき事業の集中と選択による非コア事業の売却を積極的に推進するようになり、さらには、株式市場のプレッシャーから解放され

て大胆な成長戦略へと舵を切るための非公開化を選択肢の一つとして見做すようになる中、そうした戦略実行のための資金提供者としてバイアウトファンドを活用しようという意欲は、さらに高まっていくものと思われる。その期待に応え、大型案件に対応できるファンド規模を確保することは、バイアウトファンドの責務である。第7章第1節で述べたように、これまでは、大企業の大型案件に対応できるバイアウトファンドは外資系がほとんどであったが、1,500億円の第5号ファンドを立ち上げたポラリスなど、徐々に外資系ファンドの規模に近づく本邦系ファンドも現れ始めた。しかし、バイアウトファンド業界のもう一段の成長なしには、本当の意味でバイアウトファンドが日本の産業金融を支える体制が整備されたことにはならないであろう。

　一方で、国内に限らず、従来と大きく異なるサイズの案件を手掛けたり、異なる国・地域で投資をするなどの目的でファンドの規模を急激に大きくしたり、或いは投資実績を見て殺到した（新規）投資家を制限なく受け入れたり、といった形で投資規律が緩むケースがたまに見られる。規模を急激に大きくして失敗した事例も多い。

　このような現実も踏まえると、ファンド規模の大型化を実現していくには、以下のような4つの課題があると考えられる。

　第一の課題として、資金調達面において、LP投資家からより高い信頼を得、より多くの資金を投入してもらう必要がある。基本的にトラックレコード主義である機関投資家にとっては、既存のバイアウトファンドが地道に実績を積み上げ、ファンドごとに着実に規模を拡大していくことが王道であり、無理な規模拡大を懸念する傾向がある。ファンド規模拡大にあたっては、既存の大口投資家を中心に密に対話をしながら適正なファンド規模に対する目線合わせを行い、新たな投資ガイドラインやファンドの上限額（キャップ）の交渉をしっかり進めていく必要がある。

場合によっては、官の金を引き出す必要もありうると考えられる。

　官の資金の活用という観点に関連するが、第二の課題として、官民ファンドとの関係が挙げられる。第3章第5節で触れたように、官民ファンドは、基本的に民間のPEファンドではリスクテイクできない長期間の研究開発関連の案件、あるいは、国防等の観点で外資系ファンドの資本参加が望ましくない大規模な案件への投資や、民間ファンドに対する所謂呼び水としての効果が期待できる案件への投資をその役割とする。常に議論に上るように、要求リターンが低い官民ファンドが必要以上に参入すると民間ファンドがクラウドアウトされるなどの弊害があり、両者の棲み分けは重要な課題である。日本経済の活性化という観点から官でなくてはならない分野を担うに留め、民間ファンドを補完・補強していくことが望ましい。例えばJICは、上述の第一の課題である「バイアウトファンドのファンド規模の拡大」のため、PEファンドに対するLP投資を行い、民間の機関投資家のLP投資の呼び水としての機能を果たすことが期待される。米国に官民ファンドはない。イスラエルをStart-Up　Nation（起業国家）に押し上げたYozma Programは、海外を含む民間のVC投資を呼び込む使命を設立から5年で果たし、1998年に終了した。投資後5年以内であれば事前に定めた価格で民間VCがYozma保有のスタートアップ企業株式を買取り可能というオプションが付与され、エグジットに向けた体内時計がプログラム自体に内蔵されていたことも背景にあろう。JICは2050年までの存続が確定しているなど、当面は官民ファンドの機能が必要である。しかし、民間のPEファンドが今後発展していくにつれ、官民ファンドと民間ファンドの棲み分けや協業の在り方を随時見直していくことが不可欠であろう。

　第三の課題として、ファンド規模に見合った案件のソーシングができ

るかという点がある。大企業のカーブアウトや非公開化が増加している
とはいえ、大型案件が国内で継続的に発生するわけではないので、投資
期間内に確実にコミットメント金額を消化するためには、海外案件も投
資対象に含めることも検討する必要が生じてくる。ただ、そうなると「日
本企業のためのファンド規模大型化」という趣旨とそぐわなくなり、意
味づけが難しくなる。しかし、海外の PE 会社の多くが、日本を含むア
ジア地域向けのファンドを通じて日本市場に参入している状況に鑑みる
と、本邦系ファンド運営会社としても、日本国内のみに特化したファン
ドでは限界があると思わざるを得ない。

　投資対象地域の拡大以外の案件ソーシングの拡充手段として、セカン
ダリーバイアウトの活性化という選択肢も考えられる。米国では、他の
ファンドが所有する株式を別のファンドが買い取るセカンダリーバイ
アウトが、M&A 案件全体の３分の２を占めている。日本のバイアウト
ファンドの中には、お互いの手の内がある程度わかってしまうセカンダ
リーバイアウトに消極的なファームもあるようだが、第３章第２節で述
べたように、他のバイアウトファンドがどのようなバリューアップ施策
を講じてきたかを学ぶ機会になる。また、投資対象となる事業会社に
とっても、複数のファンドの企業価値向上の考え方や手法を導入するこ
とで、多角的な視点から絶え間なく経営改善を進めるメリットがあるは
ずである。昨今、「物言う株主」であるアクティビストファンドが、上場
企業に対して、単なる短期的利益追求ではない視点からの株主提案を行
い、上場企業の側も前向きに検討して是々非々で対応するケースが増え
ている。セカンダリーバイアウトの対象となる非公開企業は、上場企業
と同様な緊張感ある経営を求められ、また持続的成長への健全なプレッ
シャーを受け続けることになり、経営陣にとってはきつい側面もあろう
が、長い目で見れば、その企業で働く人たちのためになると前向きに受
け止めてもらいたいと思う。

第四の課題は、言うまでもないことだが、規模の拡大に伴い、PE会社の人財を拡充させ、業務の質をさらに向上させていくことが不可欠である。第6章第2節で述べたように、バイアウトファンドのフロントスタッフは金融から事業まで幅広い知見が求められ、高い専門性と一定の経験を持つメンバーでチームを構成して業務遂行するため、基本的には新卒採用は行わず、一定の経験を積んだ即戦力となりうる人財を中途採用して人員を拡充していく。それでも、PE会社の投資哲学やバリューアップの考え方・具体的手法などを理解し、他のメンバーとのチームワークを築いていくにはそれなりの時間がかかる。しかも、投資案件は継続的に発生するわけではないので、中途入社したメンバーに対してOJTを通じて投資理念やスキルの伝授を行いたいと思っても、タイミングによってはそれがなかなか出来ない場合もありうる。外資系のPEファンドでは、中途入社以来1年以上もの間、投資案件に1件も携わる機会がないことがあるという話を聞いたことがある。

　また、少数精鋭であるがゆえに、部下育成を主務とするような管理職は存在せず、ポラリスの場合、事業会社の執行役員級に当たる社長直下のパートナーも、プレイヤーとして現場の最前線の業務に取り組んでいる。

　こうした状況下、ファンドの規模拡大に合わせて人員を増強し、より大型の投資案件に対処できるだけのスキルアップを図り、スピード感をもってPE会社の人財の価値を質量ともに向上させていくことは、非常にチャレンジングなミッションであろう。


　また、ファンド規模の拡大に伴いPE会社側がGPコミットメント金額を拠出することが大変になるという課題もある。第4章第1節で述べたとおり、投資家からはGPに対して「相応の」コミットメントの維持を求められるが、ファンド規模が大きくなったり、既存のファンドから

ファンド運営会社の社会的責務・永続的発展と将来に向けた展望　273

のキャリード・インテレストが十分でないときなどは対応が難しい場合もある。このような際に最近はGPコミットメントに関してファイナンスを提供する金融機関がいたり、GPに対して出資を行う投資家（大手SWFなど）やGPのマイノリティ・ステークへの投資に特化したファンドなども出て来たりしているが、当然のことながらそれぞれの得失があるので、慎重に検討する必要がある。

　このように、バイアウトファンドの規模の大型化に当たってはいろいろと課題はあるものの、業界全体の発展のためにも、真剣に検討すべき大きなテーマであると認識している。

## 2．人的資本の価値の創造と向上

　2つめの視点として、バイアウトファンドの社会的責務としての人的資本の価値創造と向上が挙げられる。2020年に発表された「持続的な企業価値の向上と人的資本に関する研究会報告書」、所謂「人材版伊藤レポート」にあるように、企業をとりまく環境が大きく変化する中で、人材は「財」、すなわち「人的資本」ととらえ、経営戦略と連動して人的資本の価値を創造し、それを高めていく人財戦略を展開させ、企業価値の持続的成長につなげることが、企業に求められている。

　PE会社として、投資先企業の企業価値向上に果敢に取り組んできた経験から言うと、投資の成否は、結局のところ人財をいかに活かせるか、にかかっている、と言っても過言ではない。PE会社として、人的資本は、金銭的資本と並ぶ最重要アセットである。

　バイアウトファンドの多くは、迅速な経営改善のための外部人財の登用や役職員のモチベーションアップのための人事評価制度の刷新・インセンティブプランの導入等を従来から遂行している。今後は、これまで

に蓄積してきたノウハウや人的ネットワークを駆使して、そうした活動をさらに意識的に推進するとともに、ファンドならではの人的資本の価値向上策に取り組むことが、バイアウトファンドの社会的責務ではないかと考えられる。複数のファンドを運営する PE 会社の場合、複数の投資先企業を同時並行的に経営するという立場を利用して、一企業としての取り組みを越えたかたちでの多角的な人財価値の向上を推進していくことができるはずである。以下、具体的な方策を 4 つ挙げる。

## (1) 投資先企業の社内人財の活用

　従来型の終身雇用・年功序列といった日本的経営の元では、優秀な人財が社内に埋もれたまま潜在力を発揮しきれていないケースが少なくない。ポラリスでは、投資実行前の DD や投資実行後の所謂100日プラン策定のプロセスの中で、投資先企業の役職員とのインタビューを通じて、優秀な人財を発掘していく。そのような人財を、年功序列などのしがらみに囚われずに、適材適所で配置したり、抜擢人事で要職に就かせたりすることで、活躍の場を与えるのである。

　また、経営方針に即した行動指針や人財育成方針を設定し、その方針に則って人事報酬制度を改革するのも効果的な施策の一つである。社員に対して、明確な目標設定と成果に対する公正な評価やフィードバック、報酬・昇格・異動への反映を行う仕組みを導入し、上司と部下との対話を通じてその仕組みを適切に運営していき、社員自身の腹落ちとモチベーションアップを図っていく。さらに、成果を上げて企業価値を向上させることが自分自身の利益にも直接結びつく、業績連動型報酬やストックオプションなどのインセンティブプランを導入して、役職員とファンドのベクトルを合致させる。こうした仕組みは、外部人財の採用力のアップにも役立つ。

かつては有効だったものの、今の時代には合わなくなってしまった人事評価制度の抜本的見直しや、日本人にありがちな平等主義からの脱却になかなか踏み切れない企業に対して、バイアウトファンドが人財活用のための合目的的な制度を思い切って導入することで、社内人財という貴重な資本の効率性を高めることができる。

## （2）外部人財の積極的登用とタレントプール

　過半数の株式を取得して投資先企業の経営権、ひいては経営陣の人事権を掌握するバイアウトファンドは、社内人財の活用と並行して、即戦力となる外部人財を採用して役員や主要ポストの執行役員に据えることが多い。日本の大企業は、まだまだ生え抜き主義のしがらみに囚われ、役員レベルの人間の中途採用を躊躇する傾向があるが、外部人財の第三者的な視点や、プロパー社員にはない経験や知見をうまく活用することは、より有効な経営・事業戦略の立案実行、ひいては企業価値の向上に資するものである。

　さらに、ポラリスの場合は、ある投資先企業に役員として派遣した外部人財がファンドのエグジットとともに退任した場合、PE会社の顧問などのかたちでリテインしておき、別の投資先企業に再び派遣する、経営人財のタレントプールを形成している。ポラリスの投資理念やバリューアップ手法に馴染んだプロ経営者に繰り返し活躍してもらうことで、新規の採用コストを抑えつつ、次々と実行していく投資案件の成功率を上げることができる。一方、その人にとっても、ポラリスの元で様々な企業経験を積むことで、プロ経営者としてのスキルを磨いていくことが可能となり、個人レベルでの人財価値向上が実現できる。

　このように、バイアウトファンドが核となって経営人財のタレントプールを拡充させることが、欧米と比べて少ないと言われる日本の「プ

ロ経営者」の育成に大きく貢献するものと思われる。

　また、最近は企業の成長ドライバーとしてDXが注目されているが、社内に専門人財がいない企業がほとんどであろう。その場合も、バイアウトファンドが自らの幅広いネットワークを活用してDX人財を採用して投資先に派遣することで、迅速なDX戦略の策定と実行を促し、社内人財に対する教育・育成も可能となる。

## （3）複数の投資先企業間の人財交流による人財価値の向上

　複数の投資先企業を擁するPE会社は、その企業間の交流によって人財価値を向上させるというユニークな方策を打てる立場にある。ひとつには、企業をまたいだ研修制度の導入が考えられる。例えば、PE会社が投資先企業のCEOが一堂に会する場を設定し、最新のガバナンスの在り方や企業価値向上の戦略論等について学びを深め、互いに議論する機会を設ける。同じファンド傘下という共通点を持つトップ同士でざっくばらんに交流すること、そして自社とは異なる業種のトップの話を聴くことは、とかく孤独になりがちな組織トップにとってよい刺激となり、よりよい企業運営や事業戦略策定実行への新たな気づきや学びにつながると思われる。トップだけではなく、役員層、管理職層、若手など、様々なレイヤーごとの異業種交流や研修、ベストプラクティスの共有プログラムなども、自分の会社や業種・業界の外に視野を広げる格好の機会となるであろう。もう一歩踏み込んで、投資先企業同士で交換留学ならぬ交換留職を行い、一定期間他社のオペレーションを体感してもらうことも、現場レベルでのノウハウ共有やブラッシュアップにつながり、ひいてはファンド傘下のポートフォリオ企業各社の企業価値の底上げにも資すると考えられる。

　さらには、優秀な人財にさらなる経験を積ませて活躍の場を拡げても

ファンド運営会社の社会的責務・永続的発展と将来に向けた展望

らうために、ファンド傘下の別の投資先企業に転職させる、あるいは、ある企業内では持てるスキルや能力を活かせる場をなかなか見い出せない人財の適所を別の企業で見い出す、といった、ファンドならではの人財活用法もありうるであろう。

ファンド傘下の企業が増えれば増えるほど、「適材適所」の対象となる場が拡張され、結果的にファンドのポートフォリオ企業全体での人的資本の効率活用が可能となる。複数の企業の経営権を有する PE 会社ならではの、ユニークで有意義な人的資本の活用方法ではないだろうか。本格的な運用のためには、社員の経験やスキルなどのデータベース化などのタレントマネジメントシステムや報酬の仕組み等が必要となるが、所謂 HR テックを活用することで具現化できるはずである。

一方、社員一人ひとりにとっては、以上のような PE 会社主導による企業間の人財交流は、新たな刺激を受けてモチベーションを高め、自分自身の職務経験を豊かにし、新たなスキルを習得するチャンスであり、ひいては自分自身の市場価値の向上につながると考えられる。人生100年時代に職業生涯が長期化する一方で、まだまだ人財の流動性が低い日本において、いかにして働く人のモチベーションやスキルを高め、人財としての価値を高めていくかは、日本の大きな社会課題である。上述のような PE 会社主導による企業間の人財交流の仕組み作りは、まさに社会課題解決型ビジネスと呼べるのではないだろうか。

## (4) PE 会社の社員の質の向上

人的資本の価値の創造と向上に関する 4 つめのポイントは、言うまでもないが PE 会社の社員そのもののクオリティーアップである。PE 会社は、金融業界やビジネスコンサルティング、商社や事業会社の経験者、そして会計士・税理士・弁護士など、様々な専門知識と経験を持つプロ

フェッショナルから成り立つ少数精鋭の組織である。そのため、量的な意味での人的資本の拡充には及ばないが、質的には、様々な業界出身の優秀な人財がさらにスキルを磨いて活躍の場を拡げ、市場価値を向上させる機会が提供できると考えている。

少数精鋭であるため、比較的若いメンバーでも投資先企業の取締役や監査役に就任する機会があり、また投資先のバリューアップ支援のために一定期間派遣される際など、先方の経営陣や管理職に対してモノを言わねばならぬ立場に置かれることも多い。その分、コーポレートガバナンスの知識や事業戦略立案推進の能力が厳しく問われることにはなる。しかし、若いうちから企業経営の経験を積むことが、ビジネスパーソンとしての市場価値アップに有利に働くのは間違いないであろう。

ポラリスのこれまでの採用活動においても、PE の知名度が上がるにつれ、就職希望者が着実に増えていることを実感している。

## 3．ファンド・PE会社の多角化

第 4 章第 3 節で述べたとおり、PE 会社は、複数のファンドを継続的に組成し、運営していく持続性のある経済主体として活動していくことが求められている。ファンドごとに着実にリターンを上げ、それを継続させるためには、経済・社会環境の大きな潮流を捉えながらファンドの投資コンセプトを見直していくことが重要であろう。具体的には、新規ファンドの投資対象業種（セクター）や投資類型などの投資コンセプトを定める際には、先行するファンドのコンセプトを踏襲するだけではなく、産業構造の転換の方向性や社会課題、グローバルなビジネスの趨勢などを見極め、将来性のありそうな業種や地域に特化したファンドを組成する、という考え方もありうる。第 7 章第 2 節で述べたような投資戦略の多角化の進展は、このような考え方が背景の一つにあるのではない

ファンド運営会社の社会的責務・永続的発展と将来に向けた展望

かと考えられる。

　従来のバイアウトファンドは、リスク分散の観点からターゲット業種（セクター）の設定はざっくりと行い、投資類型も事業承継型や大企業からのカーブアウト型、非公開化型など複数想定するパターンが太宗を占めていた。しかし昨今、ユニゾンによる UC ヘルスケア・プロバイダー共同投資事業有限責任組合など、特定の業種に的を絞ったファンドを組成するケースが出てきている。ビジネス環境の変化や技術革新のスピードが加速する中、ここぞと思うビジネス領域に特化するというアプローチも大いにあり得よう。また、対象地域についても、日本をベースとしつつ、日本と親和性の高いアジア地域を含めるなど、柔軟に考えていく必要があろう。もちろん、従来の投資コンセプトと異なるファンドを立ち上げる場合は、その領域の知見や経験を持つ人財を採用・配置する必要があり、ファンドとしての勝ちパターンを確立するまで一定の時間を要すると思われる。そういう意味では、これまで複数のファンドの資金調達に成功して一定の実績を積み重ねてきた PE 会社が、新たに特定の投資コンセプトに基づいたファンドを立ち上げる方が、成功確率が上がるかもしれない。

　機関投資家の視点に立てば、様々な投資コンセプトに基づいた特徴あるファンドが複数存在することは、オルタナティブ投資の一選択肢であるバイアウトファンドというカテゴリーの中で、さらに選択肢が増えることを意味する。リターンを単純に比較衡量するだけではなく、その根拠となるコンセプトを勘案してきめ細かくポートフォリオを組むことで、より適切な分散投資を行うことが可能となると思われる。

　上述のファンド規模の大型化の課題とも関連するが、何らかのコンセプトに特化した「ブティック型」のバイアウトファンドか、間口を広げてポートフォリオを分散させてリスク・リターンのバランスを図る大型のバイアウトファンドか、あるいは米国の PE ファンドのように、その

両方を含む多様なファンドを傘下に持つ多角化を目指すか。この問題は、次節で掲げる VC〜グロース〜バイアウトというシームレスなサポート体制構築という課題を、PE 業界全体として推進するか、一つの PE 会社が多角化によって実現するか、という選択肢とも絡む。個別の PE 会社としての持続的成長はもとより、PE 業界全体の発展と経済社会への貢献のためには、どのような投資コンセプトのファンドをどのように展開していくか、時代の趨勢を機敏に捉えながら、入念に検討し、行動していくことが大切であろう。

## 4．VC〜グロース〜バイアウトのシームレスな　サポート体制の構築

　4つめの視点は、主に成熟企業を投資対象とするバイアウトファンドを中軸としつつ、企業の誕生から成長、世代継承を含むあらゆる成長ステージをシームレスに抜け漏れなくサポートする、広義の PE ファンド体制を整備することである。

　第3章で繰り返し述べてきたように、バイアウトファンドは、新たな時代の産業金融の担い手として機能する可能性を有すると筆者は考えている。日本におけるこれまでのバイアウトファンドの発展は、その潜在力が徐々に顕在化してきた証である。コロナ禍以降、事業環境の非連続的な変化の加速に伴い、経営資源を本業に集中させようとする大企業の事業再編ニーズとともに、バイアウトファンドへの期待も高まっている。バイアウトファンドは、リスクマネーの供給はもちろん、これまで培ってきた経験やノウハウ、人的ネットワークをベースに、変化への適応策の実行やイノベーションの促進といった事業戦略面、そしてそれらを実行する人財面からのサポートを、スピード感をもって提供しうる存在である。

そのような存在価値をさらに向上させ、名実ともに日本の産業界のパートナーになるためには、VC 投資やバイアウト投資に加え、その間の成長を支援するグロース投資（グロースバイアウト[1]）を拡充する必要があると考えられる。

　第 7 章第 1 節で述べたとおり、近年 PE 領域の中でグロース投資が増加しているが、先行する VC やバイアウトに比べると、まだまだ拡充の余地が大きい。

　VC が最初の資金を提供してシーズから育て上げたスタートアップ企業を、拙速に IPO させることなく、事業基盤をより安定させて力強い成長軌道に乗せて企業規模を拡大させるには、VC からバトンを受け取るグロースキャピタル[2]や、グロースバイアウトにも注力するバイアウトファンドの存在が不可欠である。

　グロースキャピタルは、ある程度成長して事業が回り始めたスタートアップ企業に対して、さらなる売上拡大のための運転資金や、次の事業展開のための成長資金としてグロース投資を提供する役割を担う。この段階にある企業は、まだ銀行融資を受けられるほど経営が安定していないため、エクイティによる資金調達に頼らざるを得ない。しかし、資金提供の側から見ると、「千三つ」と言われる VC 投資に比べればリスクは低いものの、バイアウトファンドに比べればハイリスクに映る。また、ハンズオンという点ではバイアウトファンドに近いものの、バイアウトファンドのような LBO の活用やオペレーション効率化や経費削減による収益性向上などの手法はまだ適用できず、このステージに特有なサポートを行う必要がある。このような特徴を踏まえ、グロース投資の機

---

[1]　グロースバイアウトとは、バイアウトファンドが行うグロース投資の意味である。

[2]　グロースキャピタルとは、グロース投資を専門に行う PE ファンド運営会社（PE 会社）の意味である。

能をより拡充させることが、日本のスタートアップ企業の発展、日本発のユニコーン企業の創出、ひいては日本経済全体の活性化につながると考えられる。

　バイアウトファンドにとっても、グロース投資は重要な役割を果たし得ると考えられる。バイアウトファンドが投資先の未上場企業や大企業からカーブアウトした事業ユニットを迅速に成長させるには、新たな技術やサービスを自力でゼロから開発させるよりも、外から買ってくるほうが効率がよい。かといって、経営基盤の脆弱なベンチャー企業をいきなり買収しても、運営そのものに工数を要したり、自社事業とのシナジーの創出に苦労したりするリスクもある。それに比べ、グロースキャピタルが投資して成長促進を図った企業であれば、一定レベルの経営手法の導入やガバナンス体制整備、成長戦略の立案推進が既に行われており、買収後のシナジー効果の具現化も容易になるはずだ。つまり、グロースキャピタルは、スタートアップ企業の成長サポートのバトンをVCから受け取ってさらに経営基盤を強化し、バイアウトファンドの投資先企業もしくはバイアウトファンドそのものにエグジットする、バイアウトファンド側はそれを成長ドライバーとして活用し、元々の投資先企業のさらなる成長を進める、という構図が描ける。

　このように、VC〜グロース〜バイアウト、というシームレスな体制整備のためには、グロース投資の拡大がこれからの重要課題だと考えている。

## 5．PE会社の資本政策

　最後の視点として、PE会社そのものがサステナブルな存在として永続的に発展していくために、どのような株主構成や経営体制が望ましいか、という点を挙げておきたい。第4章第2節で述べたように、PE会

社の資本構成は、主に「独立系」、「金融系」、「外資系」に分類されるが、ここでは「独立系」に焦点を当てて考えてみることとする。

　日本のバイアウトファンド業界の創成期は1990年代後半とまだ歴史が比較的浅く、当初の「御三家」やバイアウト第Ⅱ期に設立されたPE会社の多くは、現在も創業者が大株主として経営のハンドルを握っている。しかし、創業から20年近く、ポラリスの創業社長である筆者を含め、第一世代の多くが60代以上となり、PE会社そのものの事業承継を検討する時期に差し掛かっている。PE会社が、日本の産業界のパートナーとしてあらゆる企業をシームレスかつ持続的にサポートしていくためには、当然ながらPE会社そのものがサステナブルでなければならない。創業社長の引退後もPE会社が永続的発展を遂げられるよう、資本政策やファンド運営体制について真剣に検討する必要がある。

　先陣の動向としては、インテグラル株式会社のように株式上場するケースと、APが東京センチュリー株式会社を株主に迎え入れたように、LP投資家等の取引先に株式譲渡するケースの2つが挙げられる。

　1つめの上場に関しては、第7章第2節で述べたように欧米では既に進んでおり、KKR、ブラックストーン、アポロなどはバイアウトファンドを中軸とするファンドビジネスを大規模に展開し、その運用資産残高は数十〜百兆円規模と巨大で、日本のPE会社とは比較にならない。逆の見方をすれば、日本のPE会社が米国のような上場を目指すのであれば、先に述べたファンド規模の大型化を必然の方向性として、VC〜グロース〜バイアウト、というシームレスなサポート体制を1社で展開することも視野に入れて、ファンドビジネスの多角化を図っていくことになろう。但し、上場によって公開の株式市場から調達した資金を使って、GPコミットメントの1％を超えるかたちでファンドにプリンシパル投資することになれば、従来型の私募による特定少数のLP投資家からの資金

調達とのバランスにも留意しなければならない。そうした観点から、非公開企業としてのビジネスモデルを見直す必要も生じる可能性があるだろう。また、上場すれば当然ながらガバナンス体制や情報公開などの面での負担が生じて、経営の機動性をある程度犠牲にせざるを得ない側面も出てくるだろう。持株の市場売却を可能にする上場は、創業者利益の顕在化のためには有効な手段ではあるが、上場会社となることのメリットとデメリットは、慎重に検討する必要があることは、言うまでもない。

2つめの選択肢であるLP投資家など取引先企業への株式譲渡は、「独立系」ファンドでなくなることを意味する。第3章第3節で述べたように、ポラリスは当初はみずほ傘下の「金融系」であったが、時間をかけて「独立系」への変貌を遂げた。「金融系」あるいは特定の事業会社傘下であることと「独立系」であることには、それぞれメリットとデメリットがあるが、ファンド規模の拡大や経営の自由度に鑑みると、「独立系」のほうがシンプルではないかと思われる。実際には、株主間契約できめ細かな取り決めをするなどの個別対応によって、最適な株主構成と経営体制の実現を目指すことになるであろうが、やはり慎重な検討が不可欠である。

また、創業社長の事業承継問題を考えるにあたっては、ファンドの組合契約に盛り込まれるキーパーソン条項やChange of Control条項にも配慮しておかなければならない。第4章第4・5節で述べたLPとGPとのアラインメント・オブ・インテレストのためのキーパーソン条項では、創業社長をアサインすることが多い。また、PE会社の株主構成が変わると、Change of Control条項に抵触してファンドの中断や早期終結を強いられる可能性がある。事業承継のタイミングは、既存ファンドの存続期間を見据えた上で、適切な時期を見計らう必要があるのである。

このように考えていくと、PE会社の事業承継は、通常の事業会社に

ファンド運営会社の社会的責務・永続的発展と将来に向けた展望

比べて特殊な配慮をしなければならない観点がいろいろとあり、一筋縄
ではいかないと言えよう。特に、PE 会社を創設してバージンファンド
を組成する立ち上げ期の活動には、創業社長の属人的な要素が強く影響
するため、その第一世代の承継においては、それをいい意味で希釈化し、
組織としてサステナビリティを担保する仕組みをビルトインしていくこ
とが重要になってくると思われる。

## 6．第 9 章の総括

　日本のバイアウトファンドの黎明期から四半世紀余りを経た今、これ
からの PE 業界と日本経済のさらなる発展のために、PE 会社としてど
のような社会的責務を担うべきか、またその永続的発展のための課題は
いったい何かについて真剣に考えてきた。そこで、以下の 5 つの視点が
提起された。

　　　①バイアウトファンドのファンド規模の拡大
　　　②人的資本の価値の創造と向上
　　　③ファンド・PE 会社の多角化
　　　④ VC～グロース～バイアウトのシームレスな体制構築
　　　⑤ PE 会社の資本政策

　5 つの視点への対応によって、将来、日本の PE 会社は、ブティック化
戦略のモデルから、大規模な多角化戦略のモデルまで、さまざまな形態
に進化を遂げていよう。序章や第 1 章でみたとおり、PE ビジネスの先駆
者である米国の PE 会社が、追いつくべき対象として参考になる。もっ
とも、米国流を単純に模倣すればよいわけではない。リーマンショック
の時期、リストラやコストカット主体とみられた米系ファンドが縮小・
撤退する一方、雇用を重視しハンズオンを徹底する日本流の PE 会社は

徐々に定着し、東日本大震災やコロナ禍の厳しい局面も乗り越えることができた。日本の経済・社会のニーズに応える「和製ファンド」の取組みとは何か、探索し掘り下げることが肝要であろう。

まず、ブティック化戦略モデルとしては、第2章で取り上げたスモールキャップ・バイアウトの範疇にある、小型の事業承継案件に特化するサーチ・ファンドが挙げられる。1980年代に米国で始まった伝統的なタイプは、経営者を目指す個人（サーチャー）が自ら案件を発掘し投資家から買収資金を調達する。一方で、先行して組成したファンドがサーチャーの募集や案件発掘を支援するタイプもあり、足元、日本でも数社起ち上げられている（第1章第2節）。一攫千金のアメリカンドリームと、拝金主義を嫌う日本との対比である。加えて、地域金融機関などがファンドを設立する取組み事例（第7章第4節）は、地域経済の担い手を確保する社会課題解決に繋がる意義がある。

一方、多角化戦略モデルとしては、ブラックストーンが代表例である。2007年に上場したPE会社の傘下に、バイアウトファンドにとどまらず、不動産ファンド、ヘッジファンド、財務アドバイザリーなどの多角的なビジネスラインを展開し、米国のみならずグローバル市場においても大きな影響力を誇る。「和製」ブラックストーンを志向するPE会社は、例えば、バイアウト投資をハブとしてグロース投資やVC投資などのスポークを巡らし、ホームグラウンドとする日本からアジアに世界に展開するといった発展の仕方も大いにありえよう。多角化したビジネスからの持続的なキャッシュフローをアピールすればPE会社の本格的な上場が可能となり、その永続的な存在への道が開けよう。

もっともその際には、単に欧米のグローバルファンドを模倣するのではなく、日本ファンドならではの差別化ポイントを訴求することが重要となる。これまで日本の投資先企業に提供してきた、「和製」ならではのきめ細かなハンズオン経営やバリューアップ手法、上述の「人的資本の

価値の創造と向上」などのノウハウを海外の投資先企業にも展開し、欧米ファンドとは異なる付加価値を提供することで、その持ち味を発揮することが可能となる。それが、外資系と「和製」のお互いの切磋琢磨とレベルアップ、ひいてはグローバルな PE 市場の益々の発展に繋がるだろう。こうした動きの中で、今後 5 年くらいの間に、日本ファンドが海外ファンドを傘下に入れたり、反対に海外ファンドが日本ファンドを買収したり、日本ファンドと海外ファンドの合従連衡の時代が必ず到来するだろう。

　ここで、海外市場との比較において、日本市場の特殊性に話を転じると、そもそも日本の PE 市場には、所管省庁ごとに官民ファンドが乱立するという海外と異なる事情があることを指摘しておきたい。上述のとおり、官民ファンドには国家政策上どうしても必要な投資の実行や民間ファンドの呼び水としての補完的役割が当面は期待されている。別の見方をすれば、これまで日本において民間のバイアウトファンドが成長途上であったがゆえの時限立法的な位置づけとも言える。今後は、本章で掲げた課題に鋭意取り組むことにより、日本の PE 会社が大きく発展していくことが期待される。いずれはグローバル・スタンダードに則り、官民ファンドなくして民間ファンドのみで成り立つ PE 市場を構築していくことこそが、日本の国際競争力という面からも健全な姿と考えられる。


　筆者が最初に PE ファンドという概念を知ったのは、日本が「ジャパン・アズ・ナンバーワン」と高く評価され、バブルに沸いていた1980年代後半、米国東海岸にある留学先のビジネススクールであったことは第 3 章第 2 節で述べた。いみじくもその直後にバブルが崩壊し、日本は長く暗い「失われた30年」に突入することとなった。世紀の変わり目、ポラリスを始めとする本邦系 PE ファンドは、従来の間接金融の構造を転換し、エクイティを梃子にした日本企業の事業再編や成長支援を実現する

役割を担うべき存在として産声を上げた。少なくとも筆者は、ポラリスを設立する際にそのような志を持ち、日本経済の閉塞感を打ち破り、やがては日本における新たな産業金融の在り方を具現化したいと考えていた。

前章までで紐解いてきたとおり、PEの黎明期からの様々なPE会社による地道なバイアウト投資活動の積み重ねが功を奏し、ようやくバイアウトファンドというものが日本の産業界・社会に受け容れられ、活躍の場をさらに広げつつあり、この四半世紀の間の発展には目覚ましいものがある。とはいえ、依然として先を走る欧米のPE会社に「追いつけ、追い越せ」の状態である。本章で挙げた5つの視点は、まさに今後欧米を凌ぐために我々日本のPE会社全てが真摯に取り組んでいくべき重点項目である。

2024年初頭からの日本の株式市場の活況により、日本の産業界がようやく「失われた30年」から脱出したという見方もある。しかし、変革の余地のある企業や業界はまだまだ数多く、DXやAIの本格活用や環境問題への対処、少子高齢化による労働不足問題解決のための人的資本への投資など、課題は山積している。課題先進国と言われる日本において、日本企業がこれらの社会課題を解決し、世界の範となり、再び「ジャパン・アズ・ナンバーワン」となることは、日本の産業界の悲願なのではないか。

そして、日本のPEファンドは、戦後の高度成長期に産業金融を担った長期信用銀行の発展的後継者として、そのDNAを受け継ぎ、ヒト・カネ・戦略面から産業界を支援しながら社会課題解決の一翼を担い、産業の変革をリードしていく責務を負っていると筆者は考える。PEファンドとして培ってきたスキルや知識、人財面・情報面でのネットワークを活用して、産業変革の方向性を指し示す羅針盤の役割を果たすとともに、企業の成長ステージに合わせ、具体的な成長戦略策定や必要なリソース

の調達、実行を推し進める。投資家、投資先企業やオーナー・大企業、株式市場、M&A に関わる金融機関や専門家集団等から構成される PE のエコシステムのハブの機能を、バイアウトファンドが担っていく。このような日本ならではの PE のビジネスモデルを形成して、日本の PE 会社の存在感を世界の中で向上させ、世界の金融業界の中で「ジャパン・アズ・ナンバーワン」と言われる存在となる。これこそが我々 PE ビジネスに従事する者の社会的責務であり、日本の産業と PE の永続的発展に向けて絶え間ない努力を続けていく所存である。

## おわりに

幸田博人

　本書は、人口減少社会やデジタル社会を本格的に迎えた現在の日本の社会・経済が、今後、大きな変革を成し遂げていくために、将来の金融のあり方を考えていくための題材としての日本のプライベート・エクイティに関する金融論という位置づけとなる。次の時代に相応しい成熟した日本の社会・経済となり得るのか、金融面から、どういうアプローチで何をなすべきか考えていくことは、重要となろう。

　2024年、元日早々から大きな惨事が生じ、いまだに困難な状況である。能登半島地震で犠牲となられた方々にお悔やみを申し上げるとともに、被災されたすべての方々に、心よりお見舞い申し上げる。日本国中が、便利で効率的で安心できて健康的なインフラが整って、現代的な生活環境になっていることは、戦後の奇跡的な復興をとげた日本の誇るべき成果であることを改めて感じつつも、こうした災害からは、コミュニティの大切さ、高齢者との共存の仕方、大きな災害時の避難のあり方、危機対応の想定の仕方など、様々なことを考えさせられる。

　今後も、こうした大きな災害や地政学的な危機など、我が国では、様々なことが生じることであろう。足元の金融・資本市場においては、1989年のバブルピークを約35年ぶりに超える日経平均の株高や金利の正常化に向けた歩みが始まったことなど、2024年は金融・資本市場にとっても大きな転換点になりつつある。日本の社会・経済が、人口減少、カーボンニュートラルに伴う産業構造の大きな転換、更には、イノベーションを作り出すチャレンジ精神の復活など多面的な取り組みが、今後行われることで、老大国になりつつも、リスペクトされる国家に移行できるかどうか、いよいよ大事な局面に入ってきている。

高坂正堯氏（政治学者：1934年 -1996年）の有名な著作である『文明が
衰亡するとき』（新潮選書、1981年刊行・現在版は2012年発行）をあらた
めて読み返している。43年前の著作であるが、手に取る方が増えている。
高坂氏が43年前に衰亡論を考えていたことの先駆性に驚くとともに、今
後日本の社会・経済が徐々に衰えていく中で、そうは言っても、豊かな
個性を持った国家として、グローバルにも着目されリスペクトされるこ
ととなり得るかどうか、そうしたチャレンジを有効に機能させるために、
マクロ的な鳥瞰図として大きな道しるべとなろう。

　序章から引用したい。
　　　　　「衰亡論はわれわれに運命のうつろい易さを教
　　　　えるけれども、決してわれわれを諦めの気分にお
　　　　としいれることはなく、かえって運命に立ち向か
　　　　うようにさせる。衰亡論は人間の営みがどのよう
　　　　に発展し、浮沈を伴いつつ続き、しかもなお終わ
　　　　りを迎えるかを、そしてその後がどうなるかを示
　　　　してくれる。それは、われわれにその有限性と共
　　　　に、それ以上のなにものかがあることを教えてく
　　　　れるからである」（同書12頁）

　そうした時代の大きな転換点を意識せざるを得ない中で、今回の書籍
『産業の変革をリードするプライベート・エクイティ』の出版には、大い
なる意義づけがある。

本書籍は、ポラリス・キャピタル・グループの代表取締役社長の木村雄治氏が編著者となり構成された本格的なプライベート・エクイティのあり方に係るものである。ポラリス・キャピタル・グループの20年の歴史を振り返りつつ、現在のプライベート・エクイティの立ち位置を確認し、新しいステージに入ったプライベート・エクイティの今後の展望を考えていくための材料を提供する極めて意欲的な書籍である。忙しい中、こうした書籍に取り組んだ木村雄治氏に敬意を表したい。

　時代の変革に、金融的側面からどう立ち向かい貢献していけるか、今後の金融のあり方を考えていく良き題材として、金融関係者のみならず、幅広く、日本の社会・経済のあり方に問題意識を持つ方々、「学び」の重要性を感じている方々、金融論や産業論に関心を有する学生の方々など、多数の皆様に、是非とも、本書を手にとってもらえればと思う。

（2024年4月13日　記）

# 編著者　略歴

## ＜編著者＞

## 木村雄治

- ポラリス・キャピタル・グループ株式会社　代表取締役社長
- 1985 年株式会社日本興業銀行（現株式会社みずほ銀行）に入行し、国内外コーポレートファイナンスや証券業務を担当。興銀証券（現みずほ証券株式会社）では社債・株式引受業務を主導。その後みずほ証券でプライベートエクイティ部長として自己勘定投資業務を推進。2004 年 9 月ポラリスを創業し、代表取締役社長就任。2019 年〜 2021 年、日本プライベートエクイティ協会長。2020 年 4 月より京都大学経営管理大学院客員教授を務める。著書に『ポラリス・キャピタリズム』（ダイヤモンド社）、『しがらみ経営』（共著）（日本経済新聞出版社）、『ポストコロナ時代のプライベート・エクイティ』（共著）（金融財政事情研究会）。
- 東京大学教養学部卒業。
  ペンシルバニア大学ウォートンスクール修了（経営学修士（MBA））。

## ＜著者・座談会登壇者（五十音順）＞

## 飯沼良介

- アント・キャピタル・パートナーズ株式会社　代表取締役社長兼バイアウトインベストメント、AI・DX 支援担当執行役員
- 1994 年三菱商事株式会社入社。技術部、コンピュータ事業部にて海外ソフトウェアベンダーの国内市場開拓および国内事業立ち上げを担当。2001 年当社入社。2012 年当社取締役就任。2013 年当社代表取締役就任。投資実行およびハンズオン支援、Exit 交渉をリードするとともに、主に投資先企業の取締役や監査役として、経営管理体制整備と営業戦略構築面でのサポートを行う。2023 年より日本プライベート・エクイティ協会会長を務める。
- 慶應義塾大学商学部卒業。

## 岡俊子

- 明治大学大学院グローバル・ビジネス研究科　専任教授
- 1986 年に等松・トウシュロスコンサルティング株式会社に入社してコンサルティング業務に携わり、2005 年アビーム M&A コンサルティング株式会社（現 PwC アドバイザリー合同会社）代表取締役社長に就任。2004 年より明治大学専門職大学院グローバル・ビジネス研究科兼任講師。2021 年から現職。現在、ENEOS ホールディングス株式会社、日立建機株式会社、株式会社ハピネット、株式会社産業革新投資機構の社外取締役の他、経済産業省産業構造審議会委員、北陸先端科学技術大学院大学客員教授、グロービス経営大学院大学非常勤理事等を務める。
- 一橋大学社会学部卒業。
  ペンシルバニア大学ウォートンスクール修了（経営学修士（MBA））。

## 幸田博人

- 京都大学経営管理大学院　特別教授
  一橋大学大学院経営管理研究科　客員教授
  SBI 大学院大学経営管理研究科　教授
- 1982 年㈱日本興業銀行（現㈱みずほ銀行）入行、2009 年よりみずほ証券執行役員、常務執行役員、代表取締役副社長等を歴任。2018 年 7 月より、㈱イノベーション・インテリジェンス研究所代表取締役社長、リーディング・スキル・テスト㈱ 代表取締役社長、㈱産業革新投資機構社外取締役、ポラリス・キャピタル・グループ㈱社外取締役、金融審議会「資産運用に関するタスクフォース」委員、「ベンチャーキャピタルに関する有識者会議」座長ほか。
- 一橋大学経済学部卒業。

## 小林和成

- MCP アセット・マネジメント株式会社　マネージング・ディレクター
- 1984 年三菱商事株式会社入社。1990 年よりプライベート・エクイティ関連業務に従事。2002 年にエー・アイ・キャピタル株式会社を立ち上げ、ファンド・オブ・ファンズ (FOFs) 運営及びゲート・キーパー業務に従事。2010 年にキャピタル・ダイナミックス社に入社し、アジアのプライマリー・ファンド投資を統括。2020 年以降、MCP アセット・マネジメント株式会社で東京都の FOFs を運営。並行して PE に関する様々なアドバイスを GP 等に提供する業務に従事。
- 一橋大学経済学部卒業。

## 櫻田浩一

- 日本協創投資株式会社　取締役会長・パートナー
- Smith Barney, Harris Upham、モルガン・スタンレー、ドイツ証券での20年余の投資銀行部門勤務を経て、2009年より企業再生支援機構(現地域経済活性化支援機構)の常務取締役として、日本航空、アーク、富士テクニカ宮津など多くの企業再生投資に関わった。2015年に中小企業の事業承継・成長支援を企図したバイアウトファンドを運営する日本協創投資を創業、現在2号ファンドを運用中。
- 東京大学経済学部卒業。
マサチューセッツ工科大学スローン経営大学院修了（理学修士（SM））。

## 樋口泰行

- パナソニック コネクト株式会社　代表取締役　執行役員　プレジデント
- 1980年に松下電器産業株式会社（現パナソニック株式会社）入社。ハーバード・ビジネス・スクール留学後の1992年、ボストンコンサルティンググループへ転職し、アップル、コンパックを経て2003年に日本ヒューレット・パッカードの社長に就任。2005年、ダイエーの社長に就任して同社の経営再建を担った。2007年に日本マイクロソフトへ転じて米国本社のバイスプレジデント、日本法人の社長、会長を歴任。2017年、パナソニック専務執行役員およびコネクティッドソリューションズ社社長に就任。2022年4月の持株会社制移行に伴い、現職に就任。
- 大阪大学工学部卒業。
ハーバード大学経営大学院修了（経営学修士（MBA））。

## 横尾敬介

- 株式会社産業革新投資機構　代表取締役社長CEO
- 1974年、株式会社日本興業銀行（現　株式会社みずほ銀行）入行。2001年、みずほ証券株式会社　常務執行役員経営企画グループ長に就任後、2007年より取締役社長、2011年より取締役会長を歴任。2015年、公益社団法人経済同友会　副代表幹事・専務理事に就任。2019年、株式会社産業革新投資機構　代表取締役社長CEOに就任（現任）。現在、株式会社髙島屋社外取締役、株式会社リコー社外取締役を務める。
- 慶應義塾大学商学部卒業。

## 産業の変革をリードする　プライベート・エクイティ

2024 年 9 月 17 日　初版第 1 刷発行
2025 年 4 月 4 日　　　第 2 刷発行

編著者　木村　雄治
発行者　幸田　博人
印刷所　株式会社ワコー

〒 100-6738　東京都千代田区丸の内 1 丁目 9 - 1
　　　　　　　グラントウキョウノースタワー

発行所　株式会社イノベーション・インテリジェンス研究所
　　　　　TEL：03-6259-1680
編集部　URL：https://www.iiri.co.jp/
　　　　　Mail：info@iiri.co.jp
　　　　　※本書の内容についてはこちらのメールアドレスにお問い合わせください

販売元　日販アイ・ピー・エス株式会社
　　　　　〒 113-0034　東京都文京区湯島 1 - 3 - 4
販売受付　TEL：03-5802-1859　FAX：03-5802-1891

・本書の内容の一部あるいは全部を無断で複写・複製・転訳載すること、および磁気または光記録
　媒体、コンピューターネットワーク上等へ入力することは、法律で認められた場合を除き、著作
　者および出版社の権利の侵害となります。
・落丁・乱丁本はお取替えいたします。定価はカバーに表示してあります。

ISBN978- 4 -910551-97- 5